Kohlhammer

Die HerausgeberInnen

Doris Wallraff, Dr. Petra Thorn und Prof. Dr. Tewes Wischmann sind in der psychosozialen Beratung ungewollt Kinderloser erfahrene zertifizierte Fachkräfte des Beratungsnetzwerkes Kinderwunsch Deutschland (BKiD).

Doris Wallraff
Petra Thorn
Tewes Wischmann (Hrsg.)

Kinderwunsch

Der Ratgeber des Beratungsnetzwerkes
Kinderwunsch Deutschland (BKiD)

2., aktualisierte Auflage

Verlag W. Kohlhammer

Dieses Werk einschließlich aller seiner Teile ist urheberrechtlich geschützt. Jede Verwendung außerhalb der engen Grenzen des Urheberrechts ist ohne Zustimmung des Verlags unzulässig und strafbar. Das gilt insbesondere für Vervielfältigungen, Übersetzungen und für die Einspeicherung und Verarbeitung in elektronischen Systemen.

Pharmakologische Daten verändern sich ständig. Verlag und Autoren tragen dafür Sorge, dass alle gemachten Angaben dem derzeitigen Wissensstand entsprechen. Eine Haftung hierfür kann jedoch nicht übernommen werden. Es empfiehlt sich, die Angaben anhand des Beipackzettels und der entsprechenden Fachinformationen zu überprüfen. Aufgrund der Auswahl häufig angewendeter Arzneimittel besteht kein Anspruch auf Vollständigkeit.

Die Wiedergabe von Warenbezeichnungen, Handelsnamen und sonstigen Kennzeichen berechtigt nicht zu der Annahme, dass diese frei benutzt werden dürfen. Vielmehr kann es sich auch dann um eingetragene Warenzeichen oder sonstige geschützte Kennzeichen handeln, wenn sie nicht eigens als solche gekennzeichnet sind.

Es konnten nicht alle Rechtsinhaber von Abbildungen ermittelt werden. Sollte dem Verlag gegenüber der Nachweis der Rechtsinhaberschaft geführt werden, wird das branchenübliche Honorar nachträglich gezahlt.

Dieses Werk enthält Hinweise/Links zu externen Websites Dritter, auf deren Inhalt der Verlag keinen Einfluss hat und die der Haftung der jeweiligen Seitenanbieter oder -betreiber unterliegen. Zum Zeitpunkt der Verlinkung wurden die externen Websites auf mögliche Rechtsverstöße überprüft und dabei keine Rechtsverletzung festgestellt. Ohne konkrete Hinweise auf eine solche Rechtsverletzung ist eine permanente inhaltliche Kontrolle der verlinkten Seiten nicht zumutbar. Sollten jedoch Rechtsverletzungen bekannt werden, werden die betroffenen externen Links soweit möglich unverzüglich entfernt.

Illustrationen: Doris Wallraff

2., aktualisierte Auflage 2022

Alle Rechte vorbehalten
© W. Kohlhammer GmbH, Stuttgart
Gesamtherstellung: W. Kohlhammer GmbH, Stuttgart

Print:
ISBN 978-3-17-039790-3

E-Book-Formate:
pdf: ISBN 978-3-17-039791-0
epub: ISBN 978-3-17-039792-7

Inhalt

Übersicht über das elektronische Zusatzmaterial 9

Gebrauchsanweisung für den BKiD-Ratgeber 11

Glück und Zufriedenheit in der Kinderwunschzeit I – Was macht glücklich? 15
Doris Wallraff

1 Wenn der Kinderwunsch unerfüllt bleibt – Was bedeutet das für uns? 23
Silke Panzau

2 Der Kinderwunsch als Herausforderung für die Liebe – Wie unterstützen wir uns als Paar? 30
Susanne Quitmann und Beatrix Weidinger-von der Recke

3 Sexualität nach Plan – Wo ist Platz für die Lust? 35
Karin Jörns und Adelheid Kubitz-Eber

Glück und Zufriedenheit in der Kinderwunschzeit II – Wie wichtig sind andere Menschen? 43
Doris Wallraff

4 Medizinische Kinderwunschbehandlung – Wie können wir uns gut vorbereiten? 51
Judith Zimmermann

Inhalt

5	Alternative Behandlungsmöglichkeiten – Welche natürlichen Mittel wirken wie?........................... *Judith Zimmermann*	71
6	Kinderwunschbehandlungen überstehen – Wie können wir gut für uns sorgen?................................... *Alexandra Mück und Kathrin Steinke*	85
7	Familie, Freunde und Kollegen – Wie gehen wir mit unserem Umfeld um?..................................... *Elvira Holl*	100
8	Lesbische Paare – Welche Unterstützung gibt es für uns?... *Lisa Green*	110
9	Psychosoziale Unterstützung – Wann kann sie weiterhelfen?.. *Petra Thorn*	120
10	Verluste in der Schwangerschaft und bei Geburt – Welche Trauer ist angemessen?.......................... *Beatrix Kozjak-Storjohann und Heike Schneidereit-Mauth*	126
11	Unerfüllter Kinderwunsch als Lebenskrise – Wie können wir daran wachsen? .... *Doris Wallraff*	145

Glück und Zufriedenheit in der Kinderwunschzeit III – Was können wir selbst tun?... 161
Doris Wallraff

12	Endlich schwanger – Was kommt nun auf uns zu? ..... *Gertrud Bongers-Merker und Lisa Wollenschlaeger*	168

| 13 | Abschied vom Wunsch nach einem leiblichen Kind – Wie finden wir zurück ins Leben? | 179 |

Andrea Patzer

| 14 | Alternative Perspektiven zum leiblichen Kind – Welche Möglichkeiten passen zu uns? | 196 |

Bettina Klenke-Lüders und Petra Thorn

Gastbeitrag: Wenn man die Kinder vor lauter Wunsch nicht sieht 231
Millay Hyatt

Gastbeitrag: Das Schweigen der Männer 234
Felix Wegener

Glück und Zufriedenheit in der Kinderwunschzeit IV – Wie erkennen wir das Glück? 237
Doris Wallraff

Literatur 246

Verzeichnis der Autorinnen und Autoren 253

Stichwortverzeichnis 257

Link zum elektronischen Zusatzmaterial 260

Übersicht über das elektronische Zusatzmaterial

Folgende zusätzliche Kapitel erhalten Sie über die Website des Kohlhammer Verlages. Den Weblink, unter dem die Zusatzmaterialen zum Download verfügbar sind, finden Sie am Ende des Buches.

Grundlagen der Fortpflanzung und natürliche Familienplanung – Wie funktionieren unsere Körper?
Judith Zimmermann

Medizinische Behandlungsverfahren – Was kann uns helfen?
Judith Zimmermann und Roland Grau

Chancen und Risiken reproduktionsmedizinischer Behandlungen – Wo stehen wir?
Judith Zimmermann und Roland Grau

Erstgespräch, Basisdiagnostik und frühe Untersuchung des Embryos – Worauf kommt es an?
Judith Zimmermann und Roland Grau

Gemeinsam durch den IVF-Zyklus – Wie können wir uns vorbereiten und gegenseitig unterstützen?
Dorothee Kleinschmidt

Körperübungen bei unerfülltem Kinderwunsch – Was kann ich konkret tun?
Barbara Schmacke

Erfahrungen in einer Gruppe für Frauen mit unerfülltem Kinderwunsch
Eine Teilnehmerin

Familienbildung mit Eizell- oder Embryonenspende – Wie ist das möglich?
Petra Thorn

Partnerschaft und Kinderwunsch voneinander entkoppeln – Könnte Solomutterschaft mein Weg sein?
Katharina Horn und Petra Thorn

Nutzung des Internets – Was davon ist hilfreich und sinnvoll?
Tewes Wischmann

Gebrauchsanweisung für den BKiD-Ratgeber

Ungewollt kinderlose Paare sind Paare wie andere auch ...
... und doch sind sie anders:

- sie müssen erklären, warum sie ohne Kinder leben,
- sie nehmen große Belastungen auf sich, um eine Familie zu gründen,
- sie müssen Entscheidungen treffen, wie weit eine Behandlung für sie geht,
- sie müssen sich gegebenenfalls von einem Lebenstraum verabschieden.

Diese Aussagen – einem Flyer des Beratungsnetzwerks Kinderwunsch Deutschland entnommen – verdeutlichen die Situation ungewollt kinderloser Paare: Sie wirken nach außen »normal«, womöglich gar gewollt kinderlos, haben aber oft eine Vielzahl von Belastungen zu tragen, die von ihrem Umfeld so meist nicht wahrgenommen werden. Dazu gehören die zunächst bittere Erkenntnis, dass sich der Kinderwunsch nicht so schnell erfüllen wird, das Warten auf den Eintritt einer Schwangerschaft, die Entscheidung für oder gegen eine medizinische Behandlung, die Auswahl eines Kinderwunsch-Zentrums, eine Vielzahl diagnostischer und therapeutischer Behandlungsschritte und gegebenenfalls die Auseinandersetzung mit dem Abschied vom Traum eines Lebens mit einem leiblichen Kind. Diese Kinderwunschzeit wird von vielen Paaren phasenweise als Zeit der Ohnmacht und des Kontrollverlustes empfunden. Unser Anliegen ist es, Paare dazu zu motivieren, sich aktiv mit ihrem unerfüllten Kinderwunsch auseinanderzusetzen. Die in den nachfolgenden Kapiteln beschriebenen emotionalen »Hochs« und »Tiefs« der Kinderwunschzeit werden von ungewollt kinderlosen Paaren in unterschiedlicher Intensität erlebt, auch deren Reihenfolge kann von Paar zu Paar variieren, und nicht alle

Paare müssen diese »Achterbahn der Gefühle« so in allen Aspekten tatsächlich erleben. Da aber viele Paare berichten, Unterstützung insbesondere für die schwierigen Phasen der Kinderwunschzeit zu benötigen, haben wir die »Tiefs« nicht ausgespart.

Mit dem Ratgeber von BKiD möchten wir Ihnen helfen, auch in dieser Lebensphase handlungsfähig und achtsam zu bleiben. Das Buch begleitet Sie durch die verschiedenen Phasen der Kinderwunschzeit und gibt Ihnen Anregungen, wie Sie für sich (und Ihre Partnerschaft) sorgen und diese Zeit sinnvoll gestalten können. Der BKiD-Ratgeber ist somit für hetero- und homosexuelle Paare und Einzelpersonen gedacht, die sich bewusst mit ihrem unerfüllten Kinderwunsch auseinandersetzen möchten. Nicht binäre Personen sind hier ausdrücklich immer mit gedacht.

Auch wenn in einigen Kapiteln »schwere« Themen – wie Trauerarbeit – behandelt werden: In zahlreichen Beratungen mit ungewollt kinderlosen Paaren beobachten wir, dass Humor eine Ressource ist, die viele Paare befähigt, diese belastende Zeit gut zu überstehen. Deshalb möchten wir neben aller Ernsthaftigkeit in diesem Buch auch dazu einladen, die Situation gelegentlich mit einem Augenzwinkern zu betrachten. Dabei sollen die Comicstrips in diesem Ratgeber helfen.

Das Buch ist so aufgebaut, dass Sie sich mit den spezifischen Themenbereichen beschäftigen können, die in bestimmten Phasen der Kinderwunschzeit relevant sind. Zusätzlich zu den inhaltlichen Schwerpunkten (Kapitel 1–14) finden Sie im Buch verteilt mehrere Abschnitte »Glück und Zufriedenheit in der Kinderwunschzeit« (I–IV) sowie zwei Gastbeiträge. Es ist nicht erforderlich, das komplette Buch kapitelweise durchzuarbeiten, aber auch das ist möglich und kann sinnvoll sein, wobei natürlich Kapitel übersprungen werden können, wenn deren Inhalt auf Sie nicht zutreffen sollte. Das Inhaltsverzeichnis und ein Stichwortverzeichnis am Ende des Buches können Ihnen zur Orientierung dienen. Viele zusätzliche Kapitel (siehe Übersicht über das elektronische Zusatzmaterial) sind auf der Website des Kohlhammer-Verlages verfügbar (siehe Weblink am Ende des Buches). Sie finden hier ausführliche Informationen über die Fortpflanzung bei Mann und Frau, zu Erstgespräch und Diagnoseverfahren, über natürliche Familienplanung und reproduktionsmedizinische Behandlungsmethoden, Chancen und Risiken der einzelnen Verfahren, Behandlungen im Ausland, Eizell- und Embryonenspende, Familiengründung für

Singles sowie Empfehlungen zur Nutzung des Internets in der Kinderwunschzeit.

Alle Kapitel beschreiben wesentliche Aspekte der Kinderwunschzeit, ergänzt durch Fallbeispiele und Erfahrungen aus der Praxis, und enthalten konkrete Anregungen, die Sie im Alltag umsetzen können. Diese Anregungen sind z. B. Fragen, zu denen Sie sich Gedanken machen können oder die man mit dem Partner/der Partnerin besprechen kann, Vorschläge zum Reflektieren und gegebenenfalls zum Verändern eigener Verhaltensweisen oder konkrete Ideen zur alltagsnahen Umsetzung. Einige Kapitel enden mit Literatur- und Internethinweisen, die der Vertiefung dienen können. Noch etwas zur Wortwahl: Wir haben bei vielen Bezeichnungen der Lesbarkeit halber die männliche Wortwahl verwendet. Selbstverständlich sind Ärztinnen, Patientinnen, Beraterinnen etc. genauso gemeint.

Dieser Ratgeber ist durch die Kooperation und den Austausch von psychosozialen Kinderwunschberaterinnen und -beratern des Beratungsnetzwerks Kinderwunsch Deutschland entstanden, die mit den dargestellten Inhalten in der Beratung gute Erfahrungen gemacht haben und die praxisnahen Anregungen so beschrieben haben, dass sie von Paaren mit Kinderwunsch auch eigenständig und unabhängig von einer Beratung genutzt werden können. Nicht alle Inhalte dieses Ratgebers geben die Meinungen aller BKiD-Beraterinnen wieder. Je nach beruflicher Ausbildung und persönlicher Haltung haben psychosoziale Beraterinnen, ebenso wie Paare mit Kinderwunsch, unterschiedliche Ansichten und Herangehensweisen in Bezug auf viele Aspekte der ungewollten Kinderlosigkeit. Gemeinsam ist uns das zentrale Anliegen, Paare in der Kinderwunschzeit emotional zu unterstützen. Dabei wollen wir zu einem liebevollen, sorgsamen, aber auch kritischen Umgang mit sich und allen Beteiligten anregen.

Für die einzelnen Kapitel (auch die zusätzlichen Kapitel unter www.kohlhammer.de) sind die jeweiligen Autorinnen und Autoren verantwortlich. Allerdings sind in vielen Kapiteln auch Textpassagen, Ideen oder Anregungen anderer Kolleginnen enthalten, die wir nicht gekennzeichnet haben. Wir bedanken uns ganz herzlich bei den Autorinnen und Autoren sowie bei allen weiteren Kolleginnen, die außerdem zu den Kapiteln Beiträge erstellt haben (in alphabetischer Reihenfolge: Heike Cetto, Monika Helber, Susanne Oechler, Michaela Röder-Bassenge, Barbara Rogmans und Irmtraud Roscher).

Wir wünschen Ihnen eine konstruktive Auseinandersetzung mit Ihrem Kinderwunsch und hoffen, dass die hier vorgestellten Anregungen Sie voranbringen. Sie können eine sinnvolle Ergänzung zu einer psychosozialen Kinderwunschberatung sein und Sie an diese heranführen, diese allerdings nicht gleichwertig ersetzen. Konkrete Hinweise zur psychosozialen Kinderwunschberatung einschließlich Kontaktadressen finden Sie im Internet unter www.bkid.de.

Wir hoffen, Ihnen mit dem vorliegenden Buch Hilfestellungen geben zu können, die Ihnen die Zeit der ungewollten Kinderlosigkeit lebenswerter machen. Damit wird auch diese schwierige Lebensphase sinnerfüllt und im besten Fall zu einer Zeit persönlichen Wachstums.

Das Herausgeberteam:

Doris Wallraff   *Petra Thorn*   *Tewes Wischmann*

Glück und Zufriedenheit in der Kinderwunschzeit I – Was macht glücklich?

Doris Wallraff

> »Ich will am Ende meines Lebens nicht feststellen,
> dass ich es nur in der Länge gelebt habe.
> Ich will es auch in seiner Breite leben«
> *Diane Ackerman*

Das größte Verlangen der meisten Menschen ist es, glücklich zu sein. Entsprechend viel tun sie in der Absicht, glücklich zu werden. Dennoch gelingt das nicht immer. In einer Lebensphase, in der man sich ein Kind wünscht und nicht weiß, ob dieser existenzielle Wunsch je in Erfüllung gehen wird, fühlen sich einige Menschen gar nicht mehr glücklich. Positive Gefühle sind selten, negative wie Angst, Trauer, Wut, Neid, Nervosität, Scham und Überforderung dominieren. Trotz allem gelingt es einigen Menschen, glückliche Momente zu erleben und mit vielen Lebensbereichen zufrieden zu sein. Vergleichbare Lebensumstände lösen sehr unterschiedliche Gefühle aus:

> Jürgen und Daniela wünschen sich seit zwei Jahren erfolglos ein Kind. Nach einer langen Zeit des Wartens, umfangreicher Zykluskontrolle und Clomifenbehandlung hat sich herausgestellt, dass Jürgen nur eingeschränkt zeugungsfähig ist. Für ihn bricht eine Welt zusammen. Sein Selbstverständnis als Mann ist dahin. Obwohl er das Gefühl hat, nichts an der Situation ändern zu können, grübelt er unablässig darüber nach. Jürgen ist es gewohnt, seine Probleme mit sich selbst auszumachen. So hat er jetzt auch keine Freunde, mit denen er darüber sprechen könnte. Mit seiner Frau ist ein vernünftiges Gespräch nicht mehr möglich. Sie bricht bei jeder Kleinigkeit in Tränen aus. Jürgen gibt sich die Schuld daran und befürchtet, dass sie ihn verlassen wird. Er hat an nichts mehr Freude, was sich auch auf seine Motivation und seine

Leistungen in der Arbeit auswirkt. Seine Arbeit macht ihm keinen Spaß. Glücklich fühlt er sich überhaupt nicht mehr.

Auch Martina und Stefan versuchen seit zwei Jahren ein Kind zu bekommen. Auch bei ihnen liegt die Ursache des Wartens in der eingeschränkten Fertilität des Mannes. Auch Stefan fühlt sich am Ende eines erfolglosen Zyklus niedergeschlagen. Ihm gelingt es dennoch, seine Lebensfreude nicht zu verlieren. Im Hinblick auf den Kinderwunsch hat er gemeinsam mit Martina vereinbart, welche Behandlungsschritte sie gehen wollen. Obwohl er die Situation nach wie vor optimistisch sieht, stellt er auch Überlegungen an, wie es im Fall eines erneuten Rückschlags weitergehen könnte. Er sorgt dafür, dass sie beide möglichst viele schöne Momente erleben, und konzentriert sich auch auf andere Projekte. Gerade erst hat er seine Arbeitsstelle gewechselt und so neue Motivation geschöpft. Mit Leidenschaft geht er seinen Hobbys nach und unternimmt häufig etwas mit Freunden in der Natur. Viel Anerkennung bekommt er im Sportverein, wo er sehr engagiert eine Fußballmannschaft trainiert. Im Allgemeinen fühlt er sich durchaus glücklich.

Was macht Menschen glücklich?

Es gibt keine einheitliche Definition von Glück. Glück ist im weitesten Sinn ein Überbegriff und steht für eine Vielzahl positiver Gefühle. Glück zeigt sich in unterschiedlichster Form, es kann rauschhaft-euphorisch sein, aber auch heiter, still und gelassen. Manche Menschen bezeichnen sich als glücklich, wenn sie über längere Zeit zufrieden sind und möglichst wenig negative Gefühle wie Ärger, Stress und Trauer haben. Andere möchten möglichst viel Spaß haben, Vergnügen und Freude erleben. Manche Menschen macht es glücklich, sich einer anderen Person oder Aufgabe selbstvergessen hinzugeben, wieder andere fühlen sich erfüllt, wenn sie sich persönlich entwickeln und verwirklichen können. Was den einen glücklich macht, kann für den anderen abstoßend sein. Glück ist individuell und subjektiv, jeder ist sein eigener Glücksexperte. Glück hat viele Gesichter:

Erst seit Ende der 1990er Jahre machen sich Psychologen und Sozialwissenschaftler vermehrt Gedanken darüber, was Menschen glücklich macht. Insbesondere die Wissenschaftler der »Positiven Psychologie« haben inzwischen intensiv danach geforscht, unter welchen Umständen sich Menschen zufrieden mit ihrem Leben fühlen und vermehrt positive Gefühle erleben. Sie unterscheiden zwei Formen von Glück: »Hedonistisches Glückserleben« umfasst Freude, Lust, Vergnügen. Kurzfristige positive Erlebnisse und Erfahrungen wie ein köstliches Essen, ein Spaziergang in der Natur, guter Sex oder ein Kompliment erzeugen hedonistische Glücksgefühle. Glück und Wohlbefinden wird dadurch erreicht, dass die Summe aller positiven Empfindungen größer ist als die der negativen. »Eudaimonisches Glückserleben« wird verursacht, indem man gemäß den eigenen Werten lebt und etwas dazu beiträgt, die Welt und das große Ganze zu verändern. Glück und Wohlbefinden wird dadurch erreicht, dass man mehr gute als schlechte Taten vollbringt und nach dem objektiv Guten, Richtigen und Sinnvollen strebt, wie z. B. Mitmenschen zu unterstützen oder etwas zur Gemeinschaft beizutragen. »Lebe, wie du, wenn du stirbst, wünschen wirst, gelebt zu haben« (Christian Fürchtegott Gellert).

Was unterscheidet glückliche Menschen von weniger glücklichen? »So glücklich wie ich gibt es keinen Menschen unter der Sonne«, ruft Hans im Glück im gleichnamigen Märchen aus, nachdem er seinen mühsam erarbeiteten Klumpen Gold gegen ein Pferd eingetauscht hat, das Pferd gegen eine Kuh, die Kuh gegen ein Schwein, das Schwein gegen eine Gans und die Gans gegen einen Schleifstein, der schließlich in einen Brunnen gefallen ist. Hans hat überhaupt nichts mehr – außer seinem Glück. Ist es Hans' Leichtigkeit des Seins, die ihn glücklich sein lässt, egal was geschieht?

Wissenschaftler sind sich einig darin, dass es tatsächlich so etwas wie ein glückliches Naturell gibt. Bestimmte Persönlichkeitseigenschaften sind im Lebenslauf außerordentlich stabil. Etwa fünfzig Prozent des Glücksempfindens sind genetisch festgelegt. Selbstverständlich gibt es kein spezifisches »Glücks-Gen«, aber eine erbliche Veranlagung dafür, glücklicher durchs Leben zu gehen. Möglicherweise ist Stefan, aus dem Beispiel vom Anfang dieses Kapitels ebenso wie Hans im Glück, mit Genen ausgestattet, die ihn das Leben leichter genießen lassen. Offensichtlich gelingt es ihm aber auch, das Beste aus seiner Veranlagung zu machen. Ein Teil des Glücksempfindens ist genetisch festgelegt – auf den anderen Teil kann jeder selbst Einfluss nehmen. Was also führt noch zu dem Gefühl, glücklich zu sein?

Glück durch Geld, Arbeit und Freizeitgestaltung

Das Märchen von Hans im Glück legt nahe, dass materieller Reichtum keine große Bedeutung dafür hat, wie glücklich sich ein Mensch fühlt. Fühlt sich, wer frei ist von Gut und Geld, am glücklichsten? Ganz so wie im Märchen ist es in der Realität nicht: Kein Geld zu haben, macht unglücklich, bis zu einem Brutto-Haushaltseinkommen von ca. 75 000 Euro macht mehr Geld glücklicher, weil damit nicht nur die wichtigsten Bedürfnisse erfüllt werden können und ein gewisses Maß an Sicherheit gewährleistet ist, sondern auch Selbstbestimmung und freie Gestaltung des Lebens ermöglicht werden. Das erstaunliche Ergebnis vieler Untersuchungen ist jedoch, dass noch mehr Geld nicht glücklicher macht, auch wenn die enorme Zeit und Kraft, die die meisten Menschen unserer Gesellschaft in ihre Karriere investieren, den gegenteiligen Anschein erwecken. Gibt jemand viel Geld für materielle Werte aus, macht ihn das höchstens kurzfristig glücklich, denn die Freude währt nie lange. Leo Bormans hat in seinem Buch »Glück. The World Book of Happiness« das Wissen von 100 Glücksforschern aus aller Welt zusammengetragen. Katja Uglanova betont in ihrem Beitrag, wie sehr wir uns an Wohlstand und einen höheren Lebensstandard gewöhnen: »Jemand kann nach einer Beförderung glücklicher werden, aber nach einer Weile lässt der Effekt nach.« Mit den Möglichkeiten steigen die Erwartungen, zufriedener werden wir nicht. Geld macht nur glücklicher, wenn man mit seinem Einsatz etwas erlangen kann, das einem wirklich wichtig ist. So kann Geld Zeit für Freiräume ermöglichen, in denen man Dinge tut, die tatsächlich glücklich machen, wenn man es sich z. B. leisten kann, eine Haushaltshilfe zu engagieren, um mit Freunden Sport zu treiben.

Im Zusammenhang mit Kinderwunsch spielt Geld natürlich besonders dann eine Rolle, wenn es darum geht, ob man sich eine (weitere) Behandlung überhaupt leisten kann.

- Wofür lohnt es sich in Ihren Augen wirklich, Geld auszugeben?
- Wofür lohnt es sich zu sparen?
- Welche Ausgaben erscheinen Ihnen überflüssig?

Unabhängig vom Verdienst spielt berufliche Arbeit eine große Rolle für das Glücksempfinden eines Menschen, ist sie doch ein zentraler Teil des Lebens. Arbeitslosigkeit ist daher einer der größten Glückskiller. Viele Menschen definieren sich wesentlich über ihre Arbeit. Um das individuelle Glück zu steigern, sollte die Arbeitsstelle zu einem passen, einen herausfordern und zu Selbstachtung führen. Das geschieht besonders dann, wenn die Arbeit für einen selbst und die Gesellschaft sinnvoll und wichtig ist. Besonders glücklich macht Arbeit, wenn man mit anderen Menschen zusammenarbeiten kann, wenn sie zeitweise Spaß macht und sie es einem ermöglicht, so sehr in einer Tätigkeit zu versinken, dass man Zeit und Raum um sich herum vergisst. Der Psychologe Mihaly Csikszentmihalyi betonte als erster die Wichtigkeit solcher »Flow–Gefühle«, die man erlebt, wenn man eins ist mit dem Geschehen und dem eigenen Tun in diesem Moment. Wenn man eine Tätigkeit ausführt, der man sich ganz hingeben kann, die man als Herausforderung erlebt, die einen weder unter- noch überfordert, kommt man, so Csikszentmihalyi, dem, »was wir gewöhnlich unter Glück verstehen, so nahe, wie man ihm jemals gelangen kann.« Die Zeit vergeht wie im Flug.

Solche Arbeit kann in der Kinderwunschzeit große Stabilität bringen und einen positiven Ausgleich schaffen. Wenn die Arbeit allerdings als unbefriedigend erlebt wird, so wie das im Beispiel am Anfang des Kapitels bei Jürgen geschieht, erhöht sich die Belastung in dieser Lebensphase enorm.

Für Frauen kann der Kinderwunsch, wenn sie mit ihrer Arbeit unzufrieden sind, noch dringender werden, bietet die Mutterschaft doch zugleich die Chance, den unangenehmen Arbeitsbedingungen für eine Weile zu entfliehen. Gerade weil sie jederzeit mit einer Schwangerschaft rechnen, wagen aber viele Frauen nicht, den Arbeitsplatz zu wechseln, eine vorübergehende Auszeit zu riskieren oder gar eine Neuorientierung zu wagen. Viele scheuen sogar davor zurück, sich für größere Projekte oder verantwortungsvolle Positionen innerhalb der Firma anzubieten, weil sie ja nicht wissen, wie lange sie noch zur Verfügung stehen. Dauert die Kinderwunschzeit lange an, entsteht so eine Doppelbelastung. Deshalb ist es grundsätzlich ratsam, gerade in dieser Lebensphase Unzufriedenheit am Arbeitsplatz ernst zu nehmen, über kleinere oder große Veränderungen nachzudenken und sie ohne übertriebene Rücksichtnahme umzusetzen, trotz jederzeit möglicher Schwangerschaft.

Die australische Sterbebegleiterin Bronnie Ware hat in ihrem Buch »5 Dinge, die Sterbende am meisten bereuen« beschrieben, was Menschen kurz vor ihrem Tod am meisten bedauern. »Ich hätte mir mehr Glück und Zufriedenheit gönnen sollen« war das Fazit der allermeisten Sterbenden. »Dass Glück und Zufriedenheit eine Entscheidung sind, bemerkten sie erst in ihren letzten Wochen«, hat Ware beobachtet. »Viele hatten ihre festen Angewohnheiten und Eigenschaften. Die vermeintlich gewohnte und bequeme Umgebung hatte sich auf ihren Körper und ihre Seele ausgewirkt. Dabei hatten sie schlicht und einfach Angst vor Veränderung.« Jeder ihrer männlichen Gesprächspartner bekannte: »Ich hätte nicht so hart arbeiten dürfen.«

- Gibt es etwas, was Sie an Ihrer Arbeitssituation verändern möchten?
- Was wünschen Sie sich? Wie sieht Ihr Traumjob aus?
- Wäre es für Sie angenehm und sinnvoll, Arbeitszeit zu reduzieren?

Auch in der Freizeit liegen zahlreiche Möglichkeiten, glückliche Momente zu erleben und das Leben zufriedenstellend zu gestalten. Das können aktive

Hobbys sein, Interessen und Leidenschaften, Tätigkeiten, die dauerhaft bereichern. Für viele sind gesellschaftliche Aktivitäten wie Ausgehen, Clubs, Partys, Spiele-Abende oder Einladungen zum Essen besonders wohltuend, manche erleben kreative Hobbys wie Malen, Basteln, Handwerkern, Stricken, Nähen oder Töpfern als bereichernd. Freude kann auch die Beschäftigung mit Haustieren machen oder eine Sammelleidenschaft. Für viele Menschen ist Sport ein wichtiger Ausgleich, alleine, mit dem Partner, mit Freunden oder im Verein. Besonders Bewegung an der frischen Luft wie Wandern, Spazierengehen, Joggen, Walken, Reiten und Schwimmen löst nachweislich Glücksgefühle aus und ist ebenso wirksam gegen schlechte Gefühle wie Antidepressiva. Ausflüge in die Natur und Reisen sind erfüllende Freizeitaktivitäten. Auch kulturelle Interessen können anregend sein: Bücher lesen, Besuche in Museen, Konzerte, Kino, Oper oder Theater. Inspirierend ist, etwas Neues zu lernen: eine Sprache, Kochen, Fotografieren oder ein Musikinstrument. Besonders glückssteigernd ist Musik in all ihren Facetten, Musik hören, noch besser Musizieren oder Singen. Ebenso beglückend ist das Tanzen. Die Verbindung von Musik, Bewegung, Berührung und Kontakt mit anderen Menschen bietet eine Glücksquelle sondergleichen.

Aktiv zu werden ist das Wichtigste, um in der Freizeit die Lebenszufriedenheit zu erhöhen, Glück zu empfinden. Nur so erlebt man »Flow-Gefühle«. Es ist egal, ob man Bewährtes beibehält, etwas ganz Neues findet oder Altes wieder entdeckt, Hauptsache, es macht Spaß und der Kopf wird frei. Allerdings gehört auch ein gewisses Maß an Muße zu einem zufriedenen Leben. Die Freizeit darf nicht zum Stress werden, gelegentlich gar nichts zu tun, ist gerade in belastenden Zeiten notwendig und tut gut. Auf Dauer haben Fernsehen, Surfen im Internet, Zocken, Beschäftigungen am Handy und Zuhause-im-Sessel-Sitzen jedoch nachweislich die gegenteilige Wirkung.

- Was haben Sie als Kind oder Jugendliche/r gern gemacht?
  z. B. gemalt, Ball gespielt, getanzt …
- Was hat Ihnen zuletzt Freude bereitet? Wann waren Sie richtig ausgelassen? Was haben Sie genossen?
  z. B. gemeinsam mit Freunden kochen, ein Besuch im Theater …

- In welche Tätigkeit können Sie selbstvergessen versinken?
  z. B. beim Lesen eines spannenden Buches, beim Handwerken …
- Aus welchen Ihrer Stärken in unterschiedlichen Bereichen könnten Sie noch mehr Freude schöpfen?
  z. B. im Beruf kann ich andere gut motivieren …
  Was meinen Körper betrifft, so kann ich gut schwimmen …
  In meiner Partnerschaft kann ich gut zuhören …
  Werte: Ich bin nicht nachtragend und ehrlich …
  weitere Fähigkeiten: Ich kann gut organisieren …
- Was wollten Sie immer schon mal ausprobieren?
  z. B. eine neue Sportart, ein großes Fest ausrichten …
- Welchen lang gehegten (Kindheits-)Traum könnten Sie sich endlich erfüllen?
  z. B. eine Safari, Reiten im Wilden Westen, ein Buch schreiben …

1 Wenn der Kinderwunsch unerfüllt bleibt – Was bedeutet das für uns?

Silke Panzau

>»Wünsche sind nie klug. Das ist sogar das Beste an ihnen.«
>Charles Dickens

Jeder Mensch hat Wünsche. Wünsche zu haben bedeutet, etwas zu begehren oder zu verlangen, was wir nicht haben. Wir streben danach, unsere Wünsche zu erfüllen und Ziele zu erreichen. Dieses Begehren nach Wunscherfüllung hat eine enorme Kraft. Ein Kinderwunsch ist zunächst ein Wunsch wie jeder andere auch.

> »Ich bin in einer Großfamilie aufgewachsen. Wir waren acht Kinder. Mit meiner Frau wollte ich unsere eigene Großfamilie gründen. Ich wollte und ich will eigenen Kindern diese Geborgenheit, dieses Lebendige und Warme mitgeben. Außerdem ist das eine Tradition sozusagen. Ob wir das nun schaffen, ist sehr ungewiss.« Oliver

Es gibt Wünsche, die lassen sich relativ leicht erfüllen – z. B. der Wunsch nach einem nächsten Urlaub oder das gemeinsame Essen mit dem Partner/der Partnerin. Bei anderen Wünschen ist die Erfüllung sehr viel schwieriger, vor allem, wenn der eigene Einfluss auf die Erfüllung geringer wird – wie z. B. der Wunsch nach einem sehr langen Leben oder nach Frieden auf der Welt. Einige Wünsche wachsen heran zu Sehnsüchten, verbunden mit sehr starken Gefühlen von Hoffnung, Verzweiflung, Angst, Ohnmacht usw. Diese Verknüpfung von Sehnsucht und intensivem Gefühl kann aus einem ursprünglichen Wunsch ein existenzielles Thema werden lassen.

Der Kinderwunsch als zunächst einfacher Wunsch kann sich zu solch einer Sehnsucht entwickeln.

> »Die Frage, ob ich Kinder wollte, stellte sich mir nie. Für mich war es eine absolute Selbstverständlichkeit, dass eigene Kinder in meinen Lebensplan gehören. Nie hatte ich darüber nachgedacht, geschweige denn diesen Plan an seiner Möglichkeit angezweifelt. Erst, als ich erfuhr, dass das nicht so einfach wird mit dem Kinderkriegen, wachte ich auf. Ich wachte auf aus einem Traum der Selbstverständlichkeit. Zu dem Zeitpunkt entstand erst mein Wunsch nach einem Kind. Zuvor hatte ich das nie so empfunden.« Susanne

Kinder zu bekommen scheint heute selbstverständlich planbar. Viele Paare gehen davon aus, bestimmen zu können, wann sie eine Familie gründen. Sie machen sich Gedanken über den »richtigen Zeitpunkt«, um ihren gemeinsamen Lebensplan umzusetzen. Dabei spielt häufig das Erreichen einer bestimmten Lebensbasis, wie die berufliche Entwicklung und eine materielle Absicherung, eine relevante Rolle. Kindern soll es gut gehen.

Wenn es dann so weit ist und der Plan nicht so aufgeht wie gewünscht, ist das meist leidvoll und schmerzlich. Der Kinderwunsch ist der Kern des Lebensplanes »Familiengründung«.

Damit steht hinter dem Wunsch nach einem Kind der Wunsch nach einem bestimmten Lebenskonzept. In einem Lebenskonzept wiederum stecken tiefe Sehnsüchte, Sinngebungen und damit Werte und Bedürfnisse. Diese haben sich aufgrund der eigenen Erziehung, der gesammelten Erfahrungen, des angeeigneten Wissens usw. geprägt und sind natürlich hoch individuell und damit auch innerhalb einer Partnerschaft unterschiedlich gefärbt. Für die einen bedeutet es vielleicht die Umsetzung der Vorstellung von einem Leben in Geborgenheit, mit tragfähigen, sicheren Bindungen und mit der Sehnsucht nach Zärtlichkeit und Liebe. Für den anderen könnte es bedeuten, ein Leben in Fürsorglichkeit und

Verantwortung führen zu wollen. Vielleicht bedeutet es auch, in der nächsten Generation weiterleben zu wollen und damit »Spuren« zu hinterlassen oder ein ganz normales Leben führen zu wollen, wie andere auch.

Es macht Sinn, genauer hinzuschauen und zu ergründen, was eigentlich hinter Ihrem eigenen Kinderwunsch steht. Der Fokus geht damit weg von dem Wunsch nach einem Kind, hin zu Ihnen selbst und Ihren ganz eigenen Wünschen, Bedürfnissen und Wurzeln. Es ist völlig normal und auch gut, dass hinter jedem Kinderwunsch sehr persönliche Sehnsüchte stehen. Eben deshalb ist es auch so wichtig, sich damit zu beschäftigen. Dieses Zuordnen und Sortieren erleichtert Ihnen das Verständnis für sich selbst und Ihren Partner/Ihre Partnerin.

Stellen Sie sich selbst folgende Fragen und vielleicht erzählen Sie sich als Paar gegenseitig Ihre Antworten:

- Wie ist mein Kinderwunsch entstanden und wann?
- Warum wünsche ich mir eigentlich ein Kind?

Folgendes Gedankenspiel kann dabei hilfreich sein:

- 1. Schritt:
  - Stellen Sie sich vor, was in Ihrem Leben anders wäre, wenn Sie ein Kind hätten? Was bedeutet ein Kind konkret für Sie?
  - Schreiben Sie alles auf, was Ihnen dazu einfällt.

- 2. Schritt:
  - Jetzt wandeln Sie alles, was Sie aufgeschrieben haben, in einen Wunsch für Ihr Leben um, aber so, dass dieser Wunsch nicht mehr auf ein Kind bezogen ist. Beispiel:
    »Ein Kind wäre etwas, das aus unserer gemeinsamen Liebe entsteht …«
    »Ich wünsche mir, dass aus unserer Liebe etwas Neues, Gemeinsames wächst …«
  - Schreiben Sie Ihre Wünsche auf!
- 3. Schritt:
  - Nun überlegen Sie, wie Sie schon jetzt, ohne dass Sie ein Kind haben, etwas von diesen Wünschen in Ihrem Leben verwirklichen können.
  - Schreiben Sie Ihre Antworten auf!

Dem Kinderwunsch Raum geben und ihn begrenzen

Sobald sich ein Paar mit dem Thema »Unerfüllter Kinderwunsch« aktiv beschäftigt, Informationen einholt, Kliniken besucht, Entscheidungen trifft, nimmt dieses Thema auch entsprechend Raum und Platz im Leben ein. Manchmal zu viel, manchmal vielleicht auch zu wenig. Das ist individuell unterschiedlich und kommt immer auf den Einzelnen sowie auf das Paar als »Team« an. Wie bei allem im Leben ist das Maß entscheidend für die eigene Bekömmlichkeit, und dass dies nicht immer gleichbleibt, sondern variiert, ist nachvollziehbar. Wünschenswert wäre für jeden, im Blick zu behalten, wie viel Raum, Zeit, Platz und damit auch Energie der Kinderwunsch tatsächlich einnimmt. Erst wenn Sie wissen, wie der Ist-Zustand ist, können Sie ihn variieren bzw. korrigieren. Denken Sie daran: Sie bestimmen das Maß, Sie kontrollieren und entscheiden. Das ist günstig, um dem überwältigenden Gefühl von Ohnmacht, das immer wieder aufkommen kann, entgegenzuwirken und handlungsfähig zu bleiben.

> Folgende Übung eignet sich zunächst für jeden alleine und später im Austausch:
>
> **Das Lebenshausmodell**
>
> Zeichnen Sie den Grundriss einer Wohnung. Innerhalb der vier Außenwände befinden sich verschiedene Innenräume, wie z. B. der Berufsraum mit allen beruflichen Belangen, der Privatraum mit Themen, die nur Sie selbst betreffen, der Familienraum mit Partnerschaft, Freunden usw. Außerdem gibt es einen Raum für ungelebte Träume, für Wünsche, für Sehnsüchte – hier gehört unter anderem auch Ihr Kinderwunsch hinein. Diese einzelnen Räume gestalten Sie nun frei nach Größe, Form und Farbe. Welche Fenster und Türen gibt es? Wie hell oder dunkel ist es? Wie sind die Räume eingerichtet? Sind sie vollgestellt oder leer? Stellen Sie Ihr Lebenshaus so dar, wie Sie es im Moment erleben.
> *Lesen Sie erst weiter, wenn Sie dieses Bild fertig gestellt haben.*
> Danach zeichnen Sie den Grundriss einer weiteren Wohnung mit denselben Räumen, allerdings überlegen Sie, welche Räume Sie gerne wie verändern würden. Vielleicht sollen einige größer, kleiner, heller, dunkler oder auch ausgemistet werden?

Wie können wir Kraft schöpfen und für uns sorgen?

Existenzielle Themen, die aufwühlen und hoch emotional sind, können erschöpfen. Lebenskraft spürt man vor allem, wenn man den Eindruck hat, das Leben geht den richtigen Weg und man befindet sich am richtigen Platz. Wenn man die für sich passenden Lebensziele gewählt hat, fällt es einem zudem leicht, sich zu motivieren. Aber nicht immer lassen sich Ziele auch umsetzen. Dann kann es hilfreich sein, sich auf andere, kleinere oder größere Lebensziele zu konzentrieren und damit von einem passiven und reaktiven Zustand wieder in einen aktiven oder sogar proaktiven Zustand zu kommen. Wenn man mit einem Schicksalsschlag wie dem unerfüllten Kinderwunsch konfrontiert ist, ist dies nicht immer einfach, aber nur in einer Warteposition zu verharren, wäre ein Fehler. Lebensenergie lässt sich nicht speichern, sie muss aktiv genutzt und verbraucht werden – und erneuert sich damit sozusagen von selbst. Daher: Wenn einem der Kinderwunsch im Moment Grenzen setzt, kann man sich Zeiten festlegen, zu denen man sich bewusst mit anderen Themen beschäftigt. Danach widmet man sich wieder dem Kinderwunsch, und dies hoffentlich mit etwas mehr Lebenskraft. Das bedeutet nicht, dass man den Kinderwunsch vernachlässigt. Sondern es bedeutet, dass man sozusagen von einem Thema, das einem viel Energie raubt, »Urlaub nimmt«, um wieder Kraft zu sammeln.

- Welche anderen Lebensziele sind Ihnen unabhängig vom Kinderwunsch wichtig?
- Welche dieser Themen können Sie derzeit aktiv gestalten?

Gerade in der Kinderwunschzeit brauchen wir viel Kraft und müssen mit unserer Energie gut haushalten können. Deshalb ist es so wichtig zu versuchen, sich Raum und Zeit für den Kinderwunsch zu nehmen und ihn gleichzeitig zu begrenzen. Außerdem ist es hilfreich, immer wieder aufzutanken. Jeder hat spezielle Kraftquellen und damit Möglichkeiten, die eigenen Batterien wieder aufzuladen. Finden Sie heraus, was Ihnen Kraft gibt – alleine und als Paar. Für die einen ist es vielleicht der Spaziergang mit dem Hund im Wald, für den anderen ist es Radfahren oder sich mit Freunden treffen. Was auch immer, finden Sie heraus, was Ihnen guttut, und greifen Sie regelmäßig darauf zurück. Wenn Ihre Batterien erst einmal ganz leer sind, ist es sehr anstrengend, diese wieder aufzufüllen. Deshalb bleiben Sie an Ihren Kraftquellen. Täglich.

Wie können wir Kraft schöpfen und für uns sorgen?

Eine gute Übung hierzu:

- Wie tanke ich Energie?
- Wenn Sie sich erschöpft und müde fühlen, überlegen Sie, was Ihnen wieder Energie geben könnte – und setzen Sie es um! Hier finden Sie einige Anregungen. Vervollständigen Sie die Liste mit Ihren persönlichen »Energieriegeln«.
  - Bewegung draußen in der Natur
  - regelmäßiger Sport
  - massiert werden
  - Musik
  - Tanzen
  - Meditation, Yoga
  - gute Gespräche
  - Sex und zärtliche Berührungen
  - gutes Essen
  - ausreichend Schlaf
  - _____
  - _____
  - _____

- Jeder von Ihnen erstellt nun daraus eine Liste mit 10 Dingen, die ihm/ihr persönlich besonders gut tun. Beide Listen (für jeden der beiden Partner) hängen Sie an einem täglich sichtbaren (aber intimen) Ort auf (z. B. im Badezimmer). Setzen Sie jeden Tag mindestens einen Punkt davon um.

Eine weitere Übung:

Beide Partner, jeder für sich, schreiben fünf konkrete und einfach umsetzbare Wünsche, die sich nur gemeinsam mit dem Partner/der Partnerin umsetzen lassen (romantisch Essen gehen, Füße massieren, Kinobesuch, Wochenend-Ausflug etc.) auf Notizzettel. Diese kommen in ein Kästchen und der Partner, der dem/der anderen etwas Gutes tun möchte, kann sich einen dieser Wünsche aussuchen.

2 Der Kinderwunsch als Herausforderung für die Liebe – Wie unterstützen wir uns als Paar?

Susanne Quitmann und Beatrix Weidinger-von der Recke

Unerfüllter Kinderwunsch bedeutet häufig:

- zu warten, zu warten, zu warten auf etwas, worauf man nur wenig Einfluss nehmen kann,
- sich hilflos zu fühlen, das Gefühl zu haben, das Leben zieht an einem vorbei,
- sich mit Gefühlen wie Versagen, Missgunst und Neid auseinanderzusetzen,
- ständig die Frage nach dem Warum nicht beantworten zu können (weil niemand und selbst die Reproduktionsmedizin nicht allmächtig ist).

Wie aber gehen Sie, als Paar, mit solchen Gefühlen um, zu denen oft auch noch Verzweiflung und Wut hinzukommen? Reden Sie noch miteinander? Nicht nur über den Alltag und das Organisatorische, sondern auch darüber, was Sie erleben und empfinden, was Sie gemeinsam teilen oder worin Sie sich unterscheiden und was Sie so spannend und anziehend füreinander gemacht hat – und eigentlich noch macht? Reden Sie mit Freunden oder Verwandten über sich und Ihre ungewollte Kinderlosigkeit oder spielen Sie allen anderen vor, wie zufrieden Sie mit Ihrem Leben seien? Letzteres macht das Leben möglicherweise noch anstrengender, als es durch die ungewollte Kinderlosigkeit und die aufreibenden Behandlungen sowieso schon geworden ist.

In den meisten Fällen ist Ihre Partnerschaft der Ausgangspunkt und die wichtigste Ressource für Ihren Kinderwunsch, deshalb sollte sie gehegt werden. Sie haben im Gegensatz zu unausgeschlafenen Eltern eines Säuglings Zeit füreinander, aber können Sie sie nutzen? Wie können Sie die

Phase der ungewollten Kinderlosigkeit für sich als Paar so gestalten, dass Sie sich gegenseitig unterstützen?

Unterschiede zwischen Mann und Frau

Der Kinderwunsch selbst vereint Sie nicht unbedingt als Paar, da er bei den meisten Menschen unterschiedlich ausgeprägt ist und auch anders wahrgenommen wird.

Sie, als Frau, erleben alles direkt und körperlich, und sich vorzunehmen, nicht daran zu denken, schlägt fehl. Ihr Kinderwunsch ist latent vielleicht schon immer da gewesen. Schon als kleines Kind gab es ihn, als Sie anfingen Ihrer Mutter nachzueifern. In der Zeit vor Ihrer Partnerschaft war er möglicherweise noch nicht präsent, aber konnte dann doch unkompliziert mobilisiert werden und musste meist nicht über Umwege bewusst gemacht werden wie bei Ihrem Partner.

Sie, als Mann, sind vermutlich eher indirekt betroffen, weil Ihre Partnerin leidet und Sie sich nicht in der Lage sehen, ihr Leid zu beenden. Das heißt, Ihre Erwartung an sich als Mann wird nicht erfüllt, und das ist häufig kränkend. Vielleicht gelingt es Ihnen durch Sport oder im Beruf, indem Sie den Tennispartner besiegen oder indem Sie eine bessere Präsentation bieten können als der Kollege, von diesen schwer ertragbaren Gefühlen Abstand zu gewinnen. Ihre Partnerin wird durch den schwangeren Bauch der Kollegin aber ständig an ihren eigenen »leeren« Bauch erinnert, unabhängig davon, ob sie in anderen Bereichen Erfolge verbuchen kann. Ihre Partnerin wäre jetzt dringend auf Ihre Wertschätzung angewiesen, aber ihr z. B. die Attraktivität zu bestätigen, worauf sie dringend angewiesen ist, fällt mit der Zeit immer schwerer, da sie sich selbst nicht mehr als attraktiv ansieht, möglicherweise nur noch als »halbe Frau«, und Ihnen nicht glaubt. In der Folge fühlen Sie sich eventuell von Ihrer Partnerin zurückgewiesen oder Ihnen kommt irgendwann der Gedanke, Sie sollen nur noch zum Erzeuger funktionalisiert werden.

Der Kinderwunsch, der der Liebe und inniger Zweisamkeit entsprungen ist, wird nun, nachdem er nicht spontan in Erfüllung gegangen ist, als trennend empfunden. Dabei sollte berücksichtigt werden, dass er bei Frau und Mann nie völlig gleich sein kann: Aus der unterschiedlichen psychosozialen Entwicklung von Jungen und Mädchen entsteht meist auch eine Ungleichheit zwischen männlichem und weiblichem Kinderwunsch.

Aber es gibt natürlich auch sonst in Wahrnehmung, Erlebnis und Bewältigung Unterschiede zwischen Ihnen beiden. Ihrer beider individuelle Geschichte und psychosoziale Entwicklung führt dazu, und das ist gut so. Denn stellen Sie sich vor, Sie hätten nicht nur den gleichen Geschmack, was Bilder oder Ihr Haus angeht, sondern Sie würden immer dieselben Gedanken denken, immer dieselben Lösungen vorschlagen usw. Bald schon gäbe es keine positive Spannung zwischen Ihnen und Sie würden aufhören miteinander zu reden. Ihre Unterschiedlichkeit führt dazu, dass man sich in der Trauer trösten kann oder Gefühle zeigen kann, was der/die andere ängstlich vermeidet. Die Ergänzung, die Sie jeweils für die andere Person darstellen, kann so wieder als Bereicherung empfunden werden.

Gegenseitige Unterstützung

Auch wenn Sie meinen, Sie wüssten alles voneinander, fragen Sie Ihre Partnerin/Ihren Partner nach ihrem/seinem Befinden, den Wünschen und Zielen, und zwar in offen gestellten Fragen. Fragen Sie sich gegenseitig, wie Sie von dem allgegenwärtigen Thema Kinderwunsch abgelenkt werden können, und zwar so konkret wie möglich. Fragen Sie sich und Ihre Partnerin/Ihren Partner, was Sie in den letzten Monaten und Jahren vermisst haben.

Machen Sie sich, nachdem Sie beide Vorschläge und Wünsche gesammelt haben, einen konkreten Plan, wie Sie sich vor, während und nach der nächsten Behandlung am leichtesten und am besten ablenken, und halten Sie sich an den Plan. Der spannende Kinofilm lenkt zumindest für 120 Minuten ab, auch wenn es schwerfällt, sich auf den Weg zu machen. Die

Yogagruppe hilft zu entspannen, auch wenn Sie vorher erst noch die Kleidung wechseln müssen. Zuvor aber stellen Sie sicher, dass Sie auch einen Ort haben, an dem Sie Ihre Zweifel, Kränkungen, Schuldgefühle und Schuldzuweisungen lassen können. Bei der Freundin, dem Freund, der Mutter, dem Vater, den Geschwistern oder, wenn da niemand ist, im Rahmen einer Beratung.

> Folgende Übung können Sie gemeinsam machen, um Ihre Partnerschaft zu stärken:
>
> Diese Übung heißt »das Zwiegespräch« (entwickelt von Michael Lukas Moeller) und ist als Kommunikationsübung eine sehr wirkungsvolle Methode, die Paaren hilft, miteinander wieder besser ins Gespräch zu kommen. Die Übung ist auch geeignet für Paare, die aufgrund ihres Kinderwunsches in Krisen stecken, sich emotional voneinander entfernt haben oder sich häufig streiten und missverstehen.
> Sie einigen sich auf einen Termin, z. B. auf einen Abend oder eine Zeit am Wochenende, in der Sie das Zwiegespräch miteinander durchführen können. Sie benötigen ca. eine Stunde Zeit dafür, und in dieser Stunde lassen Sie sich nicht stören. Also kein (Mobil-)Telefon, kein Radio oder Fernsehen und keine anderen Störungen von außen sollen Sie ablenken.
> Am besten setzen Sie sich einander gegenüber, damit Sie sich gut sehen können. Nun hat jeder von Ihnen 20 Minuten Zeit, um von sich zu erzählen. Sie dürfen dem/der anderen mitteilen, wie Sie sich fühlen, was Sie beschäftigt, welche Ängste und welche Sorgen Sie haben, aber auch welche Wünsche. Wichtig ist, dass Sie in der »Ich-Form« sprechen und den/die andere(n) nicht angreifen oder beschimpfen bzw. kritisieren. Der/die andere hört nur zu, er/sie darf weder unterbrechen noch Fragen stellen. Der/die Zuhörende ist aktiv dabei, indem sie/er genau und aufmerksam zuhört, wie der Erzählende sich gerade öffnet, sich ihm anvertraut.
> Dann gibt es den Wechsel, nun ist der Zuhörer der Sprecher. Wichtig hierbei ist, dass nun nicht kritisiert oder herumgemäkelt wird an dem, was der/die Erste gesagt hat, sondern, dass Sie, als der/die Zweite, sich

ebenfalls in der »Ich-Form« ausdrücken mit Ihren Gedanken, Gefühlen und Wünschen.

Beim nächsten Zwiegespräch können Sie in umgekehrter Reihenfolge beginnen.

Manche Paare machen ein Zwiegespräch einmal in der Woche und berichten, dass sie so neue Erfahrungen mit sich und dem Partner/der Partnerin machen. Diese Übung vertieft die Fähigkeiten, von sich zu reden und besser zuzuhören. Das Gefühl zueinander, die Beziehung kann dadurch intensiviert werden, und Ängste und Wut können abgebaut werden.

Probieren Sie das einfach mal aus, schauen Sie, wie häufig Sie dieses Zwiegespräch führen möchten, und beobachten Sie, in welcher Weise Sie davon profitieren.

3 Sexualität nach Plan – Wo ist Platz für die Lust?

Karin Jörns und Adelheid Kubitz-Eber

Sexualität und Schwangerschaft waren in der Menschheitsgeschichte bis vor kurzem untrennbar miteinander verbunden. Erst die moderne Medizin hat das eine ohne das andere möglich gemacht. So ist es wenig erstaunlich, wenn Kinderwunschbehandlungen Auswirkungen auf die Sexualität der Paare haben und Probleme in der Sexualität nach wie vor die Fruchtbarkeit beeinflussen.

Wenn Sexualität das Problem ist

Manche Paare werden nicht schwanger, weil »es« mit der Sexualität nicht klappt. Viele schämen sich deswegen und möchten eigentlich mit niemandem darüber sprechen. Nach vorsichtigen Schätzungen werden etwa 10 % der Paare, die in Kinderwunschbehandlung sind, aufgrund von sexuellen Schwierigkeiten nicht schwanger – nicht alle sprechen mit dem Arzt darüber.

> Fritz und Clara hatten noch nie Geschlechtsverkehr. Zu Beginn der Beziehung haben sie versucht, miteinander zu schlafen – Clara hat sich spontan so angespannt, dass Fritz mit seinem Penis nicht in die Scheide eindringen konnte. Es gab immer wieder vergebliche Versuche und Streit, die Anspannung wurde größer. Beide hatten lustvolle Erfahrungen mit gegenseitigem Streicheln und konnten sich mit der Hand oder mit dem Mund bis zum Orgasmus erregen und erregen lassen. So haben

sie schließlich die Versuche aufgegeben und eine gemeinsame Sexualität entwickelt, die beide als lustvoll und zufriedenstellend erleben – wenn nur der Kinderwunsch nicht wäre …

Wie bei Fritz und Clara (Vaginismus) können Lustlosigkeit, Probleme mit der Erektion, »zu früh Kommen«, Schmerzen beim Geschlechtsverkehr und andere sexuelle Schwierigkeiten dazu führen, dass es selten oder nie zum Geschlechtsverkehr kommt. Viele Paare leben trotzdem gut zusammen und wünschen sich gemeinsame Kinder.

In dieser Situation ist es zunächst wichtig, die eigenen Wünsche und Vorstellungen zu klären und mit dem Partner darüber ins Gespräch zu kommen. Steht der Kinderwunsch im Vordergrund, so steht vermutlich für längere Zeit keine Energie für die Verbesserung der sexuellen Situation zur Verfügung (Kinderwunschbehandlung, eventuell Schwangerschaft und kleine Kinder). Hat für ein Paar die Veränderung in der Sexualität Vorrang, wird in der Regel der Kinderwunsch zeitlich hinausgeschoben, da diese Veränderung Zeit und Energie braucht. Die Priorität kann bei beiden Partnern auch unterschiedlich sein, und es muss erst ein gemeinsamer Weg gefunden werden.

Sich mit sexuellen Problemen einem Außenstehenden zu öffnen ist für viele Paare nicht leicht, auch die Suche nach einem geeigneten und gut ausgebildeten Sexualtherapeuten ist oft mühsam. Beratungsstellen und die entsprechenden Fachverbände können geeignete Anlaufstellen sein.

Entscheidet sich ein Paar für eine Kinderwunschbehandlung, sollte der Arzt in jedem Fall über die Situation informiert werden, um unnötige diagnostische Maßnahmen zu vermeiden. Die Befürchtung, der Arzt könnte eine Behandlung ablehnen, ist in der Regel unbegründet, wenn das Paar klar entschieden ist.

> Beantworten Sie zunächst jeder für sich folgende Fragen:
>
> - Was ist Ihnen wichtig? Sind Sie mit Ihrer sexuellen Beziehung zufrieden und möchten einfach ein Kind? Oder sind Sie schon lange heimlich unzufrieden und der Kinderwunsch ist ein Anlass, mit dem Partner wieder über Sexualität ins Gespräch zu kommen?

- Wie alt sind Sie? Stehen Sie innerlich schon sehr unter Druck, weil Sie Sorge haben, vielleicht gar keine Kinder mehr zu bekommen? Oder haben Sie noch viel Zeit?
- Was ist für Sie im Zweifel vorrangig – ein Kind zu bekommen oder die sexuelle Beziehung zu verbessern?
Tauschen Sie sich dann im Gespräch darüber aus.

Wenn die Sexualität leidet

Zunächst einmal ist es ganz normal, dass die Sexualität unter dem unerfüllten Kinderwunsch leidet. Auch bei Paaren, die Sexualität zufriedenstellend miteinander leben, kann die Sexualität während der und durch die Kinderwunschbehandlung leiden. Das hat vielerlei Gründe:

- Die Notwendigkeit, die Sexualität auf den Zeitpunkt des Eisprungs auszurichten, kann Männern wie Frauen Druck machen.
- Wenn Männer sich unter Druck fühlen, quasi auf Knopfdruck funktionieren zu müssen, kann es zu Problemen mit der Erektion kommen.
- Bei manchen Paaren entstehen Unsicherheiten: Will er/will sie mich – oder nur ein Kind?
- Die Enttäuschung darüber, dass der Sex nicht einfach zur Schwangerschaft führt, kann Lustlosigkeit auslösen.
- Stimmungsschwankungen und Trauer können dazu führen, dass mit der Lebensfreude auch die Lust auf Sexualität nachlässt.
- Der Terminstress während der Kinderwunschbehandlung lässt weniger Freiräume, auch für Sexualität.
- Die Untersuchungen und Eingriffe, gerade im Bauchraum, können manche Frauen beinträchtigen und auch Berührung und Sexualität schwieriger machen.

> Jan und Anna hatten immer Spaß am Sex, oft spontan und mit unterschiedlicher Häufigkeit. Seit sie Kinder haben wollen, ist das schwieriger geworden. Seit zwei Jahren versuchen sie nun, zum richtigen Termin miteinander zu schlafen, um schwanger zu werden. Beim Eintreten der Regel ist dann vor allem Anna enttäuscht und niedergeschlagen und hat gar keine Lust mehr. In letzter Zeit fühlt sich Jan zunehmend unter Druck, endlich das gewünschte Kind zeugen zu müssen. Wenn sie dann in der Zyklusmitte versuchen, miteinander zu schlafen, hat er immer häufiger Probleme, ausreichend erregt zu werden.

Aber was tun, um in der Kinderwunschzeit mehr Spaß an Sexualität zu haben? Manchen Paaren hilft es, wenn sie den Sex, um Kinder zu zeugen, bewusst von den sexuellen Begegnungen außerhalb der Zeit des Eisprungs trennen, die nur für die Lust und die Liebe da sind. Andere achten darauf, sich trotz aller Termine regelmäßig ein- bis zweimal in der Woche Zeit zu nehmen, um körperliche Nähe miteinander zu erleben und regelmäßig Sex zu haben. Wieder andere nehmen sich immer mal wieder die Zeit, ein Wochenende gemeinsam wegzufahren, vom Alltag zu entspannen und Sexualität zu genießen. Sexualität ist in den meisten langfristigen Beziehungen kein Selbstläufer mehr, sondern ein Bereich der Partnerschaft, der Aufmerksamkeit und Pflege braucht. Dies gilt erst recht während der Zeit der Kinderwunschbehandlung.

- Sprechen Sie miteinander, was für Sie beide eine passende Methode sein könnte, um neben dem Kinderwunschthema einen angemessenen Raum für Ihre sexuelle Beziehung zu schaffen.

Intimität in der Kinderwunschzeit

Schwanger werden ist in einer Paarbeziehung ein intimer Bereich, denn üblicherweise ist keine dritte Person daran beteiligt. Die beiden Partner sind sich emotional und körperlich näher als anderen vertrauten Personen. Nicht so bei Paaren mit Kinderwunsch: Sie müssen den geschützten Raum der gemeinsamen Intimsphäre verlassen, um effektive Unterstützung zu bekommen, und fremde Menschen befassen sich mit Details ihres ganz intimen Bereiches. Es ist fast zwangsläufig, dass sich dadurch Unsicherheiten ergeben, die sich auf das Zusammensein der Partner auswirken. Nicht nur körperlich, sondern auch emotional. Es kann sein, dass sich Partner in der Kinderwunschzeit näherkommen – das gemeinsame Thema bindet sie eng aneinander. Sie erleben, dass sie sich aufeinander verlassen können. Partnerschaftliche Intimität wird oft mit Sex gleichgesetzt, sie ist aber mehr. Sie ist auch vertrautes Zusammensein, Achtsamkeit füreinander und das Gefühl von »Ich werde angenommen, so wie ich bin!« Dies sind Bausteine einer stabilen Paarbeziehung, das ist für Kinderwunschpaare nicht anders. Es kann aber auch passieren, dass zwischen all den Fragen, Anforderungen und Terminen auf dem Weg zum großen Ziel die eigenen Bedürfnisse und die des Partners aus dem Blickfeld geraten. Dann ist es an der Zeit, sich auf die Stärke der ZWEIsamkeit zu besinnen.

- Es braucht Zeitfenster für Zweisamkeit, zum Durchatmen und Ruhe haben. Vereinbaren Sie miteinander gemeinsame Stunden *ohne* Verpflichtung und *ohne* Ablenkung von außen.
- Was dabei passiert – das entscheiden *Sie beide*.
- Wie nahe Sie einander sein wollen – verhandeln Sie *miteinander*.
- Sie möchten intim sein – *tun Sie's*.

Nähe spüren und Nähe zulassen – It Takes Two to Tango

Es gibt beim Tango Argentino eine Achtsamkeitsübung zur körperlichen Kommunikation, die man zu Hause ausprobieren kann, ganz ohne Tanzkurs.

- Sie brauchen ein wenig Zeit und Ihre Lieblingsmusik. Sprechen Sie die Rollen nicht ab, das ergibt sich spontan. Sie können und sollen wechseln.
- Stellen Sie sich im Abstand von einer halben Armlänge einander gegenüber auf, Körper aufrecht.
- Die Füße haben eine Handbreit Abstand – Knie leicht gebeugt – Blick auf den Brustkorb des Partners.
- Die Bewegungen sind ruhig und flüssig.

Aktives Führen

Verlagern Sie das Gewicht abwechselnd vom rechten zum linken Fuß und wieder zurück auf beide (ähnlich wie beim Stehblues). Spielen Sie mit dem Gewichtswechsel.

Aktives Folgen

Schauen Sie auf das Brustbein des Partners, von dort kommen die Signale zum Gewichtswechsel. Folgen Sie den Bewegungen.

Variation

Stehen Sie auf beiden Füßen und drehen Sie ausschließlich die Schultern, das Becken bleibt ruhig – nach rechts, nach links, zur Mitte. Es gibt keine feste Abfolge.

Ihr Becken bleibt ruhig. Lassen Sie Ihren Blick auf der Brust des Partners. Drehen Sie die Schultern parallel zu denen Ihres Partners.

- Wenn Sie beide das Gefühl haben, dass Sie sich *gemeinsam* wie *eine Person* bewegen, umarmen Sie sich und wiederholen die einzelnen Bewegungseinheiten. Genießen Sie es.

Wie können wir unsere Lust wiederentdecken?

Viele Paare erleben schon eine Entlastung, wenn medizinische Behandlungszyklen beginnen. Der Druck, Sex haben zu müssen, lässt nach. Sie entwickeln dann wieder mehr Spaß an der gemeinsamen Sexualität – sofern sie sich die Zeit dafür nehmen und auf gute Erfahrungen vor der Kinderwunschzeit zurückgreifen können.

Paare, die Abschied vom Kinderwunsch nehmen, erleben häufig eine Zeit der Trauer und Niedergeschlagenheit. Mit der Entwicklung neuer Lebensperspektiven stellt sich meist auch die Lust wieder ein. Voraussetzung für sexuelle Lust sind Freiräume: ungestörte gemeinsame Zeit, die Freiheit, auszuprobieren.

Lust erlebt erst mal jeder für sich: Was fühlt sich für mich gut an, worauf habe ich Lust, was möchte ich tun oder erleben? Sich gemeinsam Freiräume zu nehmen, in denen jeder seine eigene Lust (wieder)entdecken kann, ist auch nach der Kinderwunschzeit die wichtigste Voraussetzung.

In der folgenden Übung nach Masters und Johnson geht es nicht direkt um Sexualität, sondern darum, entspannt zusammen zu sein und Freude und Lust an- und miteinander wieder zu entdecken.

- Nehmen Sie sich eine Stunde Zeit. Sie sollten ungestört sein, keine direkt folgenden Termine haben, sorgen Sie für Wärme, so dass Sie nackt sein können, und für eine angenehme Atmosphäre.
- Im nächsten Schritt entscheiden Sie, wer zunächst passiv und wer aktiv sein möchte. Der »Passive« legt sich auf den Bauch. Er hat die Aufgabe, die Berührungen des Aktiven wahrzunehmen und sich zu melden, wenn eine Berührung ihn nicht mehr entspannt sein lässt (es kitzelt, es ist nicht mehr angenehm, es ist zu fest, es erregt ...). Der Aktive hat den ganzen Körper des Passiven zur Verfügung, vom Scheitel bis zu den Zehen, kann streicheln, kneten, ganz sanft berühren. Seine Aufgabe ist, das zu tun, wozu er in diesem Augenblick Lust hat, ohne darauf zu achten, ob es dem anderen gefällt – wobei er die »Vetos« des passiven

> Partners respektiert und sofort etwas anderes macht. Nach fünf bis zehn Minuten werden die Rollen gewechselt, der vorher Aktive legt sich jetzt auf den Bauch. Nach weiteren fünf bis zehn Minuten werden die Rollen erneut gewechselt, der Passive legt sich jetzt auf den Rücken, so dass die Vorderseite berührt werden kann. Dabei lässt der Aktive Brüste und Genitalbereich aus, da es zunächst um Entspannung geht und nicht um Erregung. Nach fünf bis zehn weiteren Minuten wird erneut getauscht, jetzt legt sich der zweite auf den Rücken, so dass der erste die Vorderseite berühren kann. Dann folgt bei beiden noch einmal die Rückseite. Die Grundregel lautet die ganze Zeit: Wenn Du aktiv bist, tu was Du willst – wenn Du passiv bist, lass nichts geschehen, was Du nicht willst.
> - Tauschen Sie sich über Ihre Erfahrungen aus.

Einige Paare finden nach der Kinderwunschzeit nur schwer wieder zu einer lustvollen sexuellen Beziehung. Wenn das längere Zeit so bleibt, kann es sinnvoll sein, sich um professionelle Hilfe zu kümmern.

Literaturempfehlungen

Clement, U. (2006). *Guter Sex trotz Liebe: Wege aus der verkehrsberuhigten Zone.* Berlin: Ullstein.
Ecker, D. (2005). *Sexualität und Partnerschaft im Lebenszyklus.* München: Kösel.
Zilbergeld, B. (2002). *Die neue Sexualität der Männer.* Tübingen: DGVT.

Glück und Zufriedenheit in der Kinderwunschzeit II – Wie wichtig sind andere Menschen?

Doris Wallraff

> »Menschen zu finden, die mit uns fühlen und empfinden,
> ist wohl das schönste Glück auf Erden«
> Carl Spitteler

Von Ludwig Börne stammt das Zitat »Vieles kann der Mensch entbehren, nur den Menschen nicht.« Die Positive Psychologie bestätigt: »Other people matter«. Verbundenheit mit anderen Menschen ist einer der größten Glücksstifter.

Eine universale Glücksquelle aller Kulturen ist die Liebe. Die Qualität von Ehe oder Partnerschaft hat großen Einfluss auf unser Lebensglück. In einer Partnerschaft zu leben wirkt stabilisierend. Deshalb ist es enorm wichtig, gerade in belastenden Zeiten wie der Kinderwunschzeit die Beziehung zu stärken (▶ Kap. 2). Auch Zufriedenheit mit der Sexualität spielt für das Eheglück eine große Rolle. Gerade diese Glücksquelle ist in der Kinderwunschzeit häufig belastet. In Kapitel 3 wird deshalb ausführlich darauf eingegangen.

Auch andere stabile Beziehungen, wie zu Verwandten und Freunden, können wahre Glücksbringer sein. Besonders beglückend erleben die meisten Menschen gemeinsame Erlebnisse mit guten Freunden. Wenn man jemanden hat, mit dem man seine Erfahrungen teilt, entsteht Vertrauen, man steht sich gegenseitig bei und kann sich auch über Intimes austauschen. Umgekehrt gilt, dass soziale Isolation unglücklich macht. Im Beispiel zu Beginn des ersten Teils zum Glück (s. S. 13 f) schottet Jürgen sich komplett ab, wohingegen Stefan aus dem Kontakt mit anderen viel Kraft schöpft. Auch Bronnie Ware erkannte in ihren Gesprächen mit Sterbenden die Wichtigkeit von Freundschaften: »Ich hätte mit meinen Freunden in Kontakt bleiben sollen«, bedauern viele Menschen kurz vor ihrem Tod.

Während der Kinderwunschzeit werden allerdings Kontakte gerade zu alten Freunden, deren Leben jahrelang parallel zu dem eigenen verlief, oft problematisch, wenn sich das Leben der Freunde plötzlich nur noch um ihre Kinder dreht, man selbst aber gerade unter der Abwesenheit eigener Kinder leidet. Ein kompletter Rückzug in die eigenen vier Wände ist jedoch auf Dauer keine Lösung. Es bedarf einer Neuorientierung. Vielleicht ist es möglich, Freunde am Abend ohne Kinder zu treffen, vielleicht lassen sich alte Bekanntschaften mit Menschen, die besser zu dieser Lebensphase passen, beleben oder man sucht gezielt nach Menschen, die auch keine Kinder haben. Über Selbsthilfegruppen haben Sie auch die Möglichkeit, Menschen kennenzulernen, die gerade in einer ähnlichen Lebenssituation sind.

Dabei braucht die Frau vielleicht etwas anderes als der Mann. So wichtig das Paar in der Kinderwunschzeit füreinander ist, so wichtig ist es, dass jeder auch andere Menschen hat, um sich auszutauschen, gemeinsam zu schweigen oder zu lachen.

- Welchen Menschen fühlen Sie sich nahe? Wem vertrauen Sie?
- Wer tut Ihnen gut, bei wem können Sie ganz Sie selbst sein?
- Mit wem können Sie gemeinsam lachen, weinen und auch schweigen?
- Wen würden Sie gerne einmal wiedersehen?
- Wen möchten Sie näher kennenlernen, wer passt gerade jetzt zu Ihrem Leben?

Hier eine Anregung von M. Röder-Bassenge (2008):

Paare in der Lebensphase Kinderwunsch sehnen sich nach dem Glück, schwanger zu werden, nach dem Glück, das eigene Kind in den Armen zu wiegen. »Glück« entsteht in den Denkgewohnheiten der Paare meist erst dann, wenn es »geklappt« hat. Nahe liegen Glück – »sich Hoffnungen machen«, bald »guter Hoffnung zu sein« – und Unglück – »wieder ist alle Hoffnung zunichte« – zusammen, rhythmisch, zyklisch – im Kommen und Gehen von Eisprung und Monatsblutung. Wie können Paare mit den scheinbar vorgezeichneten Kurven von glücklich und unglücklich sein umgehen bzw. sich davon lösen?

Hilfreich ist Achtsamkeit für sich selbst, dafür, was im Monatszyklus oder in einem Behandlungszyklus passiert – mit mir als Frau, mit mir als Mann, mit uns als Paar. Es geht darum, sich selbst gewahr zu werden in der Anspannung und dagegen Entspannungsmomente zu setzen. Wenn das gelingt, fühlen Paare oft schon Erleichterung, können eine neue Bedeutung für sich selbst entdecken. Frau und Mann können benennen, wie es ihnen gerade geht, wahrnehmen, was möglich ist, wo etwas zu viel oder zu wenig ist und dann – durchatmen, Pause machen, Pause halten, weiteratmen und die dankbare Reaktion im Körper erleben. Innehalten, nach links und rechts schauen auf dem Weg des Kinderwunsches, ist gewonnene Zeit keine verlorene Zeit.

Es geht um Klarheit und eine Glück spendende innere Haltung und Betrachtungsweise zu dem, was gerade ist. Wichtig ist neben dem »Hoffnungsvoll-sein-Dürfen« der gesunde Menschenverstand und vorbereitet zu sein: zu wissen, worauf man sich einlässt, mit allen Risiken. Das mindert Angst und Furcht vor der Behandlung. Mit dem Frei-Werden, anders zu denken und anders zu fühlen, ist immer wieder das Glück des Freiseins von Sehnsucht gewonnen. Das tut gut, und zwar in jedem Moment, in dem es gelingt. Und auch wieder im nächsten Moment. Eine aufgereihte Kette von Glücksmomenten ... Wenn ein Paar weiß, es konnte den nächsten Schritt bewusst wählen, kann es ihn willkommen heißen – als einen nächsten Schritt.

Einen Schritt, den das Paar zur gleichen Zeit mit vielen tausend Frauen und Männern macht, die in der gleichen Situation sind. Es ist ein imaginärer Kreis, den es ja tatsächlich gibt, in dem sich das Paar bei jedem Schritt seines Kinderwunsch-Weges befindet. Sie sind zu keiner Zeit allein, auch wenn es sich oft so anfühlt! Sich verbunden zu fühlen mit den anderen Frauen und Männern, die gerade das Gleiche erleben, gibt Kraft für die Bewältigung des Weges. Sich entspannen, atmen und all jenen, denen es gerade so geht wie mir, wie uns, einen guten Wunsch schicken. Was für ein Glück, wenn das gelingt.

Geben vermehrt Glück

Eine der größten Glücksquellen ist es, etwas für andere Menschen zu tun. Vielen Paaren, die sich dafür entscheiden, Kinder haben zu wollen, geht es genau darum: Sie wollen nicht nur um sich selbst kreisen, sondern etwas weitergeben – an die eigenen Kinder. Solange diese Motivation ins Leere läuft, kann eine Alternative dazu sein, sich für andere einzusetzen. Sich um das Wohlergehen anderer Menschen zu bemühen, kann glücklicher machen, als nur mit sich selbst beschäftigt zu sein. Gerade in der Kinderwunschzeit kreisen die Gedanken sehr viel um die eigenen Belange. Davon bewusst gelegentlich Abstand zu nehmen und etwas für andere zu machen kann sehr wohl tun. Anton Bucher, der in seinem Buch »Psychologie des Glücks« zahlreiche Studien zusammenfasst, formuliert: »Freiwilliges Engagement für andere oder anderes ist vorzügliche Selbsttranszendenz, die Fähigkeit, vom eigenen Ego abzusehen, einer der stärksten Prophylaxen hinsichtlich Depression«. Je mehr Glück wir verschenken, desto mehr erhalten wir. Großzügige Menschen sind glücklicher. Wer anderen Menschen hilft, empfindet Befriedigung und ist stolz auf sich.

Die eigenen Talente für etwas einzusetzen, das größer ist als man selbst, die Welt vielleicht sogar ein kleines bisschen besser macht, verschafft auch einem selbst großes Glück. Es gibt sehr unterschiedliche Möglichkeiten, sich für andere einzusetzen. Das beginnt bei kleinen Aufmerksamkeiten, die man jemandem in der Nachbarschaft oder im Bekanntenkreis macht.

Eine weitere Möglichkeit ist, sich politisch für Belange einsetzen, die einem wichtig sind und der Gesellschaft nutzen, beispielsweise im Umwelt- oder Tierschutz, für kranke Menschen oder sozial Benachteiligte. Es gibt zahlreiche Patenschaften, z. B. für ein Kind in der Dritten Welt. Noch konkreter ist ein ehrenamtliches Engagement in einem Verein, in der Gemeinde, in einer sozialen Einrichtung oder einem Netzwerk »Bürger für Bürger«. Vielleicht lassen sich ja eigene Interessen, eigenes Können und Wissen mit dem Einsatz für andere verbinden, so wie bei Stefan aus dem Fallbeispiel im ersten Teil, der eine Fußballmannschaft trainiert. Wer gerne singt, kann einen Singkreis im Altersheim gründen, wer gut schwimmt, kann sich in seiner Ortsgruppe bei der Wasserwacht engagieren, wer gerne Blumen pflückt, überrascht vielleicht einmal einen wildfremden Menschen mit einem Strauß Wiesenblumen – der Phantasie sind keine Grenzen gesetzt. Notwendig ist nur, bewusst die Augen für die Belange anderer zu öffnen.

- Wem möchten Sie eine Freude bereiten oder ein kleines Geschenk machen?
- Wem könnten Sie einen Gefallen tun?
- Wer bräuchte Hilfe?
- Was liegt Ihnen besonders am Herzen? Wo könnten Sie sich engagieren?

Machen Kinder glücklich?

Alles, was mit Liebe, Freundschaft und Familie zu tun hat, ist die wichtigste Quelle des Glücks – und des Unglücks. Für viele Paare ist die Sehnsucht nach Glück unmittelbar mit dem Wunsch nach einem Kind verknüpft. Für sie ist es nicht vorstellbar, ohne Kinder glücklich zu werden. Verstärkt wird dies durch die Medien und Äußerungen zahlreicher Eltern. Oftmals entspricht das, was über ein Leben mit Kindern erzählt wird, jedoch nicht dem, was Eltern tatsächlich empfinden. Wir Menschen neigen dazu, nach außen vieles zu beschönigen. Der Glücksforscher Daniel Gilbert weist in seinem preisgekrönten Wissenschaftsbuch »Ins Glück stolpern« vehement darauf hin, dass einige Dinge, die wir über das Glück glauben, einfach nicht wahr sind: »In jeder menschlichen Kultur wird den Menschen erzählt, dass es sie glücklich mache, Kinder zu haben.«

Die Geburt eines Kindes wird von sehr vielen Menschen tatsächlich als glücklichstes Lebensereignis geschildert. Studien zeigen jedoch, dass sich die Paarzufriedenheit nach der Geburt des ersten Kindes messbar verringert. Das Lebens- und Beziehungsglück steigt im mittleren Alter der Kinder zwar wieder etwas an, erreicht aber während der Pubertät der Kinder ihren Tiefstand. Erst wenn die Kinder das Haus verlassen haben, ist die Lebenszufriedenheit der Paare wieder annähernd so hoch wie vor der Geburt von Kindern. Umfangreiche Untersuchungen kommen zu dem überraschenden Ergebnis, dass kinderlose Paare und solche, deren Kinder aus dem Haus sind, im Durchschnitt sogar glücklicher sind als Paare mit Kindern unter einem Dach. Ein niedriges Einkommen und frühe Mutterschaft steigern die psychischen Belastungen durch Kinder offensichtlich noch. Akademiker*innen sind mit Kindern häufig zufriedener als Paare mit niedrigerer Bildung. Anscheinend beglückt Elternschaft mehr, wenn sie gewollt ist. Wie zufrieden man in einem Leben mit Kindern ist, hängt sicher auch davon ab, wie viel Glück man bei Tätigkeiten empfindet, die man mit Kindern notwendigerweise tun muss. Eckart von Hirschhausen, Arzt und Comedian, schreibt in seinem Bestseller »Glück kommt selten allein…« lakonisch: »Frauen würden laut anonymen Befragungen lieber einkaufen, telefonieren oder Zwiebeln schneiden, als auf ihre kleinen Glücksbringer aufzupassen. Aber untereinander bestätigt man sich immer, wie toll es ist und wie viel man ja von den Kindern ›zurückbekommt‹«.

Gisela Zeller-Steinbrich konstatiert in ihrem Buch »Wenn Paare ohne Kinder bleiben«: »Sprechen Sie mit Eltern älterer Kinder und fragen Sie, ob sie's noch mal tun würden. ›Ich möchte sie nicht missen, aber …‹ ist die häufigste und ehrlichste Antwort«, und das nicht nur von alleinerziehenden Müttern, deren Partnerschaft nach der Geburt des Kindes zerbrach und die wissen, dass die Sehnsucht nach einem Partner ebenso groß sein kann wie die nach einem Kind. Zeller-Steinbrich weist mehrfach darauf hin, wie viele eigene Bedürfnisse Eltern unterdrücken müssen und wie viele

Forderungen Kinder stellen, die man gerade nicht erfüllen möchte, »der Umweg über Kinder kann Liebesdurstige geradewegs in die Wüste führen.« Ihr Fazit: »Nach allem, was wir wissen, hat das Paradies ohne Kinder stattgefunden. Es besteht also kein Grund zur Annahme, das Leben ohne eigenen Nachwuchs sei die Hölle.«

Weshalb verbinden dann so viele Menschen Glück mit Kindern? Grundsätzlich ist darauf hinzuweisen, dass diese Verbindung relativ neu ist. Früher bekamen Menschen nicht Kinder, um das eigene Glück zu steigern und ihrem Leben einen Sinn zu geben, sondern um zu überleben. »Die Pflicht, uns um unsere Kinder zu kümmern, ist vor langer Zeit in unsere Gene geschrieben worden«, schreibt Gilbert, »Also plagen wir uns, verlieren Schlaf und Haare, spielen Krankenschwester, Chauffeur und Koch, weil die Natur es von uns verlangt«. Doch auch die Vorstellung, dass Kinder glücklich machten, habe einen Zweck für die Evolution: »Daher wird der Glaube, dass Kinder eine Quelle von Glück sind, ganz einfach deshalb zum Teil unserer kulturellen Weisheit, weil die gegenteilige Überzeugung die Gesellschaft auflösen würde«, so Gilbert. Er vergleicht Eltern mit Junkies, die ebenso für ihr »Glück« auf vieles verzichten: Arbeit, Freunde und vor allem Sex. Wenn wir einen solch hohen Preis zahlen, macht es Sinn, wenigstens so zu tun, als hätte die »Anschaffung« sich gelohnt. Wer möchte sich schon eingestehen, dass der Preis für Kinder womöglich höher als der Nutzen für das Glücksempfinden ist? Seit Orna Donath 2015 ihr Buch »Regretting Motherhood« veröffentlichte, ist jedoch auch dieses Tabu etwas in den gesellschaftlichen Fokus gerückt. Donath zeigte anhand von Studien auf, dass viele Frauen ihre Mutterschaft bereuen und sich, obwohl sie ihre Kinder lieben, nicht wieder für die Mutterschaft entscheiden würden.

Objektiv ist die Tatsache, ob man ein Kind hat oder nicht, also relativ unwesentlich für das langfristige Glücksempfinden eines Menschen. Die oft gehörte Platitude »Sie können doch auch ohne Kinder glücklich werden« hat also durchaus ihre Berechtigung. Glück ist jedoch individuell oder, wie Hein Zegers es in »Glück. The World Book of Happiness« formuliert: »Ein Mensch ist kein Durchschnitt.« Deshalb fühlen sich manche Paare von solchen vermeintlich tröstenden Worten vollkommen unverstanden. Wenn wesentliche Bedürfnisse lange unerfüllt bleiben, kann das Unglück verursachen, zumal, wenn es sich um ein solch zentrales, natürliches Bedürfnis handelt wie das, eigene Nachkommen zu haben. Und es macht einen großen Unterschied, ob man die Wahl hat oder nicht.

Subjektiv kann deshalb genau dieser Unterschied, ob man ein Kind hat oder nicht, ganz entscheidend für das Glücksempfinden eines Menschen sein. Zudem gibt es zahlreiche weitere Gründe, sich ein Kind zu wünschen, als den, glücklich werden zu wollen. Niemand darf sich deshalb anmaßen, die Berechtigung eines solchen Wunsches anzuzweifeln.

4 Medizinische Kinderwunschbehandlung – Wie können wir uns gut vorbereiten?

Judith Zimmermann

Wissen um die Vorgänge im Körper von Mann und Frau bei der natürlichen Fortpflanzung erleichtert es Paaren mit eingeschränkter Fertilität, Diagnoseverfahren und reproduktionsmedizinische Behandlungsmethoden zu verstehen. Deshalb finden Sie im elektronischen Zusatzmaterial zu diesem Buch alle notwendigen medizinischen Informationen über Fruchtbarkeit bei Frau und Mann und natürliche Familienplanung. Sie können dort auch nachlesen, was Sie bei einem Erstgespräch erwartet, und finden Basiswissen zu Diagnostik und Therapien bei unerfülltem Kinderwunsch, Chancen und Risiken der einzelnen Verfahren und zu Behandlungen im Ausland.

Im Folgenden geht es um weitere wichtige Aspekte zur emotionalen Vorbereitung auf medizinische Kinderwunschbehandlungen.

Von Anfang an ein Ende definieren

*»Man darf das Schiff nicht an einen einzigen Anker
und das Leben nicht an eine einzige Hoffnung binden«
Epiktet*

Viele Paare empfinden es als Zumutung, sich bereits zu Beginn einer Kinderwunschbehandlung auf deren Ende festzulegen. Sollte man nicht besser voller Optimismus und »positiv denkend« mit der Behandlung beginnen und den Gedanken an einen möglichen negativen Ausgang gar nicht zulassen? Am besten ist es, beides zu tun: voller Hoffnung mit der Kinderwunschbehandlung zu beginnen und dennoch bereits zu Beginn zu verabreden, an welchem Punkt man den Weg einer repromedizinischen Behandlung beendet. Zuversicht hilft, diese Zeit besser zu überstehen, »Positives Denken« hat jedoch keinen Einfluss auf die Entwicklung von Samen- und Eizelle. Sie können also unbesorgt sein: Wenn Sie ein eventuelles Scheitern der Behandlungen in Ihre Überlegungen miteinbeziehen, hat das keine negativen Folgen für das Schwangerwerden.

Betrachtet man die Statistiken des deutschen IVF-Register (und hier insbesondere die Schwangerschaftsrate nach mehreren Versuchen sowie die Geburtenrate nach ART), so zeigt sich, dass nach vier Versuchen einer »assistierten Reproduktion« zwar immerhin 60 % der Paare ein lebend geborenes Kind bekommen haben – und dies berechtigt zur Hoffnung –, aber leider auch 40 % der Paare weiterhin kinderlos sind. Die Wahrscheinlichkeit, trotz Kinderwunschbehandlung kinderlos zu bleiben, ist somit nicht gering. Es lohnt sich daher, sich frühzeitig damit auseinanderzusetzen, wie viele Versuche man auf sich nehmen kann und möchte, wie viele Versuche medizinisch überhaupt sinnvoll sind, wie viele Versuche finanziell möglich sind, ohne sich zu ruinieren, und wie Alternativen aussehen könnten, falls der zunächst eingeschlagene Weg scheitert. Wie könnte ein »Plan B« für uns aussehen?

Um nicht vom Strudel einer Kinderwunschbehandlung mitgerissen zu werden und in einer emotional ohnehin labilen Phase die Entscheidung über den »Plan B« treffen zu müssen, ist es also sinnvoll, sich möglichst bereits zu Beginn der Therapie Gedanken zu machen, wie es nach einem Scheitern der Behandlung weitergehen könnte. Man kann so einen »Backup-Plan« ein wenig mit einem Ehevertrag vergleichen, den man sowohl mit sich selbst als auch mit dem Partner schließt. Ein Ehevertrag wird zu einem Zeitpunkt geschlossen, an dem die Beziehung noch intakt ist und der Blick auf das, was gut und gerecht ist, noch nicht durch Emotionen getrübt wird. Erfahrungsgemäß ist ein Ehepaar zu diesem frühen Zeitpunkt erheblich besser in der Lage, gute Regelungen zu finden, als in den Verwicklungen eines Scheidungsverfahrens. Ähnlich verhält es sich auch mit dem Plan B für den Kinderwunsch. Der Blick ist vor einer Behandlung häufig noch freier dafür, wie viel man sich zumuten kann und will und welche Alternativen es geben könnte. Ebenso ist es natürlich sinnvoll, sich vor jedem neuen Behandlungsschritt zu überlegen, wie Alternativen aussehen könnten.

Sie können diese Übung alleine oder als Paar machen. Nehmen Sie sich auf jeden Fall einige Stunden Zeit und sorgen Sie dafür, dass Sie währenddessen ungestört sind.

- Überlegen Sie, wie ein Leben ohne leibliche Kinder aussehen könnte.
- Was werden Sie dann beruflich machen? Gab es vor dem Kinderwunsch Karrierepläne, die Sie umsetzen können? Weiterbildungen? Umschulungen? Möchten Sie sich selbstständig machen?
- Was machen Sie als Paar? Was könnten gemeinsame Projekte werden? Was sind gemeinsame Ziele?
- Was macht Sie alleine und als Paar glücklich? Worauf freuen Sie sich? Was wollten Sie schon immer einmal ausprobieren? Welche Träume können Sie endlich verwirklichen? Welchen Hobbys gehen Sie nach? Gibt es besondere Wünsche, die sich dann umsetzen lassen? Wohin möchten Sie reisen?
- Stimmt Ihre Wohnsituation dann noch? Ließe sich die Aufteilung der Zimmer verändern? Gibt es ein (heimliches) Kinderzimmer, das umgestaltet werden könnte? Würden Sie lieber woanders wohnen? In einer anderen Wohnung? In einem anderen Land?
- Wie können Sie sich für andere Menschen einsetzen? Wollen Sie sich sozial oder politisch engagieren? Wie wollen Sie sich zu Kindern stellen? Gibt es ein besonderes Kind, um das Sie sich kümmern wollen (Nichte, Neffe, Patenkind, Nachbarskind)? Kommen eine Adoption oder ein Pflegekind in Frage?

- Sie können diese Übung auch nochmals vertiefen, indem Sie Ihre Gedanken schriftlich niederlegen oder bildlich festhalten, z. B. durch eine Collage oder einen kleinen Film.
- Sollten sich hier keinerlei positive Bilder einstellen, sollten Sie erwägen, sich psychosozial beraten zu lassen, da Sie dann vermutlich ein deutlich erhöhtes Risiko haben, zu der Gruppe von Kinderwunschpatienten zu gehören, die sich mit einem Ausstieg schwer tun.

(Abgewandelt nach Enchelmaier und Frost/Moss)

Es kann schwierig werden, Kinderwunschbehandlungen zu beenden

Findet diese Auseinandersetzung um Alternativen nicht bereits aktiv zu Beginn der Behandlung statt, ist die Gefahr groß, dass sich Paare vom Verlauf der Behandlungen treiben lassen. Kinderwunschpaare bringen dann eine Vielzahl an Behandlungszyklen hinter sich (man spricht hier auch von »Reprokarrieren«), getrieben von der immer geringer werdenden Hoffnung auf das ersehnte eigene Kind und der immer größer werdenden Verzweiflung. Weil alternative Lebensperspektiven fehlen, kann für diese Paare die Kinderwunschbehandlung unbemerkt zum »way of life« werden, zum eigentlichen Lebenszweck. Injektionen, Blutabnahmen, Ultraschalle, der vertraute Gang ins Kinderwunschzentrum, die Wartezeit nach einem Transfer, womöglich auch das Studium der einschlägigen Literatur und der Austausch mit Leidensgenossen in den sozialen Medien, all das wird zum dominierenden Lebensinhalt. Die Wartezeiten zwischen den Behandlungszyklen werden damit verbracht, das notwendige Geld anzusparen, um möglichst rasch wieder einen neuen Versuch starten zu können. Freundschaften werden aufgegeben, da man sich nicht verstanden fühlt oder das Kinderglück der anderen nur schwer ertragen kann. Der Blick engt sich immer mehr ein, und glückliche Momente werden immer seltener, weil der Kinderwunsch das eigentliche Leben überlagert. Für Außenstehende wirkt das Verhalten solcher Paare geradezu süchtig: Die Gedanken kreisen nur noch um das fehlende Kind, das anzuschaffende Geld und die nächsten möglichen Versuche. Entlastung vom »Suchtdruck« bietet sehr kurzfristig ein neuer Behandlungszyklus, in dem man sich in den Tagen nach dem Transfer wenigstens für kurze Zeit schwanger fühlen kann. Man verliert sich selbst dabei. Ein glückliches erfülltes Leben wird dadurch nahezu unmöglich.

Warum fällt es zahlreichen Paaren so schwer, einen Ausstieg aus der Kinderwunschbehandlung zu finden? Dafür gibt es unterschiedliche Gründe:

- Paare, die sich dazu entschließen überhaupt eine Kinderwunschbehandlung zu beginnen, haben meist einen besonders großen Kinderwunsch, denn sonst wären sie ja nicht bereit, die Belastungen einer solchen Therapie auf sich zu nehmen. Meistens haben sie die Familiengründung in ihrem Leben fest eingeplant und nur selten gibt es für sie alternative Optionen, die von vorneherein den gleichen Stellenwert haben.
- Für viele Paare ist es außerdem besonders schwer, ein Ziel aufzugeben, in das sie bereits sehr viel investiert haben. Das Gefühl, dass das eingesetzte Geld, die damit verbrachte Zeit, die Nerven und Tränen letztlich »umsonst« gewesen sein sollen, lassen sie das Ende der Behandlung immer wieder hinauszögern. Diese Logik gleicht der eines Kaufmanns der weiterhin in ein lieb gewonnenes, aber bereits gescheitertes Projekt investiert, in der Hoffnung irgendwann doch einen Gewinn verzeichnen zu können, obwohl er insgeheim genau weiß, dass sich dieser nicht mehr einstellen wird. Für Kinderwunschpaare besteht allerdings insofern ein Unterschied, als mit dem Ende der Kinderwunschbehandlung ja nicht nur ein singuläres Vorhaben scheitert, sondern eine ganze Lebensperspektive und das letzte Fünkchen Hoffnung oft nicht erlischt.

- Die Fähigkeit, eine Kinderwunschbehandlung zu beenden, ehe sie selbstzerstörerische Züge annimmt, kann aber auch durch eigentlich positive Eigenschaften der Paare eingeschränkt werden. Charakterzüge wie Optimismus, Beharrlichkeit und Zielstrebigkeit, die im bisherigen Leben hilfreich waren, können den Ausstieg aus einer Kinderwunschkarriere behindern. Viele Paare haben in ihrem bisherigen Leben die Erfahrung gemacht, dass ein »Sich-noch-mehr-Anstrengen« sie zu jedem ersehnten Ziel führte. Nun stehen sie zum ersten Mal vor der Erfahrung, dass es Dinge im Leben gibt, die nicht durch Leistung und Durchhaltevermögen beeinflussbar sind.
- Selten kommen die Partner außerdem gemeinsam an den Punkt, an dem sie finden, dass der richtige Zeitpunkt für das Ende einer reproduktionsmedizinischen Behandlung gekommen ist. Häufig sind Männer früher dazu bereit als Frauen. Dies liegt möglicherweise daran, dass sich für Männer durch die Kinderlosigkeit meist nicht ganz so viel ändert wie für Frauen. Die körperliche Erfahrung von Schwangerschaft und Geburt ist für sie ohnehin von der Natur nicht vorgesehen. Männer werden auch nicht monatlich durch eine Regelblutung daran erinnert, dass eine für sie wesentliche Aufgabe des Körpers, die Reproduktion, nicht möglich ist. Außerdem haben Frauen in ihrer Lebensplanung Familie und Kinder häufig bereits intensiver mitgedacht, haben Familienpausen eingeplant und womöglich auch ihre Berufswahl darauf ausgerichtet. Dies findet sich bei Männern deutlich seltener und führt dazu, dass sie sich vielfach früher mit einem kinderlosen Leben anfreunden können. Andere Männer wiederum sehen, dass die Frau die Hauptlast der Behandlung tragen muss, und finden daher, dass die Frau alleine entscheiden sollte, wann der Zeitpunkt gekommen ist, diese Behandlung zu beenden. Beide Haltungen können zu massiven Spannungen in der Beziehung führen, wenn das Paar keinen Weg findet, sich in einer konstruktiven Art und Weise über die unterschiedlichen Sichtweisen auszutauschen.
- Ein nicht unbedeutender Punkt liegt sicher auch in der mangelnden psychosozialen »Führung« der Patienten. Während viele Ärzte versuchen, dieses für die Paare ja oft äußerst schmerzliche Thema sehr deutlich, aber einfühlsam anzusprechen, haben andere Kinderwunschärzte Schwierigkeiten damit, einem Paar das Behandlungsende nahezulegen. Dies liegt unter anderem daran, dass die Chancen für jeden einzelnen

Versuch zwar im Verlauf tendenziell leicht abnehmen, statistisch gesehen aber über etwa acht Behandlungszyklen hinweg ungefähr gleich sind. Statistisch betrachtet kann also über einen langen Behandlungszeitraum hinweg der nächste Versuch DER erfolgreiche sein. Es gibt daher medizinisch häufig keinen eindeutigen Punkt, an dem von weiteren Therapien abzuraten ist. Zahlreiche Paare bringen infolgedessen eine Vielzahl an Versuchen hinter sich, um sich später einmal »nicht vorwerfen zu müssen, nicht alles für die Erfüllung ihres Kinderwunsches getan zu haben«. Zum anderen verdienen Kinderwunschärzte natürlich auch an jeder Behandlung, ob erfolgreich oder nicht. Einige Reproduktionsmediziner empfinden es auch als narzisstische Kränkung und Beschädigung ihres Selbstbildes als Helfer, wenn eine Therapie erfolglos bleibt. Ein weiterer Grund liegt aber sicherlich auch darin, dass die derzeit praktizierende Ärztegeneration häufig nur ein Minimum an psychosozialer Ausbildung erhalten hat. Viele Ärzte haben daher nie gelernt, schlechte Nachrichten auf eine für alle Beteiligten gute Art und Weise mitzuteilen und die dadurch ausgelösten, womöglich heftigen Emotionen auszuhalten (vielleicht ist dies auch einer der Gründe, warum in den meisten Praxen das Ergebnis eines negativen Schwangerschaftstests am Ende eines Zyklus von den Arzthelferinnen mitgeteilt wird). Nicht wenige Ärzte vermeiden es daher, deutlich auszusprechen, wenn sie ein Ende einer Kinderwunschtherapie für sinnvoll halten, und sehen es auch nicht als ihre Aufgabe an, (frühzeitig) Alternativen mit den Paaren zu erarbeiten. Es ist also sinnvoll, sich frühzeitig aus eigenem Antrieb mit einem Plan B zu befassen.

Entwicklung eines konkreten Fahrplans

Wie kann ein solcher »Plan vom Ende der Behandlung« aussehen? Einige Paare nehmen sich eine Höchstzahl an Versuchen vor, nach denen sie die Kinderwunschbehandlung beenden. Andere Paare setzen sich einen Zeitrahmen (beispielsweise bis zu einem bestimmten Geburtstag der Frau), während dem sie regelmäßig Versuche durchführen. Hat man definiert, bis wann man eine medizinische Behandlung machen möchte, kann man überlegen, was man mit Rücksicht auf Körper und Seele in diesem

Zeitrahmen umsetzen kann. Viele Paare beschreiben diese festgesetzten Endpunkte während der Behandlung als entlastend, da sie die schwierige Zeit der Kinderwunschbehandlung begrenzen und eine Perspektive für das »Danach« geben.

Manche Paare beenden zu diesem festgesetzten Zeitpunkt eine bisher angewandte Behandlung, z. B. IVF/ICSI, um auf ein anderes Verfahren, wie beispielsweise die Behandlung mit Spendersamen (▶ Kap. 14) oder eine Eizell- oder Embryonenspende (▶ elektronisches Zusatzmaterial) umzusteigen. Auch für diese Behandlungen sollte dann frühzeitig ein Endpunkt definiert werden. Andere beginnen ein Adoptionsverfahren im In- oder Ausland oder bewerben sich um ein Pflegekind (▶ Kap. 14). Viele Männer und Frauen entscheiden sich aber auch für ein Leben als kinderloses Paar und entdecken nach einer Phase der Trauer und des Abschieds (▶ Kap. 13) vom Kinderwunsch neue Perspektiven und Quellen des Glücks (▶ Kap. 14). Statistisch gesehen sind kinderlose Paare langfristig nicht unglücklicher als Paare mit Kindern. In den ersten Jahren nach der Geburt eines Kindes scheitern im Gegenteil sogar besonders viele Ehen an den Belastungen durch die familiären Pflichten. Das langfristige Ziel eines glücklichen Lebens kann also von kinderlosen Paaren wie Paaren mit Kindern erreicht werden, auch wenn das für die Betroffenen in der Phase des akuten Schmerzes häufig kaum zu glauben ist. Es ist daher besonders wichtig darauf zu achten, sich durch eine zermürbende »Kinderwunschkarriere« nicht vieler glücklicher Lebensjahre zu berauben.

> Überlegen Sie gemeinsam, wie Ihr persönlicher »Fahrplan« Kinderwunsch aussehen kann:
>
> - Welche Schritte gehen Sie zunächst an (Adoption, medizinische Behandlung, etc.)?
> - Wie lange verfolgen Sie Ihren Kinderwunsch mit diesem Schritt, wann ist es an der Zeit, andere Schritte zu gehen?
> - Wo ist für Sie eine Endgrenze erreicht? Wie definieren Sie diese Grenze?
> - Wie könnte, um auf den schlimmsten Fall vorbereitet zu sein, ein Leben ohne Kind für Sie als Personen und als Paar gut weitergehen?

Ein passendes Kinderwunschzentrum finden

> »Es gibt nichts Besseres als einen guten Arzt
> und nichts Schlechteres als einen schlechten Arzt«
> Gerhard Kocher

Für viele Paare beginnt der erste Schritt einer Kinderwunschbehandlung mit der Suche nach dem richtigen reproduktionsmedizinischen Zentrum (im Folgenden wird synonym auch der breiter gefasste Begriff Kinderwunschzentrum verwendet). Eine Kinderwunschbehandlung ist eine sehr persönliche und intime Behandlung, die sich unter Umständen über eine lange Zeit hinziehen kann. Es ist daher ausgesprochen wichtig, ein Kinderwunschzentrum zu finden, in dem man sich gut behandelt und in jeder Hinsicht aufgehoben fühlt. Insbesondere in Ballungsräumen haben Paare inzwischen häufig die Auswahl zwischen drei oder mehr Zentren. Es lohnt sich daher, sich für die Auswahl des richtigen Zentrums Zeit zu nehmen und sich wenn möglich mehrere Praxen anzusehen.

In vielen Zentren gibt es Info-Abende, an denen man unverbindlich einen ersten Eindruck von einem Kinderwunschzentrum gewinnen kann. Hierbei kann man sich häufig auch die Praxisräume im Rahmen eines Rundganges ansehen. Außerdem bieten alle Kinderwunschzentren Erstgespräche an, in denen das Paar die Praxis und den Arzt und der Arzt das Paar kennenlernen kann. Die nun folgenden Punkte fassen zusammen, worauf man bei der Auswahl einer Praxis achten sollte.

Medizinische Kompetenz

Die medizinische Kompetenz eines Zentrums steht sicher für viele Paare als Auswahlkriterium an erster Stelle, ist aber für Laien realistischerweise meist nicht ganz einfach zu beurteilen. Dies liegt zum einen daran, dass eine gute Kinderwunschbehandlung immer eine Teamleistung ist, an der mindestens der behandelnde Arzt, der Biologe und nicht zuletzt das Kinderwunschpaar selbst beteiligt sind. Das Paar lernt allerdings häufig nur einen Teil des Praxispersonals sowie den behandelnden Arzt kennen und kann ohne Vorkenntnisse die medizinische Qualität der von ihnen geleisteten Arbeit kaum beurteilen. Im Folgenden sollen daher verschiedene Möglichkeiten dargestellt werden, gute von weniger guten Kinderwunschzentren zu unterscheiden.

Eine Möglichkeit, eine kompetente Rückmeldung zur medizinischen Qualität einer Praxis zu bekommen, ist, den eigenen Gynäkologen bzw. auch den Hausarzt auf seine Erfahrungen mit den Kinderwunschzentren der Umgebung anzusprechen und um eine Empfehlung zu bitten. Insbesondere Gynäkologen begleiten ihre Patientinnen häufig über viele Jahre und sehen sie auch während der Kinderwunschbehandlung immer wieder, beispielsweise zur Krebsvorsorge. Durch die Rückmeldungen dieser Frauen können sie sich häufig ein gutes Bild von den einzelnen Kinderwunschzentren machen. Fast immer kennen sie die Kollegen der Kinderwunschzentren durch gemeinsame Fortbildungen oder berufsständische Arbeit auch persönlich und können daher auch etwas über das Naturell der verschiedenen Kinderwunschärzte berichten. Da Schwangerschaften nach erfolgreicher Kinderwunschbehandlung meistens von den »normalen« Gynäkologen weiter betreut werden, haben sie durch die »erlebte Statistik« häufig auch ungefähre Hinweise auf die Erfolgsraten der einzelnen Zentren. Gelegentlich sehen niedergelassene Gynäkologen die Kinderwunschzentren jedoch als Konkurrenz an und geben dann keine Empfehlung.

Hinweise auf die Qualität der medizinischen Behandlung gibt auch die Erfolgsrate, die das Kinderwunschzentrum angibt. Hierbei sollten allerdings einige Besonderheiten beachtet werden: In Deutschland werden zwar sorgfältig Daten über alle begonnenen Kinderwunschbehandlungen erhoben und in einer jährlich veröffentlichten umfangreichen Statistik ausgewertet (IVF-Register). Hierbei werden auch die Erfolgsraten der einzelnen Praxen berechnet. Im Gegensatz zu einigen anderen Ländern werden diese praxisbezogenen Daten in Deutschland allerdings nicht veröffentlicht, sondern nur den Zentren selbst zurückgemeldet. Erfahrungen in den USA zeigen, dass dort Kinderwunschzentren Patienten mit weniger guten Erfolgsaussichten nicht mehr annehmen, um sich die persönliche Erfolgsstatistik nicht zu verderben. In Deutschland wiederum veröffentlichen viele Praxen auf den Homepages Teilausschnitte ihrer Statistik, die zwar aller Wahrscheinlichkeit nach korrekt sind, die eigene Arbeit aber in einem besonders günstigen Licht erscheinen lassen, weil sie beispielsweise nur

Teilgruppen von Patienten einbeziehen oder einen besonders »erfolgreichen«, aber nur kurzen Zeitausschnitt widerspiegeln. Meist wird auch nur die klinische Schwangerschaftsrate pro Transfer berichtet, die ca. 10 % über der Geburtenrate pro durchgeführtem Behandlungszyklus liegt (Abb. 4.8 in Wischmann 2012).

Wenn man also die Erfolgsrate eines Zentrums in seine Entscheidung für oder gegen eine Praxis einbeziehen will, dann ist es sinnvoll zu fragen,

- wie viele Paare in einer vergleichbaren Situation pro angefangenem Behandlungszyklus letztlich mit einem Baby nach Hause gehen dürfen (Lebendgeburtenrate),
- wie viel Berufserfahrung der Arzt und der Biologe haben und wie lange sie schon zusammenarbeiten,
- ob es besondere Spezialisierungen gibt, von denen Sie profitieren können (beispielsweise besondere Erfahrung mit der Behandlung von Endometriosepatientinnen).

Es hat Vorteile, wenn überwiegend ein einziger Arzt das Kinderwunschpaar behandelt, insbesondere wenn es um Gespräche zur weiteren Therapieplanung geht. Den meisten Frauen ist eine gynäkologische Behandlung durch viele verschiedene Ärzte ausgesprochen unangenehm. Außerdem können so Kommunikationsprobleme zwischen verschiedenen Behandlern vermieden werden. Das Paar wird von einem Arzt betreut, der mit der Vorgeschichte und den Behandlungsabsprachen vertraut ist. Viele Paare lassen sich durch kleine Unterschiede im Vorgehen der Ärzte verunsichern, beispielsweise wenn ein Arzt die Frau nach einem Embryotransfer gleich aufstehen lässt, der Kollege sie aber bittet, noch einige Minuten liegen zu bleiben. Andererseits kann es auch von Vorteil sein, wenn mehrere Ärzte in einem Kinderwunschzentrum arbeiten, da so ausgedehntere Behandlungszeiten, beispielsweise auch an Wochenenden angeboten werden können.

Ein gut geführtes Kinderwunschzentrum erkennt man an den im Folgenden aufgeführten Merkmalen:

- Der Arzt erhebt eine ausführliche Anamnese (Krankheitsvorgeschichte). Er fragt dabei nicht nur nach gynäkologischen oder andrologischen Befunden, sondern macht sich ein umfassendes Bild von der körperlichen und seelischen Gesundheit seiner Patienten. Insbesondere fragt er auch nach Vor- und Begleiterkrankungen und Medikamenteneinnahme, nach dem Lebensstil (Rauchen, Alkoholkonsum, Bewegung, Beruf etc.), dem Sexualleben sowie nach seelischen Belastungen. Hierbei interessiert er sich auch für medizinische Unterlagen und Vorbefunde und fordert diese gegebenenfalls an.

- Wenn der Arzt eine weitere Diagnostik zur Ursachenabklärung für notwendig hält, begründet und erläutert er diese.
- Bei der Planung einer Behandlung interessiert sich der Arzt dafür, was von den Wunscheltern gewollt ist und wo persönliche ethische, medizinische, emotionale und finanzielle Grenzen liegen. Die Behandlungspläne werden daher individuell für jedes Paar erstellt und es wird nicht nach »Schema F« verfahren. Diese Pläne werden mit dem Kinderwunschpaar ausführlich besprochen. Sollten Paare besondere Wünsche haben, wird ein guter Arzt sich bemühen, ihnen entgegenzukommen. Sollte dies nicht möglich sein, erläutert er die Gründe.
- Der Arzt spricht mit den Wunscheltern über die emotionalen Belastungen, die eine Kinderwunschbehandlung mit sich bringen kann, arbeitet mit einer psychosozialen Fachkraft zusammen und macht frühzeitig auf die Möglichkeit psychosozialer Unterstützung aufmerksam, damit Paare aufgefangen werden können, wenn die Belastung zu groß wird.
- Sollten Behandlungen erfolglos verlaufen sein, versuchen gute Kinderwunschärzte zusammen mit ihren Patienten alternative Behandlungskonzepte zu erwägen. Außerdem erläutern sie, wie viele Behandlungszyklen sie für sinnvoll halten und unter welchen Umständen sich diese Einschätzung ändern kann.
- Gute Kinderwunschärzte teilen ihren Patienten mit, wenn sie weitere Behandlungen für nicht mehr sinnvoll halten.

Praxisorganisation und Räumlichkeiten

Gerade in einem Kinderwunschzentrum ist eine gute Organisation der Praxisabläufe besonders wichtig. Hierzu gehören insbesondere ausreichend häufige und lange Öffnungszeiten. Regelblutungen, reifende Follikel und Eisprünge richten sich leider nur begrenzt nach Öffnungszeiten und

Wochentagen. Viele Frauen sind außerdem berufstätig und müssen die Behandlungstermine (durchaus zwei bis sechs Termine pro Monat und das womöglich über Monate hinweg) in ihren Berufsalltag einpassen. Starre Zeiten, zu denen Blutentnahmen, Ultraschalluntersuchungen, Embryotransfers oder Inseminationen stattfinden, können daher zu einer großen zusätzlichen Belastung werden und zu Spannungen am Arbeitsplatz führen. Es bedeutet daher für viele Paare eine deutliche Erleichterung, wenn die Untersuchungen und Behandlungen auch vor Arbeitsbeginn oder nach Feierabend, in der Mittagspause oder wenn notwendig auch an Wochenenden möglich sind. Insbesondere Embryotransfers und Inseminationen sollten zumindest auch am Samstag möglich sein. Bei Behandlungen beispielsweise im Naturzyklus bleibt sonst häufig zu wenig zeitlicher Spielraum.

Wissenswert ist außerdem, wie die Kommunikation mit dem Personal organisiert ist. Ist eine Terminvereinbarung ohne Probleme möglich oder hängt man stundenlang in einer Warteschleife? Ist die Bestellung von Folgerezepten unkompliziert möglich? Gibt es einen Ansprechpartner für Rückfragen zu Behandlungsdetails, zum Beispiel wenn es Verständnisfragen zum Behandlungsplan gibt? Ist eventuell auch ein Kontakt per E-Mail möglich? In Notfällen sollte außerdem jederzeit ein Arzt erreichbar sein, z. B. per Notfall-Handy.

Entscheidend dafür, ob ein Kinderwunschzentrum für ein Paar in Frage kommt, ist auch die räumliche Nähe zum Wohn- oder Arbeitsort. Lange Fahrzeiten können zur Strapaze werden, wenn mehrere Behandlungszyklen erforderlich sind. Für den Fall, dass es kein günstig gelegenes Kinderwunschzentrum in der Umgebung gibt, besteht gelegentlich auch die Möglichkeit, dass der Frauenarzt vor Ort einzelne Untersuchungen in enger Absprache mit dem Kinderwunschzentrum durchführt.

Ein weiteres Entscheidungskriterium sind die Räumlichkeiten der Kinderwunschpraxis. Für die meisten Patienten ist eine Kinderwunschbehandlung eine sehr intime und in manchen Fällen auch schambesetzte Angelegenheit, für die sie sich größtmögliche Diskretion wünschen. Es ist daher wünschenswert, wenn beispielsweise nicht das ganze Wartezimmer mithören kann, was an der Anmeldung besprochen wird. Für viele Männer ist außerdem das Abgeben einer Samenprobe mit einer besonderen Belastung verbunden. Einige Praxen bieten hierfür inzwischen Räume an, die etwas abseits des Eingangsbereichs liegen, so dass die Patienten nicht mit dem Behälter für die Samenprobe am Empfang vorbeigehen müssen. Manche Zentren haben außerdem spezielle »Durchreichefenster«, in die man den Becher mit der Probe stellen kann und dem Praxispersonal beispielsweise durch ein Klingelzeichen diskret mitteilen kann, dass man fertig ist. In manchen Praxen ist die Gewinnung der Spermaprobe auch in einem nahe gelegenen Hotelzimmer o. Ä. möglich.

Auch für die meisten Frauen ist es wichtig, ob in einer Praxis Rücksicht auf ihre Intimsphäre genommen wird. So sollte es eine Selbstverständlichkeit sein, dass der Arzt die Frau vor der Untersuchung begrüßt und sie erst dann bittet, sich zu entkleiden. Nach der Untersuchung sollten sich die Patientinnen sofort wieder anziehen können, und die Befunde sollten erst danach besprochen werden. In den meisten Praxen gibt es hierfür sichtgeschützte Bereiche, in denen man sich an- und entkleiden kann. Während der Untersuchung sollten nur Personen anwesend sein, deren Assistenz unbedingt erforderlich ist (aus rechtlichen Gründen ist bei gynäkologischen Untersuchungen durch männliche Ärzte allerdings meist eine Arzthelferin anwesend). Ein »Durchgangsverkehr« anderer Personen sollte während dieser Zeit nicht stattfinden.

Sauberkeit und Hygiene sollten für die Kinderwunschpraxis eine Selbstverständlichkeit sein und werden hier daher nicht weiter ausgeführt.

Die Arzt-Patient-Beziehung

Trotz aller bisher genannten harten Kriterien zur Auswahl einer Kinderwunschpraxis ist letztlich doch meistens der ausschlaggebende Faktor für oder gegen ein Zentrum, ob die »Chemie« zwischen Arzt und Praxispersonal und dem Kinderwunschpaar stimmt. Ärzte sind verschieden, Kinderwunschpaare sind verschieden und nicht jeder Arzt passt zu jedem Paar. Mehrere Befragungen der letzten Jahre zeigten übereinstimmend, dass fast alle Patienten sich einen Arzt wünschen, der Zeit hat, zuzuhören und zu erklären. Manche Paare wollen hierbei im Detail, z. B. über die Studienlage zu verschiedenen Behandlungsverfahren informiert werden, um anschließend die Entscheidung für oder gegen eine Therapie selbst zu treffen. Anderen Paaren wiederum ist es lieber, wenn sie nur unbedingt notwendiges Hintergrundwissen erhalten und die Entscheidung über die Therapie dem Arzt überlassen können. Manche Paare wollen lieber einen älteren Arzt, der viel Erfahrung ausstrahlt, anderen ist ein jüngerer lieber. Manche bevorzugen einen Mann, andere wieder wollen nur von einer Frau behandelt werden. Die einen schätzen den Humor eines Arztes als erfrischend und positiv, wieder andere finden ihn völlig deplatziert oder gar vulgär. Der gleiche Arzt kann also von verschiedenen Patienten ganz unterschiedlich beurteilt werden. Untersuchungen aus anderen Bereichen der Medizin zeigen, dass eine gute Beziehung zwischen Arzt und Patient weit reichende Auswirkungen auf die Lebensqualität hat. Stimmt die Beziehung zwischen Arzt und Patient, werden auch eingreifende Therapien als deutlich weniger belastend empfunden. Es ist daher sinnvoll, sich ein Bild von der Persönlichkeit des Arztes und der Freundlichkeit des Praxispersonals zu machen und das eigene Bauchgefühl als wichtigen Parameter mit in die Entscheidung einzubeziehen.

Außerdem können auch Patienten zu einer gelingenden Arzt-Patient-Beziehung beitragen:

- Bereiten Sie sich auf den Arztbesuch vor und notieren Sie sich die Fragen und Themen, die Sie besprechen wollen. So können Sie Ihre Konzentration ganz auf das Gespräch richten und müssen nicht ständig daran denken, was Sie alles nicht vergessen wollen.
- Sorgen Sie dafür, dass für den Arztbesuch notwendige Unterlagen und Untersuchungsbefunde (Vorbefunde, Medikamentenpläne) rechtzeitig

vorliegen. Fragen Sie gegebenenfalls vor einem Erstgespräch nach, welche Unterlagen benötigt werden. Füllen Sie die Fragebögen, die Ihnen von manchen Praxen vor dem Erstgespräch zugeschickt werden, nicht erst am Vorabend des Gesprächs aus. Zur Beantwortung mancher Fragen brauchen Sie vielleicht Informationen Ihres Hausarztes, Gynäkologen oder im Falle der Familienkrankheitsgeschichte die Hilfe von Verwandten.

- Fragen Sie nach, falls Sie die Ausführungen des Arztes nicht verstehen. Hinterfragen Sie das vorgeschlagene Vorgehen, falls Sie anderer Meinung sind oder andere Wünsche haben. Geben Sie Ihren Kopf nicht an der Eingangstür ab! Arzt-Patienten-Gespräche sollten auf gleicher Augenhöhe stattfinden. Andererseits hat der behandelnde Arzt nur eine Chance zu merken, dass Sie etwas nicht verstanden haben, wenn Sie ihm das sagen.
- Trauen Sie sich, eigene Wünsche und Vorstellungen in die Behandlung einzubringen. Gerade im Bereich der Reproduktionsmedizin sind die Patienten auch Kunden einer Praxis. Ihre Wünsche können aber nur dann umgesetzt werden, wenn Sie diese auch äußern.

Tina und Erik haben sich auf ihrer Suche nach dem richtigen Kinderwunschzentrum zwei Praxen angesehen. Nach dem Erstgespräch in der zweiten Praxis setzen sich beide in ein Café und tauschen ihre Eindrücke aus.

Praxis A ist eine sehr große Praxis, in der viele Ärzte zusammenarbeiten. Die Räumlichkeiten wirken ausgesprochen modern, aber etwas steril. Die Ärztin, die das Erstgespräch führte, machte einen routinierten und erfahrenen Eindruck, allerdings wurde insbesondere Erik nicht so recht warm mit ihr. Er hat den Eindruck, dass sie zwar alle Fragen verständlich beantwortete, aber von sich aus nur das unbedingt Nötige erzählte. Die Praxis liegt sehr nahe an Tinas Arbeitsplatz, allerdings sind Ultraschalluntersuchungen und Behandlungen nur vormittags möglich, da die Nachmittage für Erst- und Folgegespräche reserviert sind. Dies ist mit Tinas Arbeitszeiten (Frühschicht) schwer zu vereinbaren. Dafür ist in den meisten Fällen die Betreuung durch die ihnen zugeordnete Ärztin möglich. Das Praxispersonal war ausgesprochen freundlich.

Praxis B ist eine etwas kleinere Praxis, in der drei Ärzte zusammenarbeiten. Die Räumlichkeiten waren nicht besonders durchgestylt, aber sehr zweckmäßig. Der Arzt war Tina und Erik auf Anhieb sympathisch, er wirkte zwar noch recht jung, aber dennoch kompetent. Beiden gefiel, dass er sich Zeit nahm, vieles aus eigenem Antrieb ausführlich erläuterte, verschiedene Alternativen aufzeigte und auch auf die möglichen emotionalen Belastungen einer Therapie einging. Leider liegt Praxis B eine Dreiviertelstunde Fahrzeit von Claras Arbeitsplatz entfernt. Da Ultraschalluntersuchungen und Behandlungen wie Embryotransfers aber auch am Nachmittag möglich sind, kann Clara die Termine wahrnehmen, ohne bei der Arbeit zu fehlen. Allerdings wird sie nicht immer der ihr zugeordnete Arzt behandeln, da sich die Ärzte die Dienste in den Randstunden der Sprechzeit aufteilen. Leider war das Personal bei der Anmeldung recht unfreundlich. Eine Arzthelferin störte auch einmalig während des Gesprächs.

Tina und Erik entscheiden sich schließlich für Praxis B, da ihnen die gute Vereinbarkeit der Behandlung mit Tinas Berufstätigkeit und ein guter Draht zum behandelnden Arzt besonders wichtig sind.

Kosten

Für viele Paare stellt eine Kinderwunschbehandlung nicht nur eine emotionale, sondern auch eine große finanzielle Belastung dar. Dies gilt insbesondere dann, wenn die Krankenkasse die Kosten der Behandlung nicht (mehr) übernimmt, etwa weil das Paar eine Therapie braucht, die nicht im Leistungskatalog der Kassen gelistet ist, die zulässige Altersgrenze über- oder unterschritten wird oder das Kontingent an bezahlten Versuchen ausgeschöpft ist. In solchen Fällen kann der Vergleich der Preise, zu denen die notwendige Behandlung in verschiedenen Zentren angeboten wird, auch zu einem unfreiwilligen Hauptentscheidungskriterium werden. Aber auch für Paare, deren Behandlungskosten zumindest teilweise übernommen werden, sind die wirtschaftlichen Hürden teilweise hoch. Seriöse Praxen sprechen das Thema Kosten von sich aus an und erstellen detaillierte schriftliche Kostenvoranschläge, aus denen hervorgeht, welche Kosten gegebenenfalls von den Kassen getragen werden und welcher Teil von dem Kinderwunschpaar selbst beigetragen werden muss. Hierbei sollte man allerdings beachten, dass ein Großteil der Kosten für eine Kinderwunschtherapie durch die hohen Medikamentenpreise und nicht durch die ärztlichen Leistungen verursacht wird. Einige Praxen haben auch keine oder nur eine eingeschränkte Kassenzulassung und können dann nur die Fertilitätsdiagnostik und Inseminationen als Kassenleistung anbieten. Es sollte daher zu Beginn einer Kinderwunschbehandlung erfragt werden, ob die in Frage kommende Praxis eine volle Kassenzulassung besitzt.

Einige Praxen bieten Ratenzahlungen an. Bei Selbstzahlern besteht gelegentlich die Möglichkeit zu verhandeln, mit welchem Steigerungssatz die Therapien abgerechnet werden. Es ist den Ärzten jedoch aus standesrechtlichen Gründen verboten, unterhalb des einfachen Steigerungssatzes abzurechnen. Auf jeden Fall lohnt es sich, den Arzt darauf anzusprechen, welche Möglichkeiten er sieht, falls die Kostenhöhe eine weitere Behandlung unmöglich macht.

Entscheidungs-Bewertungs-Tabelle (Kopiervorlage)

Gehen Sie die einzelnen Punkte der Checkliste nach Ihrem Erstgespräch im Kinderwunschzentrum in Ruhe gemeinsam durch. Vergeben Sie Punkte von 0 (trifft nicht zu) bis 3 (trifft vollständig zu). Bewerten Sie hierbei auch, wie wichtig Ihnen die einzelnen Punkte sind (1 weniger wichtig, 3 sehr wichtig). Wenn Sie sich mehrere Praxen ansehen, können Sie anhand der Tabelle die Zentren miteinander vergleichen, indem Sie die Punkte mit der Wichtigkeit multiplizieren und die errechneten Zahlen addieren.

	Punkte	Wichtigkeit	Summe
Die Chemie zwischen dem Arzt und uns stimmt.	×		=
			+
Die Behandlung durch vorwiegend einen bestimmten Arzt ist möglich.	×		=
			+

	Punkte	Wichtigkeit	Summe
Das Kinderwunschzentrum ist für uns in angemessener Zeit erreichbar.	×	=	
			+
Die Öffnungszeiten sind so, dass wir die Termine gut in unseren Alltag integrieren können.	×	=	
			+
Das Praxispersonal ist höflich.	×	=	
			+
Arzt und Praxispersonal geben sich Mühe, unsere Intimsphäre zu wahren.	×	=	
			+
Die Räumlichkeiten sprechen uns an.	×	=	
			+
Die Kommunikation mit dem Kinderwunschzentrum ist problemlos möglich (telefonisch, per E-Mail etc.).	×	=	
			+
Der Arzt erläutert uns das weitere Vorgehen in einer gut verständlichen Art und Weise.	×	=	
			+
Der Arzt interessiert sich dafür, wo unsere persönlichen Grenzen und Bedürfnisse liegen und integriert diese in seinen Therapieplan.	×	=	
			+

	Punkte	Wichtigkeit	Summe
Die Praxis verfügt über Zusatzangebote (z. B. Akupunktur) oder Spezialisierungen, die uns wichtig sind.		×	=
			=
Gesamtzahl erreichter Punkte			

Webseiten zu weiterer Information

http://www.patienten-information.de (Seite der Bundesärztekammer und Kassenärztlichen Bundesvereinigung für Patienten)
http://www.patienten-information.de/arztcheckliste
http://www.aezq.de/mdb/edocs/pdf/schriftenreihe/schriftenreihe34.pdf

5 Alternative Behandlungsmöglichkeiten – Welche natürlichen Mittel wirken wie?

Judith Zimmermann

Etwa 30 % der Paare mit Kinderwunsch nehmen Naturheilverfahren (im Folgenden auch Alternativ- oder Komplementärmedizin) zur Unterstützung einer konventionellen Therapie oder als alleiniges Verfahren in Anspruch. Hierzu zählen sehr verschiedenartige Therapieformen, die sich als Alternative oder Ergänzung zu schulmedizinischen Verfahren verstehen. Die meisten Patienten geben an, naturheilkundliche Therapien in Anspruch zu nehmen, weil sie eine aktivere Rolle in der Behandlung einnehmen wollen, den »ganzheitlichen Zugang« vieler Naturheilverfahren schätzen, neben einer reproduktionsmedizinischen Therapie keine Chance ungenutzt lassen wollen (»viel hilft viel«) oder einfach für mehr Wohlbefinden während einer schulmedizinischen Kinderwunschtherapie sorgen wollen. Insgesamt wenden eher ältere Paare sowie Menschen mit höherem Einkommen Naturheilverfahren an, zudem auch Paare, die mit IVF/ICSI nicht schwanger geworden sind.

Leider gibt es nach wie vor nur sehr wenige aussagekräftige Studien zu Wirksamkeit und Risiken der alternativen Therapieverfahren. Von Befürwortern der Naturheilverfahren wird häufig angegeben, dass sich diese Verfahren den üblichen medizinischen Prüfmethoden entziehen, da für jeden Patienten eine individuelle Therapie notwendig sei und daher die notwendige Vergleichbarkeit der Therapien fehle. Bisherige wissenschaftliche Überprüfungen verschiedener komplementärer Verfahren ergaben häufig keinen Wirksamkeitsnachweis oder zeigten widersprüchliche Ergebnisse. 2009 zeigte eine dänische Studie sogar, dass Patienten, die zusätzlich alternativmedizinische Verfahren nutzten, eine deutlich niedrigere Schwangerschaftsrate hatten als Paare, die dies nicht taten, auch wenn Effekte durch höheres Alter und andere negative Einflussfaktoren herausgerechnet wurden.

Zusammenfassend ist zu sagen, dass von der Anwendung der meisten alternativmedizinischen Verfahren keine Verbesserung der Schwangerschaftsrate zu erwarten ist. Andererseits schätzen viele Kinderwunschpaare die meist zuwendungsintensiven Therapien und nutzen sie für mehr Wohlbefinden während der Kinderwunschzeit.

Lebensstil

Im Gegensatz zu vielen Naturheilverfahren ist der Einfluss von Lebensstilfaktoren auf die Fruchtbarkeit relativ gut untersucht. (Streng genommen spielen Lebensstilfaktoren sowohl in der Schulmedizin als auch in fast allen komplementären Therapieverfahren eine große Rolle.) Ein Kind zu bekommen ist ein körperlicher Vorgang, und nur mit Hilfe unserer Körper lässt sich ein Kinderwunsch erfüllen. Biologische (und nicht psychische) Faktoren haben den größten Einfluss darauf, ob eine Frau schwanger wird. Einige dieser Faktoren lassen sich nur schwer verändern, andere gar nicht. So spielt das Alter der Eizellen der Frau eine entscheidende Rolle bezüglich der Fruchtbarkeit, es lässt sich aber nun mal nicht korrigieren. Dennoch gibt es viele Dinge, die Kinderwunschpaare selbst tun können, um ihre Körper soweit wie möglich bei dieser Aufgabe zu unterstützen.

Eine wichtige Rolle bei der Erfüllung des Kinderwunsches spielt die Ernährung. Extremes Übergewicht oder Untergewicht kann über verschiedene Mechanismen zu Störungen bei der Eizellreifung und der Spermienbildung führen. Eine gesunde abwechslungsreiche Ernährung mit frischen Lebensmitteln und einer an den persönlichen Bedarf angepassten Kalorienmenge ist daher sinnvoll. Die zusätzliche Ergänzung von Folsäure ist dabei für beide Geschlechter empfehlenswert. Ein Vitamin-D-Mangel sollte ausgeglichen werden. Andere Nahrungsergänzungsmittel (siehe unten) sind für gesunde Menschen bei einer ausgewogenen Ernährung in der Regel nicht notwendig.

Der Genuss von Nikotin oder Drogen sollte nicht nur in der Kinderwunschzeit vermieden werden. Etwas verkürzt formuliert entspricht die

Fruchtbarkeit von Raucherinnen der von zehn Jahre älteren Nichtraucherinnen. Kinder von Raucherinnen sind zudem häufig untergewichtig, kommen öfter zu früh zur Welt und haben häufiger kognitive Defizite als Kinder von Nichtraucherinnen. Auch bei Männern schadet Nikotin der Spermienproduktion. Passivrauchen belastet den Partner mit (auch wenn außerhalb der Wohnung geraucht wird). Alkohol sollte in der Schwangerschaft gar nicht und in der Kinderwunschzeit nur in sehr geringen Mengen genossen werden. Der Koffeingenuss sollte ebenfalls auf ein bis zwei Tassen Kaffee täglich reduziert werden.

Bewegung ist ebenso wichtig für den Körper; er braucht eine ausgewogene Balance aus Passivität und Aktivität. Allerdings sollte auch hier ein vernünftiges Maß eingehalten werden. Sportliche Aktivitäten ohne übertriebenen Leistungsanspruch können bei Kinderwunsch hilfreich sein, da ein gesundes Maß an Aktivität regulierend auf verschiedene Hormonregelkreise wirkt. Zudem berichten viele Paare, dass sportliche Betätigung auch bei der Ablenkung vom Kinderwunsch hilft. Leistungssport hingegen kann sich sowohl bei Männern als auch bei Frauen negativ auf die Fruchtbarkeit auswirken.

Unser Organismus braucht den Wechsel von Anspannung und Entspannung. Ruhepausen sind essentiell für die körperliche und emotionale Gesundheit, sie wirken sich unmittelbar auf den Organismus aus. Deshalb ist es wichtig, ausreichend zu schlafen. Wie viel Schlaf ein Mensch braucht, ist individuell sehr unterschiedlich, im Durchschnitt (!) werden allerdings acht bis neun Stunden Schlaf pro Nacht benötigt. Frauen, die die Methoden der natürlichen Familienplanung anwenden, erleben unmittelbar, welchen Einfluss eine gestörte Nachtruhe auf den Zyklus haben kann. Daher leuchtet auch ein, dass Schichtarbeit zu den Faktoren gehört, die einen negativen Effekt auf die Fruchtbarkeit haben.

Emotionaler Stress hat hingegen keinen Einfluss auf den Ausgang einer reproduktionsmedizinischen Behandlung. In einer Untersuchung wurden Frauen nach ihrer emotionalen Befindlichkeit vor der Therapie befragt. Anspannung, Sorgen und depressive Verstimmungen hatten hierbei keine Auswirkungen auf die Schwangerschaftsrate. Psychische Faktoren haben nur dann einen Einfluss auf die Schwangerschaftsrate, wenn sie dazu führen, dass die Paare durch ihr Verhalten eine Schwangerschaft verhindern (beispielsweise indem sie Geschlechtsverkehr an den fruchtbaren Tagen vermeiden). Aussagen wie »Ihr müsst Euch einfach mal entspannen und loslassen, dann klappt das auch mit der Schwangerschaft« oder »Wahrscheinlich hast du ein gestörtes Verhältnis zu deiner Weiblichkeit« sind daher als Erklärungen, die in den Bereich der Mythen gehören, anzusehen. Dennoch sehen viele Alternativmediziner ihre Aufgabe darin, »seelische Blockaden« zu lösen, obwohl wissenschaftlich klar gezeigt werden konnte, dass die innere Einstellung zu einer möglichen Schwangerschaft in keinem Zusammenhang zum Eintreten derselben steht (sonst bräuchte niemand zu verhüten).

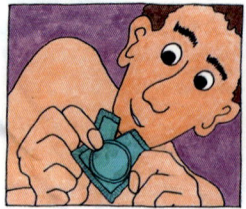  

Eine psychologische Unterstützung während einer Kinderwunschtherapie kann zur Verbesserung der Lebensqualität selbstverständlich dennoch sinnvoll sein.

Phytotherapie (pflanzliche Arzneimittel)

»Das ist ein Naturheilmittel, das kannst Du unbesorgt nehmen« ist ein typischer Satz, mit dem Empfehlungen zu Phytotherapeutika zwischen Patienten weitergegeben werden. Leider haben grundsätzlich alle wirksamen Arzneimittel auch Nebenwirkungen und Risiken. Viele pflanzliche Substanzen zeigen im menschlichen Körper deutliche Auswirkungen auf die Fertilität. Pflanzenheilmittel sollten daher niemals kritiklos und wegen möglicher Wechselwirkungen nur mit Wissen des behandelnden Arztes sowie unter Anleitung einer kundigen Person angewandt werden. Im Folgenden sollen beispielhaft einige der häufig zur Therapie von Fertilitätsstörungen gegebenen pflanzlichen Arzneien vorgestellt werden.

Himbeerblätter

Himbeerblätter enthalten eine Vielzahl an potentiell pharmakologisch wirksamen Substanzen. Es können unter anderem antioxidativ und antimikrobiell wirkende Substanzen, pflanzliche Östrogene und blutgefäßerweiternde Substanzen nachgewiesen werden. Außerdem enthalten die Blätter viel Kalzium, Magnesium, verschiedene B-Vitamine und Vitamin E. Kinderwunschpatientinnen wenden Himbeerblättertee häufig in der 1. Zyklushälfte an, um den Aufbau der Gebärmutterschleimhaut durch die östrogenähnliche Wirkung zu unterstützen. Allerdings zeigte ein Versuch an Ratten, die auf eine himbeerblätterreiche Diät gesetzt wurden, eine signifikant niedrigere Schwangerschaftsrate. Der Einsatz von Himbeerblättertee in der Fertilitätsmedizin ist daher kritisch zu sehen, Sicherheit und Wirksamkeit im Rahmen der Kinderwunschtherapie sind nicht ausreichend untersucht.

Mönchspfeffer (Agnus castus)

Agnus-Castus-Zubereitungen wurden bereits im 4. Jahrhundert v. Ch. durch Hippokrates erwähnt. Im Mittelalter wurde Mönchspfeffer von Mönchen zur Verringerung der Libido verwendet. Im Mönchspfeffer wurde eine Vielzahl an pharmakologisch aktiven Substanzen nachgewiesen, u. a. Flavonoide, Ketosteroide und aromatische Öle. Die Wirkmechanismen sind bisher dennoch noch nicht komplett verstanden (Milewitz et al. 1993). Als Nebenwirkungen sind Übelkeit, Kopfschmerzen, Beschwerden des Magen-Darm-Traktes, Störungen des Menstruationszyklus sowie Akne beschrieben. Mehrere kleinere placebokontrollierte Studien zeigten eine signifikante Erhöhung der Schwangerschaftsrate durch Agnus-Castus-haltige Präparate bei Paaren mit idiopathischer Sterilität. Allerdings gibt es auch mehrere Fallberichte, in denen von multipler Follikelbildung im Rahmen von Sterilitätsbehandlungen berichtet wird. Es gab sogar einen

Fall eines ovariellen Überstimulationssyndroms nach alleiniger Anwendung eines Mönchspfefferpräparates. Die Anwendung dieser Substanz im Rahmen der Sterilitätstherapie sollte daher nur unter Kontrolle eines Gynäkologen und nicht bei gleichzeitiger Anwendung anderer Medikamente erfolgen.

Wilder Yams

Wilder Yams ist hauptsächlich in den Tropen verbreitet. Traditionell wird er bei prämenstruellem Syndrom, Wechseljahresbeschwerden sowie dosisabhängig sowohl bei Kinderwunsch als auch zur Verhütung eingesetzt. Wilder Yams enthält in großen Mengen Diosgenin, aus dem ausschließlich mittels chemischer Verfahren Progesteron gewonnen werden kann. Dennoch wird Diosgenin in der esoterischen Literatur als »natürliches Progesteron« bezeichnet. In einer Untersuchung an postmenopausalen Frauen zeigten sich bei Anreicherung der Kost mit Yamswurzeln ein Anstieg der Sexualhormone sowie eine Verbesserung des Blutfettprofils. Zur Therapie der Infertilität fehlen jedoch bisher noch aussagekräftige Untersuchungen zur Wirksamkeit und Sicherheit.

Glyzyrrhizin als Bestandteil des Süßholzes (Lakritze)

Süßholz (auch Lakritze genannt) gehört zur Familie der Hülsenfrüchte. Es enthält eine Vielzahl an pharmakologisch wirksamen Substanzen. Traditionell wird es insbesondere bei Atemwegsinfekten, (Herpes)Infektionen und als Krampflöser eingesetzt. Glyzyrrhizin als eine der aktiven Komponenten des Süßholzes kann das Serumtestosteron bei Frauen mit einem Überschuss an männlichen Hormonen senken. Denkbar wäre daher ein Einsatz bei PCO (polyzystische Ovarien) und Zyklen ohne Eisprung. Auch hier liegen bisher aber noch nicht genug Studiendaten zur Wirksamkeit und Sicherheit vor. Lakritze selbst ist unter anderem wegen ihres Cumaringehaltes für eine Kinderwunschtherapie nicht geeignet.

Traditionelle Chinesische Medizin (TCM)

Unter Traditioneller Chinesischer Medizin wird eine Vielzahl von Methoden zusammengefasst, zu denen unter anderem die Akupunktur und Akupressur, das Schröpfen, die chinesische Kräuterheilkunde und eine Ernährungslehre gehören. Erfreulicherweise bemühen sich viele Vertreter der Traditionellen Chinesischen Medizin, ihre Methoden wissenschaftlich auf ihre Wirksamkeit zu untersuchen. Leider gibt es jedoch relativ große Unterschiede in der Qualität der Studien, was die Beurteilung der Wirksamkeit für den Laien erschwert.

Akupunktur

Zur Wirksamkeit von Akupunktur als Begleittherapie einer reproduktionsmedizinischen Behandlung existieren zahlreiche Untersuchungen. Allerdings gibt es große Unterschiede zwischen den einzelnen Studien, insbesondere was die Art und Weise der Placeboakupunktur (teilweise Scheinakupunktur, teilweise falsche Akupunkturpunkte, teilweise keine Therapie), die Durchführung der Studie, die verwendeten Akupunkturpunkte sowie den Zeitpunkt der Akupunktur angeht. Dies erschwert die Vergleichbarkeit der Untersuchungen und ihre zusammenfassende Beurteilung. Es gibt einige Hinweise darauf, dass eine Akupunktur vor dem Embryotransfer (beispielsweise begleitend zur Stimulation) die Schwangerschaftsrate erhöhen kann, bei Eizellgewinnung bzw. begleitend zum Embryotransfer hingegen wohl nicht. Gesichert ist allerdings, dass eine begleitende Akupunktur dabei hilft, Ängste und psychische Anspannung während einer reproduktionsmedizinischen Behandlung zu verringern.

Zur Therapie der männlichen Infertilität mittels Akupunktur existieren nur wenige sehr kleine und kaum aussagekräftige Untersuchungen mit widersprüchlichen Ergebnissen.

Chinesische Kräuterheilkunde

Eine Vielzahl an pflanzlichen, mineralischen und tierischen Substanzen werden in der TCM zur Therapie der männlichen und weiblichen Infertilität eingesetzt. Meist werden diese Substanzen als Tee oder in Pillenform gegeben. Eine aussagekräftige wissenschaftliche Überprüfung dieser Therapieform hat bisher allerdings noch nicht in ausreichendem Maße stattgefunden. Wie bei der europäischen Kräuterheilkunde sollte hier ebenfalls beachtet werden, dass bei allen wirksamen Medikamenten auch mit Wechselwirkungen und Nebenwirkungen zu rechnen ist (s. o.). Die begleitende Therapie mit TCM sollte den anderen behandelnden Ärzten daher immer mitgeteilt werden. Weiterhin sollten die Anwender von TCM idealerweise ebenfalls über schulmedizinische Kenntnisse verfügen. Leider haben zahlreiche Untersuchungen gezeigt, dass aus China importierte Zubereitungen häufig mit Schwermetallen, Insektiziden oder Schimmel belastet waren.

Klassische Homöopathie

Die klassische Homöopathie ist eine alternativmedizinische Behandlungsmethode, die auf den von Samuel Hahnemann 1796 niedergelegten Behandlungsprinzipien beruht. Die wichtigste Grundannahme der Methode ist das Ähnlichkeitsprinzip: »Wähle, um sanft, schnell, gewiss und dauerhaft zu heilen in jedem Krankheitsfalle eine Arznei, welche ein ähnliches Leiden für sich erregen kann, als sie heilen soll« (Hahnemann, Organon 6, Einleitung). Zur Auswahl des richtigen Medikamentes wurden von Hahnemann und seinen Nachfolgern ausgedehnte Symptomlisten, sogenannte Repertorien entwickelt. Hierzu nehmen gesunde Prüfer das homöopathische Medikament ein und notieren anschließend alle Symptome, die sie an sich feststellen. (Einer wissenschaftlichen Arzneimittelprüfung gemäß dem Arzneimittelgesetz sind homöopathische Präparate nicht unterworfen.) Bei einem Kranken mit denselben Symptomen soll das

Präparat dann die Selbstheilungskräfte anregen. Das jeweils passende Medikament wird nach einem ausführlichen Anamnesegespräch durch den Therapeuten ausgewählt. Zur Herstellung homöopathischer Arzneimittel werden die jeweiligen Grundsubstanzen mit Wasser oder Alkohol verdünnt bzw. mit Zucker verrieben und die Mischung anschließend geschüttelt (potenziert). Dadurch werde laut Hahnemann eine »geistartige« Kraft frei, der die eigentliche Wirksamkeit zuzuschreiben sei. Wissenschaftlich konnte die Wirksamkeit der Homöopathie bei Kinderwunsch nicht belegt werden.

Fruchtbarkeitsmassage

Die Fruchtbarkeitsmassage wurde von Joseph Stevenson entwickelt und von der Frauenärztin Gowri Motha in Europa eingeführt. Sie besteht aus einem spirituellen Teil, sowie Massagen, Lymphdrainage und Reflexzonentherapie. Hierdurch sollen die Fortpflanzungsorgane angeregt sowie Giftstoffe ausgeschieden werden. Grundsätzlich sollen Mann und Frau behandelt werden. Das Paar kann sich nach einer Anleitung auch gegenseitig massieren. Viele Patienten empfinden die Berührungen als wohltuend. Die Wirksamkeit der Therapie bei Kinderwunsch ist wissenschaftlich nicht belegt.

Luna Yoga

Luna Yoga wurde in den 1980er Jahren von Adelheid Ohlig entwickelt. Es beinhaltet Übungen des Hatha Yoga, Elemente, die der Menses-Gymnastik der Ungarin Aviva Steiner nachempfunden sind, verschiedene Entspannungstechniken und Meditationsverfahren sowie Fruchtbarkeitstänze unterschiedlicher Kulturen. Hinzu kommen Gespräche zur gesellschaftlichen

Stellung der Frau, sowie dem Bild, das jede einzelne Frau von ihrer Weiblichkeit in sich trägt. Verschiedene Krankheiten werden auf Schwierigkeiten mit dem Körperselbstbild oder andere seelische Konflikte (s. o.) zurückgeführt und sollen durch Luna Yoga gemildert oder geheilt werden können. Männer sollen durch Luna Yoga ebenfalls eine Verbesserung der Spermaqualität erreichen können. Als Wirkweise wird eine Anregung der Hypophyse durch spezielle Atemtechniken und Bewegungen postuliert. Es gibt weder für diesen Wirkmechanismus noch für die Wirksamkeit von Luna Yoga bei unerfülltem Kinderwunsch einen wissenschaftlichen Beleg. Positiv zu bewerten ist aber sicherlich die körperliche Bewegung, die Beschäftigung mit dem Körperselbstbild sowie die Anwendung von Entspannungstechniken zur besseren Bewältigung der Kinderwunschphase. Viele Paare empfinden die Anwendung von Luna Yoga als hilfreich für ein besseres Wohlbefinden während der Kinderwunschzeit.

Entspannungsverfahren

Entspannungsverfahren sind übende Methoden, die die körperliche und geistige Anspannung verringern sollen. Als Techniken sind hier insbesondere autogenes Training, progressive Muskelrelaxation, verschiedene Yoga- und Meditationsformen, Imaginationsübungen, Biofeedbacktechniken, Tai Chi und Qigong zu nennen. Allen Entspannungsverfahren ist gemeinsam, dass die Aktivität des Sympathikus reduziert und die Aktivität des Parasympathikus gesteigert werden soll. Patienten, die diese Verfahren anwenden, lernen, ihre Gedanken und bestimmte Körperfunktionen aktiv zu steuern. Dieses Erleben stärkt die wahrgenommene Selbstwirksamkeit und Selbstkompetenz. Die entspannende Wirkung der eingangs genannten Methoden ist wissenschaftlich nachgewiesen. Eine Erhöhung der Schwangerschaftsraten durch die Anwendung von Entspannungsübungen ist dagegen nicht belegt. Entspannungsverfahren können jedoch dazu beitragen, die Kinderwunschzeit gelassener und zufriedener zu erleben.

Nahrungsergänzungspräparate

Verschiedene kleine randomisierte placebokontrollierte Studien konnten verbesserte Schwangerschaftsraten sowie verbesserte Spermaparameter durch Therapie mit Antioxidantien wie Vitamin C, Vitamin E, Zink, Selen, Folsäure und Omega-3-Fette nachweisen. Dennoch ist davon auszugehen, dass bei einer ausgewogenen Ernährung, ausreichend Bewegung und einer halben Stunde Tageslichteinstrahlung auf Hände und Gesicht täglich (Vitamin D sollte man kontrollieren lassen) meist keine zusätzliche Zufuhr von Vitaminen und Spurenelementen erforderlich ist.

Eine der Ausnahmen stellt die *Folsäure* dar, die von allen Frauen mit Kinderwunsch eingenommen werden sollte, da hierdurch das Auftreten von Spaltfehlbildungen (»offener Rücken«) beim Neugeborenen deutlich verringert werden kann. Da Folsäure mit der Nahrung häufig nicht in ausreichender Menge aufgenommen wird und es Hinweise darauf gibt, dass die Einnahme auch die Spermaqualität verbessern kann, ist die Einnahme unter Umständen auch für Männer sinnvoll.

Geistheilen

Unter geistigem Heilen werden verschiedene religiöse, magische oder esoterische Methoden verstanden, mittels deren psychische oder körperliche Störungen behoben werden sollen. Meistens werden seelische Störungen, bedingt beispielsweise durch »ungünstiges Karma«, »Sünden« in diesem oder in vergangenen Leben, Flüche von Neidern und »psychische Blockaden« im weitesten Sinne für die (körperlichen) Symptome verantwortlich gemacht, die durch Methoden wie Beten, verschiedene Rituale oder Handauflegen behoben werden sollen. Insbesondere Einwanderer aus traditionsverbundenen Kulturen konsultieren neben schulmedizinischen Therapeuten häufig auch noch einen Heiler. Positiv empfunden wird die meist zuwendungsintensive Therapie. Viele Patienten empfinden es auch als entlastend, wenn »Gründe« für das Ausbleiben einer Schwangerschaft oder das Scheitern einer Kinderwunschtherapie »gefunden« werden, insbesondere wenn die Kinderlosigkeit dadurch eine Sinnhaftigkeit erhält. Kritisch zu sehen ist allerdings, dass viele Heiler den Paaren eine eigene Schuld an ihrer Kinderlosigkeit zusprechen und sie somit für die Infertilität verantwortlich machen. Wissenschaftlich konnte die Wirksamkeit von Geistheilen nicht nachgewiesen werden.

Entscheidung für oder gegen die Anwendung von Naturheilverfahren

Aus dem oben Dargestellten wird deutlich, dass es für die meisten Naturheilverfahren bisher keine Hinweise darauf gibt, dass sie tatsächlich zu einer höheren Schwangerschaftsrate führen. Es besteht daher bei der alleinigen Anwendung solcher Verfahren die Gefahr, dass unnötig Zeit verstreicht, während man auf die Wirkung naturheilkundlicher Verfahren hofft. Patienten, für die grundsätzlich auch eine reproduktionsmedizinische Behandlung in Frage kommt, riskieren, dass es für eine solche Behandlung dann womöglich zu spät ist, bzw. dass deutlich schlechtere Chancen auf Erfolg bestehen. Außerdem investieren Patienten häufig viel Geld, Kraft und Hoffnung in alternative Verfahren ohne belegte Wirksamkeit, was ihnen dann an anderer Stelle fehlt. Auch im alternativmedizinischen Bereich gibt es zudem schwarze Schafe, die ein »Geschäft mit der Hoffnung« von Kinderwunschpatienten machen wollen. Vor einer alternativmedizinischen Behandlung sollten Sie sich daher intensiv informieren und zumindest eine schulmedizinische Basisdiagnostik vornehmen lassen. (Einige Diagnosen, wie beispielsweise verschlossene Eileiter, schließen eine erfolgreiche Behandlung mit Naturheilverfahren von vorneherein aus). Wenn Patienten eine Methode mit nicht nachgewiesener Wirksamkeit ausprobieren wollen, wird häufig geraten, dieses für einen Zeitraum von etwa drei bis maximal sechs Monaten zu tun. Führt die Methode in diesem Zeitraum nicht zum Erfolg, sollten Sie sich nicht weiter darauf verlassen.

Viele Naturheilverfahren haben in der Kinderwunschbehandlung aber durchaus einen Stellenwert zur besseren Bewältigung der reproduktionsmedizinischen Therapie. Massagen, Bewegungstherapien, Akupunktur oder Entspannungsverfahren können das Wohlbefinden steigern und dazu führen, dass Sie die schwierige Zeit einer Kinderwunschtherapie besser überstehen. Sie können auch einen positiven Kontakt zum eigenen Körper und Vertrauen in ihn begünstigen. Insgesamt sollten Sie gut überlegen, was Sie sich von einer alternativen Behandlung versprechen. Je nach Wunsch ist entweder eines der oben genannten Verfahren hilfreich und/oder aber auch etwas anderes möglich. Folgende Tabelle zeigt, was Sie zusätzlich oder stattdessen tun können:

Wunsch nach	Könnte auch erreicht werden durch
körperlicher Zuwendung	Zärtlichkeit durch Partner »Wohlfühl-Massagen«, Wellness
psychischer Zuwendung	Psychosoziale Beratung Unterstützung durch Freunde oder Familie Selbsthilfegruppe
einer schonenderen Behandlung	Gespräch mit dem Arzt über alternative Wege (beispielsweise Punktion im Naturzyklus) Geduld, Pause einlegen Vertrauen in den eigenen Körper
einer aktiveren Rolle in der Behandlung	Gespräch mit dem Arzt über aktivere Einbeziehung in die Behandlung

5 Alternative Behandlungsmöglichkeiten

Wunsch nach	Könnte auch erreicht werden durch
	Einen gesünderen Lebensstil leben Sportliche Betätigung
sich selbst etwas Gutes tun	Angenehme Aktivitäten planen Wellness »Kleine Sünden« (Schokolade etc.) Urlaub Sport Besonders hochwertige Nahrungsmittel essen
»der letzten Rettung«	Chancen und Alternativen mit dem Arzt besprechen Abschied nehmen mit psychosozialer Unterstützung
»alles Menschenmögliche tun«	Gespräch mit dem Arzt über Möglichkeiten der Optimierung eines Versuchs gegebenenfalls nochmals spezialisiertere ausführlichere Diagnostik vor Versuch (Gerinnungslabor, Immunologie etc.)
Begleitung	Seelsorge Psychosoziale Beratung Hausarzt einbeziehen Freunde, Verwandte um Unterstützung bitten

6 Kinderwunschbehandlungen überstehen – Wie können wir gut für uns sorgen?

Alexandra Mück und Kathrin Steinke

Nach langen Versuchen, auf normalem Wege schwanger zu werden und umfangreicher Diagnostik entscheiden sich viele Paare für eine reproduktionsmedizinische Behandlung. Sobald die finanziellen Angelegenheiten geregelt sind, kann es losgehen. Die Gefühle schwanken anfangs meist zwischen Freude und Erleichterung, dass endlich eine größere Chance besteht, schwanger zu werden, und Ängsten davor, was auf einen zukommen wird. Vor Beginn der Behandlung wissen Sie nicht, wie Sie auf die Hormone reagieren, ob genügend Eizellen heranwachsen, ob diese sich befruchten lassen und wie das Spermiogramm am Tag X ausfallen wird. Manche Frauen spüren kaum Nebenwirkungen und reagieren auf die hormonelle Behandlung mit einer guten Eizellentwicklung, andere leiden sehr unter diversen Beschwerden, die sich wie Wechseljahresbeschwerden anfühlen können, plagen sich mit plötzlichen Hitzewallungen und heftigen Stimmungsschwankungen, sind gereizt oder fühlen sich seelisch angeschlagen.

Jedes Paar versucht auf seine Art und Weise, gut mit den Herausforderungen und Gefühlen, die eine Kinderwunschbehandlung mit sich bringt, umzugehen. Dieses Kapitel möchte Sie dabei unterstützen, die Zeit der Kinderwunschbehandlungen heil zu überstehen und gut für sich zu sorgen. Zusätzliche Anregungen erhalten Sie im elektronischen Zusatzmaterial zu diesem Buch in den Kapiteln »Körperübungen bei unerfülltem Kinderwunsch – Was kann ich konkret tun?« und »Gemeinsam durch den IVF-Zyklus – Wie können wir uns vorbereiten und gegenseitig unterstützen?«.

Eine hilfreiche Haltung finden

> Anne kommt ohne ihren Mann Thomas in die Beratungspraxis. Sie möchte ihn nicht belasten, schließlich leide er ja ohnehin darunter, dass es immer noch nicht geklappt hat. Obwohl sie auch das Gefühl hat, dass er es scheinbar leichter nimmt. Nach zwei erfolglosen Inseminationen raten die Ärzte zur ICSI. Aber auch nach zwei ICSI-Behandlungen ist Anne nicht schwanger und völlig verzweifelt: »Warum werde ich nicht schwanger? Die Ärzte sagen jedes Mal, dass wir wunderbare Embryonen haben, doch sie nisten sich einfach nicht ein. Jetzt wollen wir einen weiteren Versuch machen, aber ich habe solch große Angst, dass es wieder nicht klappt – das halte ich nicht mehr aus!«

So wie Anne geht es vielen Frauen: Sie trauen sich nicht mehr, positive Gefühle gegenüber der nächsten Kinderwunschbehandlung zu entwickeln. Sie sind zutiefst verunsichert. Manche Frauen entwickeln ablehnende Gefühle gegenüber ihrem Körper und nehmen nur noch das wahr, was gerade nicht da ist oder nicht funktioniert. Fokussieren Sie sich jedoch nur auf das »Noch-nicht-schwanger-Sein«, auf den erlebten Mangel, werden sich auch Ihre Gefühle danach ausrichten. Sie fühlen sich verzagt, traurig und manchmal auch wütend.

> Versuchen Sie in dieser Situation bewusst eine Perspektive einzunehmen, die auch die anderen Bereiche Ihres Lebens berücksichtigt: Dinge und Umstände, die gut sind, weil es sie gibt, und die sich nicht verändern sollen. Wir Menschen neigen dazu, das alltäglich Gute, das sogenannte Normale, als nicht erwähnenswert zu betrachten. Zählen Sie diese Dinge bewusst auf, z. B.:
>
> - Ich lebe in einer glücklichen Beziehung.
> - Meine Arbeit und mein Team bereiten mir oft Freude.
> - Wir haben endlich eine tolle Wohnung gefunden.
> - _____
> - _____

> So können Sie zu einer unterstützenden inneren Haltung des »Sowohl-als-auch« gelangen: »Obwohl wir noch kinderlos sind, gibt es auch viel Positives in unserem Leben.« Üben Sie sich in dieser Haltung und beobachten Sie, wie sich Ihr Gefühl dabei verändert. So gelangen Sie zurück zu Ihren Stärken und können erkennen, dass Sie ein einmaliger und liebenswerter Mensch sind.

In den Momenten, in denen Sie zweifeln und verzagt sind, mag es Ihnen nicht leichtfallen, sich auf das Positive in Ihrem Leben zu konzentrieren und sich Ihre Fähigkeiten bewusst zu machen. Trainieren Sie deshalb schon jetzt regelmäßig Ihre unterstützende innere Haltung. Dann werden Sie einen Zugang zu Ihren Stärken und Fähigkeiten haben, wenn Sie diese benötigen.

> Folgende Ideen können Ihnen dabei helfen:
>
> - Legen Sie ein Tagebuch an und schreiben Sie Ihre Gedanken und Gefühle hinein.
> - Sammeln Sie in einer »Schatztruhe« Sprüche, Bilder und Zitate, die Ihnen Kraft geben.
> - Planen Sie einen Besuch am Meer, um die kraftvolle Energie von Wellen und Wind zu tanken, oder an einem anderen Ort in der Natur, der Ihnen gut tut.
> - Gehen Sie zum Sport oder »erden« Sie sich durch Gartenarbeit, um das Gefühl der seelischen Anspannung zu lösen.
> Ergänzen Sie, was Sie sonst noch Angenehmes für sich tun können:

Erlauben Sie sich, sich selbst etwas Gutes zu tun, und setzen Sie Ihre Ideen um! Sie allein sind dafür verantwortlich, sorgsam mit sich umzugehen. Sprechen Sie mit sich selbst wie mit einem Menschen, den Sie wirklich mögen und den Sie ermutigen, all das Auf und Ab der Kinderwunschbehandlungen als einen Teil seines unverwechselbaren Lebens anzunehmen.

Ein Sprichwort besagt: »Wenn Du Dein Schicksal nicht ändern kannst, ändere Deine Einstellung«. In allen Lebensaufgaben (z. B. Partnerschaft,

Arbeit, Freundschaften etc.) steckt auch manches, das Sie einfach hinnehmen müssen. Sie müssen mit den Gegebenheiten, die Sie vorfinden, zurechtkommen – sei es der Chef, den Sie nicht ändern können, oder der Verkehrslärm vorm Haus, den Sie ertragen, weil die Wohnung hell und günstig ist.

Dies trifft auch auf den Kinderwunsch zu. Sie können nur bedingt Einfluss darauf nehmen. Versuchen Sie anzunehmen, was Sie nicht ändern können. Sie können sich fragen:»Aber wie halte ich das aus?« Annehmen und aushalten bedeutet nicht das Gleiche.

Alles, was der Mensch tut, fühlt, denkt, träumt und erwartet, ist das Ergebnis seiner eigenen Entscheidungen. Dies ist ein wichtiger Ansatz zur Selbsterkenntnis und eine Antwort darauf, wie die Annahme der Dinge, auf die wir wenig Einfluss haben, gelingt: Indem Sie bewusst auf Ihre inneren Gespräche achten, eröffnen sich Möglichkeiten der Gestaltung. Denken Sie zum Beispiel an eine Situation, in der Sie sich über etwas geärgert haben. Wie haben Sie das gemacht? Das Gefühl ist in Ihnen entstanden, auch wenn Sie die Ursache Ihres Ärgers in etwas sehen, das nichts mit Ihnen zu tun hat. Versuchen Sie sich vorzustellen, wie Sie in derselben Situation gelassen bleiben. Wie machen Sie das? Was verändert sich?

Sprechen über Gefühle

In einem IVF-Zyklus wird vor allem die Frau behandelt, unabhängig davon, ob die Fruchtbarkeitsstörung, bei ihr, ihrem Partner oder bei beiden vorliegt. Sie spritzt sich Hormone, sie hat die Arzttermine und sie muss unter Narkose die Eizellpunktion überstehen. Das kann dazu führen, dass der Mann zum stillen Beobachter wird oder die Frau sich allein gelassen fühlt. Dabei verliert das Paar manchmal die Gemeinsamkeit aus den Augen, nämlich den Kinderwunsch, der in dieser besonderen Partnerschaft entstanden ist. Paare, die sich während einer Kinderwunschbehandlung gut unterstützen konnten, die vielleicht erst in dieser Zeit gelernt haben, gute Gespräche miteinander zu führen, berichten häufig, dass die Kinderwunschzeit sie zusammengeschweißt hat, egal ob sie schwanger geworden sind oder nicht.

Das Sprechen über die eigenen Gefühle und Befindlichkeiten ist nicht leicht. Aus Rücksicht, Scham oder Stolz möchte man niemanden damit belasten, manchmal auch den eigenen Partner nicht. Oftmals bleiben Frauen und auch Männer mit ihren Gefühlen deshalb allein. Gerade dann jedoch ist es wichtig, mit sich und dem Partner gut im Kontakt zu sein. Wie das geht?

> Muten Sie sich einander zu und versuchen Sie, offen über Ihre Gedanken und Gefühle zu reden. Sprechen Sie in Ich-Botschaften, z. B.:
>
> - Ich würde gern mit Dir reden, hast Du Zeit?
> - Ich kann erst später mit dir reden. Lass mich bitte jetzt alleine.
> - Ich brauche Deine Nähe und möchte getröstet und in den Arm genommen werden.
> - Ich bin anderer Meinung:_____

Signalisiert Ihr Partner, dass es ihn gerade zu sehr belastet, Ihre Ängste und Zweifel mitzutragen, bedeutet dies nicht, dass Ihre Gefühle »zu viel« oder ungerechtfertigt sind. Es bedeutet, dass Sie die Situation unterschiedlich erleben und verarbeiten.

Neben dem Austausch mit dem Partner gibt es andere Möglichkeiten, das, was Sie bewegt, mitzuteilen: Sie können sich eine Vertrauensperson im Bekanntenkreis suchen, professionelle Unterstützung in Anspruch nehmen oder sich einer Gesprächsgruppe anschließen. So erfahren Sie, dass es sich gut anfühlt, mit Menschen zu reden, die Ähnliches erlebt haben.

Grübeln einschränken

Anne berichtet, dass sich ihre Gedanken oft im Kreise drehen – dass Fragen nach dem vermeintlichen Grund oder Sinn sie oft quälen:

> »Warum werden gerade wir nicht schwanger? Wieso nisten sich die Embryonen nicht ein? Habe ich etwas falsch gemacht und ist das jetzt der Preis? Warum

> klappt es bei denen, die gar keine Kinder mehr haben wollen? Ist das gerecht? Haben wir das verdient? Wenn wir keine Kinder bekommen, hält unsere Liebe dieser Belastung stand?«

Wenn Sie sich, wie Anne, immer wieder in solchen Monologen wiederfinden, versuchen Sie kräftezehrendes Grübeln zu vermeiden. Es verstärkt Gefühle von Hilflosigkeit und Leere, weist Ihnen aber keinen Weg. Wenn es Ihnen gelingt, zurück ins Handeln zu kommen, werden Sie die Krise überwinden und innerlich wachsen.

- Gestatten Sie sich 10 Minuten »aktives Grübeln« pro Tag. Stellen Sie sich dazu einen Küchenwecker. Nutzen Sie die Zeit, um Ihre Ängste und Fragen, die in Ihnen aufsteigen, wahrzunehmen und z. B. in Ihrem Gefühlstagebuch aufzuschreiben. Sie können sich jederzeit entscheiden, ob eine Frage oder ein Zweifel einer aktiven Klärung im »Hier und Jetzt« bedarf oder nicht. Nach Ablauf der Zeit, lassen Sie bewusst die Gedanken los, atmen einige Male tief ein und aus und wenden sich einer anderen Beschäftigung zu. Schauen Sie dazu z. B. auf die Liste der »10 Dinge, die mir Freude bereiten« und setzen Sie eines davon um.
- Hilfreich, um loszulassen, kann auch eine einfache Atemmeditation sein. Nehmen Sie sich drei Minuten Zeit, zu spüren, wie Sie sich jetzt, in diesem Augenblick wahrnehmen. Beginnen Sie mit Ihrem Atem:
  – Spüren Sie, wie Ihr *Atem* ein- und ausströmt, nehmen Sie ihn einfach nur wahr, ohne ihn verändern zu wollen. Erforschen Sie, wo Sie den Atem am deutlichsten spüren. Vielleicht an der

Bauchdecke, die sich hebt und senkt, vielleicht im Brustbereich oder auch als kühlen Luftzug an den Nasenflügeln. Bleiben Sie für einen Moment bei dieser Wahrnehmung Ihres Ein- und Ausatmens.
- Richten Sie als nächstes Ihre Aufmerksamkeit auf Ihren *Körper*: Nehmen Sie wahr, wie Sie stehen, oder sitzen, an welchen Stellen Sie z. B. den Boden berühren und wie sich der Kontakt mit dem Boden oder dem Stuhl anfühlt. Wandern Sie nun mit Ihrer Aufmerksamkeit weiter zu den Empfindungen in Ihrem Körper. Welche Körperempfindungen nehmen Sie wahr?
- Welche *Gefühle* sind für Sie mit diesen Empfindungen verbunden? Nehmen Sie das, was sie spüren mit einer akzeptierenden Grundhaltung wahr, versuchen Sie, Traurigkeit und Wut, ebenso wie Freude oder Glück in diesem Moment willkommen zu heißen – wissend, dass sich diese Wahrnehmung von Tag zu Tag, von Stunde zu Stunde verändern kann.

Innere Bilder entwickeln

Es kann hilfreich sein, Kontakt zu den inneren Bildern aufzunehmen bzw. eigene Bilder zu entwickeln. Insbesondere wenn Sie den Eindruck haben, dass Ihr inneres Gleichgewicht gestört ist, helfen Ihnen die Bilder, sich wieder im eigenen Körper zu Hause zu fühlen.

Die nachfolgenden Übungen sind speziell für Frauen gedacht und können Ihnen helfen, dass Körper und Seele miteinander in Kontakt kommen und Sie ein Gefühl von innerem Vertrauen gegenüber den Vorgängen in Ihrem Körper entwickeln. Sie können sich diese Übung von Ihrem Partner langsam vorlesen lassen, auf ein Gerät aufnehmen oder den Text einige Male konzentriert lesen und sich dann zurücklehnen und den Worten, die in Ihnen nachklingen, folgen.

6 Kinderwunschbehandlungen überstehen

> **Anleitung für eine kurze innere Reise**
>
> Gönn Dir einige Momente Ruhe ... Nimm eine bequeme Position ein und lege Deine Hände auf den Bauch ... Schließe Deine Augen und spüre am Anfang nur die Bewegung, die Dein Atem macht ... Beobachte das Ein- und Ausatmen und nimm all Deine Gefühle und Gedanken wahr, die Dir begegnen ... Wenn Du nun spürst, dass sich das »Gerede« im Kopf beruhigt, richte Deinen inneren Blick in Deinen Bauch ... Stell Dir vor, dass Du durch Deinen Körper wie durch eine Landschaft wandern kannst ... Noch ist das Ziel nicht klar zu erkennen und dennoch kannst Du Dich entscheiden, ob Du heute Deine Gebärmutter oder Deine Eierstöcke besuchst ... Sei neugierig und bleib gelassen, je häufiger du Dich auf diese Übung einlässt, desto klarer werden die Bilder ... sie werden jetzt immer klarer ... Vielleicht erscheint Dir Deine Gebärmutter wie eine rote kuschelige Höhle oder eher wie ein samtiges Kästchen ... es kommt nicht auf anatomische Genauigkeit an, es kommt auf Dein Bild an ... Deine Eizellen können einmal wie kleine weiße Perlen aussehen ... ein anderes Mal eher wie schimmernde Tautropfen ... es ist so leicht und angenehm, sich überraschen zu lassen ... Wenn in Dir jetzt diese Bilder entstehen, kannst Du gleichzeitig spüren, wie sich Dein Körper mehr und mehr entspannt oder wärmer wird oder beides zugleich ... eine warme Entspannung ... und wie Gefühle von innerer Sicherheit und Freude sich ausbreiten ... Nimm alles wahr und wenn Du jetzt magst, lass das angenehme Gefühl größer werden ... noch größer ... Sag Dir dabei: »Alles ist gut und richtig!« Sag diesen Satz während des Übens mehrfach still oder auch laut und nutz ihn, wenn Dir im Alltag ein Gefühl von Angst oder Zweifel begegnet ... Dein Körper wird sich erinnern, dass dieser Satz im Zusammenhang mit Entspannung und innerer liebevoller Zuwendung steht ... so wie es ist, ist alles gut.

Phantasiereisen können mithelfen, die Kinderwunschtherapie entspannter, bewusster, und weniger technisch und kalt zu erleben. Sie sind allerdings kein Mittel, um Schwangerschafts- oder Geburtenraten zu erhöhen.

Am besten lassen Sie sich auch diesen Text von einer vertrauten Person vorlesen. Bitten Sie sie darum, sehr langsam und gleichmäßig zu lesen und zwischen den Sätzen längere Pausen zu machen. Wenn Sie mögen, können Sie auch ein Zeichen verabreden, mit dem Sie anzeigen, dass Sie bereit für den nächsten Satz sind. (Wenn ein einzelner Embryo transferiert wurde, sollte der Text entsprechend abgeändert werden)

Phantasiereise nach einem Transfer von Embryonen

Nimm eine bequeme Position ein. Lege Dich dazu hin oder finde eine entspannte Position im Sitzen.

Komme mit Deinen Gedanken nun langsam zur Ruhe. Entspanne bewusst zunächst Deine Beine, dann die Arme, Deinen Kopf, den Nacken und schließlich Deinen Rumpf.

Schließe nun die Augen. Konzentriere Dich darauf, wie Du einatmest und wieder ausatmest. Spüre, wie mit jedem Atemzug alles ein wenig leichter wird. Spüre einfach eine Weile lang nach, wie jeder Atemzug Deinen Brustkorb hebt, wie der Atem in Deinen Bauch fließt und wie sich Dein Bauch nach jedem Atemzug wieder entspannt.

Richte Deine Gedanken nun auf Deine Gebärmutter. Gerade hat sie Deine Embryonen (Deinen Embryo) aufgenommen. Stell Dir vor, wie Du Deine Gebärmutter leise betrittst, um nach Deinen Embryonen zu sehen. Schau Dir in Deinen Gedanken an, wie gut sie für Deine Kinder vorbereitet ist.

In ihr ist es angenehm warm und geschützt. Nur ganz leise hört man hier noch die Geräusche der Außenwelt. Das Licht ist wunderbar gedämpft und hat einen beruhigenden dunklen Rotton. Überall ist es warm und weich. Deine Schleimhaut kleidet die ganze Gebärmutterhöhle wie mit einer roten dicken Samtschicht aus. Sie ist dick und kuschelig zart und bereit, ein weiches nährendes Bett für Deine Embryonen zu sein.

Sieh Dir nun Deine Embryonen an. Sie liegen bequem in der dicken Samtschicht der Gebärmutterschleimhaut, wie in einer kleinen Wiege. Dein Körper hat schon viele schützende Zellen um sie versammelt. Freu Dich einen Moment daran, dass Deine Embryonen es bis hierhin geschafft haben. Es war ein weiter Weg, aber er hat erfolgreich zur Entstehung dieser Embryonen geführt.

Wenn Du magst, kannst Du Deinen Embryonen jetzt auch etwas mitteilen. Stell Dir dann vor, wie sie sich tief in die weiche Schleimhaut einnisten werden und wie froh sie sind, jetzt in einer so gut geschützten Umgebung zu sein.

Verabschiede Dich dann langsam wieder, verlasse die Gebärmutter und spüre eine Weile nach, wie Dein Atem Deinen Bauch hebt und senkt. Kehre dann allmählich wieder in das »Hier und Jetzt« zurück.

Atme einmal tief durch, strecke Dich und öffne die Augen.

Bewältigung fehlgeschlagener Behandlungen

Wenn eine Kinderwunschbehandlung erfolglos bleibt, ist das schmerzlich und macht traurig. Erst recht, wenn Sie schon die Nachricht aus der Kinderwunschpraxis hatten, dass der Schwangerschaftstest positiv ist und eine Blutung dann das frohe Hoffen beendet.

Nehmen Sie sich Zeit, um ins Spüren zu kommen. Wie geht es Ihnen? Sind Sie traurig, wütend oder spüren Sie vielleicht nichts? Manchmal braucht es etwas länger, bis etwas, das der Verstand realisiert hat, auch wirklich gefühlt wird.

Gestatten Sie es sich, zu weinen. Tränen sind heilsam und lösen Spannungen – ungeweinte Tränen können uns krank machen. Sie dürfen so lange weinen, wie Sie dies brauchen. Sie können Ihre Verzweiflung und Ihren Schmerz auch in ein Kissen schreien. Danach nehmen Sie bewusst Ihren Atem wahr. Sie können Ihrer Trauer, Wut, Verzweiflung – dem ganzen Gefühlschaos in Ihnen, freien Lauf lassen, z. B. in Bewegung, beim Laufen, Radfahren, Tanzen oder Sie können Ihre Gefühle mit Farben zu Papier bringen, ein Gedicht verfassen, einen Brief schreiben oder darüber reden.

Diesen Prozess des Verarbeitens können Sie nicht dadurch abkürzen, dass Sie sich schnell in Aktionismus oder eine neue Behandlung stürzen. Sie sind dann vielleicht für einige Zeit abgelenkt, aber das Wesentliche ist: Der Schmerz in Ihnen wird nicht beachtet und kann später oder in ganz anderer Form wieder spürbar werden. Hilfreich und unterstützend können hierbei Trauerrituale sein: Überlegen Sie für die Kinder, die aus diesem Versuch hätten geboren werden können, einen Namen oder ein Kosewort. Das mag Ihnen im ersten Moment sehr schwerfallen, aber es schafft eine konkrete Verbindung zum Verlust und unterstützt den Prozess, eine fehlgeschlagene Behandlung zu verarbeiten. Gerade dann, wenn wir für unsere Trauer keinen Ort haben, kann das Pflanzen eines Baumes oder von Blumen, die jedes Jahr neu erblühen, ein hilfreiches Ritual sein.

Bedenken Sie, dass Männer und Frauen ihre Trauer möglicherweise ganz unterschiedlich ausdrücken und es zu Missverständnissen mit Ihrem Partner/Ihrer Partnerin kommen kann. Männer haben oft nicht die »kulturelle Erlaubnis« zu trauern und Schwäche zu zeigen. Sie halten sich zurück – als Zeichen der Stärke, um die Partnerin nicht noch mit dem eigenen Schmerz zu belasten. Dies wird von der Frau oft als Gleichgültigkeit missverstanden.

Gestehen Sie sich und Ihrem Partner/Ihrer Partnerin die eigene Art des Trauerns zu. Wenn Sie sich vorher auf einen bestimmten Zeitrahmen einigen, fällt es Ihnen leichter, sich gegenseitig aktiv zuzuhören (vgl. auch die Übung in ▶ Kap. 2). Bemühen Sie sich um Offenheit, Ehrlichkeit und Freundlichkeit. Sie lernen gerade das Schwierigste im Leben: Annahme der Situation und Loslassen. Sie fragen sich nach dem Sinn Ihres Lebens, überdenken Ihre Lebensvorstellungen. Haben Sie Geduld mit sich selbst und mit Ihrem Partner.

»Jede dunkle Nacht hat ein helles Ende« (Prof. Nossrat Peseschkian)
Weitere Ideen und Informationen zur Trauer finden Sie in den Kapiteln 10 und 13. Wenn die Gefühle des Traurigseins jedoch über einen längeren

Zeitraum andauern und Sie in Ihrem Alltag stark beeinträchtigen, holen Sie sich professionelle Hilfe. Vereinbaren Sie ein persönliches Beratungsgespräch mit einer Kinderwunsch-Beraterin oder einem Berater in Ihrer Nähe. Adressen finden Sie im Internet unter www.bkid.de.

Verhalten am Arbeitsplatz und im Berufsleben

Für einige ist das Eingebundensein in den Beruf eine willkommene Abwechslung, um nicht ständig mit dem Thema Kinderwunsch beschäftigt zu sein – für andere wiederum ist das berufliche Engagement sehr kräftezehrend. Sie fühlen sich während der Kinderwunschbehandlung dünnhäutig und zusätzlich gestresst. Frauen, in deren Leben der Beruf bisher einen hohen Stellenwert hatte, können nun in einen Konflikt geraten. Sie wollen die Termine, die die Kinderwunschbehandlung fordert, möglichst ohne großes Aufsehen um ihre beruflichen Termine herum planen. Es kann passieren, dass Sie die Kinderwunschbehandlung ähnlich wie ein berufliches Projekt behandeln und dabei die emotionale Beteiligung und die möglichen Auswirkungen der hormonellen Behandlung unterschätzen. Es geht nicht darum, sich zwischen Beruf und Kinderwunsch zu entscheiden, dennoch sollten Sie überlegen, wie Sie Ihre Kräfte in dieser Zeit neu einteilen.

> Eine kleine innere Inventur kann Ihnen dabei helfen:
>
> - Bin ich mit meinem Beruf zufrieden?
> - Fühle ich mich im Team wohl?
> - Ist die Arbeitsatmosphäre vertrauensvoll oder wird viel über Kollegen geredet?
> - Habe ich mir meinen Beruf selbst gewählt, interessieren mich die Aufgaben?
> - Arbeite ich nur, um Geld zu verdienen, oder ist der Beruf sinnerfüllt?

- Bin ich über- oder unterfordert?
- Engagiere ich mich, oder habe ich innerlich bereits gekündigt?

Für die Kinderwunschbehandlung koordinieren Sie sehr viele Termine – Arztbesuche, Kontrolluntersuchungen, Beratungsgespräche – und versuchen vielleicht, Ihre Fehlzeiten am Arbeitsplatz mit Überstunden oder kurzfristigen Urlaubstagen auszugleichen, um eine Krankmeldung zu vermeiden. Sie lassen sich vielleicht »Notlügen« und Ausreden einfallen, um Ihr häufiges Fehlen zu erklären. Das erfordert eine gute Koordination, erzeugt vielleicht Schuldgefühle und ist zusätzlich sehr anstrengend. Besonders dann, wenn der Arbeitgeber und die Kollegen nichts von der Kinderwunschbehandlung erfahren sollen. Eine Erklärung könnte dann sein: »Ich habe Zysten, die müssen in unregelmäßigen Abständen kontrolliert werden.« Dies ist nicht einmal eine »Lüge«, da die Behandlung zu Zysten führen kann.

Vielleicht gibt es auch jemanden am Arbeitsplatz, dem Sie sich anvertrauen können, der Ihnen den »Rücken frei hält« und Sie unterstützt? Besprechen Sie darüber hinaus mit Ihrem Partner/Ihrer Partnerin, ob Sie berufliche Termine absagen oder verschieben sollten, damit Sie in besonders schwierigen Phasen füreinander da sein können. Manchmal ist es sogar möglich, in der Zeit der Kinderwunschbehandlung Teilzeit zu arbeiten. Viele Unternehmen können dies über das Arbeitszeitkonto ermöglichen. Bitten Sie Ihre Vorgesetzten um ein vertrauliches Gespräch, in dem Sie Ihre Beweggründe für die Arbeitszeitreduktion mitteilen. Falls Sie im beruflichen Bereich keine Möglichkeit sehen, etwas kürzer zu treten und sich überlastet fühlen, besprechen Sie sich mit Ihrem behandelnden Arzt und lassen Sie sich gegebenenfalls von Ihrem Hausarzt krankschreiben. Sorgen Sie für sich!

Dennoch kann es passieren, dass Sie auf Kollegen treffen, die in ihrer Wortwahl wenig Feingefühl erkennen lassen. Wappnen Sie sich vor Bemerkungen und Sprüchen und überlegen Sie sich bereits im Vorfeld passende Antworten. Ein Kollege moniert z. B. Ihren kurzfristigen freien Nachmittag, eine mögliche Antwort könnte lauten: »Dass ich am Mittwochnachmittag frei habe, habe ich mit der Chefin geklärt. Ich arbeite derzeit flexibler. Wenn Sie damit ein Problem haben, tut mir das leid!« Oder ein anderes Szenario: In der Pause wird über die schwangere Kollegin geredet. Unvermittelt wird nachgehakt:»Na, wann ist es denn bei Euch soweit? – Du wirst ja auch nicht jünger …« Eine passende Reaktion könnte sein:»Vielen Dank für den charmanten Hinweis! Das Thema Familienplanung fällt jedoch nicht in ihr Ressort, liebe Kollegin.« Sie dürfen auch Kollegen klar machen, wenn eine Grenze überschritten wurde.

Zu guter Letzt

In der turbulenten Zeit der Kinderwunschbehandlung kann es leicht geschehen, dass man sich aus dem Blick verliert. Wir lernen gerade mit dem Widerspruch zu leben, dass wir unsere Zukunft und den Kinderwunsch planen können, dass sich unsere Zukunft aber nicht nach unseren Plänen gestaltet. Und dennoch: Die Hoffnung ist von jeher die größte Antriebskraft der Menschheit und auch unsere Motivation, etwas zu verändern. Wir haben die Freiheit, unsere persönliche Einstellung zu verändern und die Verantwortung, gut für uns zu sorgen.

Pflegen wir unsere inneren Schätze also regelmäßig und schauen auf unsere positiven Fähigkeiten und Eigenschaften und die unserer Mitmenschen, so wird sich unser Lebensgefühl mit Gewissheit zum Positiven wandeln.

Der Schatz

»Durch Jahrzehnte hat sich in dir ein Schatz gebildet,
der dich reich und kostbar macht.
Du trägst etwas Unverwechselbares in dir: dich selbst.
Du bist mit niemanden zu vergleichen.
Weil niemand das durchgemacht hat,
was du durchgemacht hast,
weil niemand deine Wege gegangen ist,
weil niemand so mit den Herausforderungen umgegangen ist wie du,
und weil niemand die Schlüsse so gezogen hat,

wie du in Vergangenheit und Gegenwart
und wie du sie in Zukunft ziehen wirst,
darum hat sich in dir etwas gebildet,
das unvergleichlich ist: dein Wesen!
Schätze dieses Wesen nicht gering.
Wische den Schatz nicht weg,
belächle ihn nicht und mache ihn nicht kleiner.
Ob du erfüllt lebst, hängt davon ab,
ob du dich in deiner Einmaligkeit erkennst und liebst.
Nimm dir Zeit, dich zu entdecken.«

Verfasser: Ulrich Schaffer[1]

---

1 Gedicht »Der Schatz« von Ulrich Schaffer aus: Schaffer, U. (2007). Du – Zusprüche. © Verlag Ernst Kaufmann, Lahr.

7 Familie, Freunde und Kollegen – Wie gehen wir mit unserem Umfeld um?

Elvira Holl

Wenn alle anderen schwanger werden …
… . kann die Alltagswelt für Paare mit Kinderwunsch voller Hindernisse und Schmerzen sein, z. B. Besuche bei Verwandten: Die Schwester hat das dritte Kind bekommen und stillt ihr Baby, oftmals unterhalten sich Frauen über Kindererziehung, und Männer tauschen sich über berufliche Themen aus. Oder Einkaufengehen: überall Frauen mit Kindern, z. T. überforderte Mütter. Der Blick in den Fernseher zeigt Werbung für Windeln, Babynahrung, Schwangerschaftstests …

Jedes siebte Paar in Deutschland macht die Erfahrung, dass der Wunsch nach einer Schwangerschaft nicht im vorgestellten zeitlichen Rahmen in Erfüllung geht. Wir sind gewohnt, unser Leben – den Beruf, die Partnerwahl etc. – zu gestalten und oft auch zeitlich zu planen. Wenn dann »das Natürlichste der Welt«, die Erfüllung des existenziellen Wunsches nach einem Kind, nicht klappt, kann das neben Ärger, Wut und Trauer auch Gefühle von Eifersucht gegenüber Schwangeren und jungen Eltern hervorrufen. Solche Empfindungen sind normal und absolut nicht ungewöhnlich.

In dem Lebensabschnitt zwischen Mitte 20 und Ende 30 beginnt für die meisten Menschen die Familienphase. Die Rollen verändern bzw. erweitern sich – aus dem Paar werden zusätzlich Eltern. Es entstehen oft neue Prioritäten in der Lebensgestaltung und im Austausch mit anderen (Eltern). Die Angst vor der nächsten Schwangerschaft im näheren Umfeld (Familie, Freundeskreis, Kolleginnen) wird häufig Begleiterin für viele Paare, die noch immer warten und nicht wissen, ob ihr Wunsch sich je erfüllen wird. Oft schmerzt es, immer wieder zu erleben, dass andere das bekommen, was einem selbst (noch) verwehrt ist. Gleichzeitig möchte man den anderen nicht die Freude über die Schwangerschaft, den Nachwuchs trüben, was zu inneren Konflikten und zu erhöhter Anspannung führen kann.

Manche Frauen sind überrascht von der Intensität, von der Wucht ihrer hochsteigenden Ungerechtigkeits- und Neidgefühle gegenüber Schwangeren und Eltern mit kleinen Kindern. Sie gehen davon aus, dass diese Gefühle so bleiben werden und sich ihre Persönlichkeit auf längere Sicht negativ in Richtung Bitterkeit verändern könnte.

So ziehen sich vor allem viele Frauen zunehmend aus dem gegenwärtigen Freundes-, Bekannten- und Familienkreis zurück, als Schutzreaktion, um sich den Anblick von Schwangeren und Säuglingen zu ersparen und um sich von Nachfragen und Anspielungen fernzuhalten.

Bei den meisten Frauen und Männern ist der Kinderwunsch unterschiedlich intensiv ausgeprägt. Das hat verschiedene Gründe (▶ Kap. 2 und ▶ Kap. 6). Wenn »alle« anderen schwanger werden, erleben Frauen mit Kinderwunsch als Zuschauerinnen, Beobachterinnen oder Freundinnen den körperlichen Aspekt von Schwangerschaft, Geburt und Stillen mit und werden so immer wieder mit dem eigenen erlebten »Misserfolg« konfrontiert, was Gefühle wie Wut (auf andere, aber auch auf den »nicht funktionierenden« Körper), Versagen, Trauer oder Enttäuschung verstärken kann. Vielleicht ist für Sie als Mann manchmal das Ausmaß und die Intensität der Gefühlsreaktionen vonseiten Ihrer Partnerin gar nicht so leicht nachvollziehbar?

Männer zeigen sich häufig weniger belastet im Umgang mit Schwangeren oder Kindern, bringen Argumente wie: »Das hat doch nichts mit uns zu tun …«, zeigen manchmal wenig Verständnis für die vehemente Reaktion der Frauen, was diese noch mehr in Erklärungsnot bringen und das Gefühl von Einsamkeit noch verstärken kann.

7 Familie, Freunde und Kollegen – Wie gehen wir mit unserem Umfeld um?

Wem sagen wir was?

Einige Paare gehen sehr offen mit ihrem Kinderwunsch um und beziehen viele Menschen in diese Lebensphase mit ein. Manche Paare sprechen nur mit engen Freunden und/oder nahen Familienangehörigen über ihren unerfüllten Kinderwunsch und ihren Umgang damit. Andere wiederum sprechen mit niemandem, weil für sie das Thema zu intim ist oder weil sie ihre verletzliche und empfindliche Seite vor möglichen verständnislosen Äußerungen schützen wollen. Sie befürchten auch, dass sie mit Vorurteilen konfrontiert werden, u. a. aufgrund der Unkenntnis des Gesprächspartners über die Abläufe bei medizinischen Behandlungen.

Das Gespräch mit Eltern und Geschwistern ist für viele eine Selbstverständlichkeit, für andere eine große Herausforderung. Manche Paare halten die ungewollte Kinderlosigkeit gerade vor nahen Angehörigen geheim, denn unerfüllter Kinderwunsch hat generationsübergreifende Auswirkungen: Besonders wenn die Eltern des Paares deshalb (noch) nicht zu Großeltern werden, sind sie ebenfalls emotional betroffen und manchmal keine echte Stütze, oder das Paar will sie so lange wie möglich schonen.

Wenn Sie sich ausschließlich mit Ihrem Partner über das Thema austauschen, da Sie sich von ihm/von ihr am meisten Solidarität und Unterstützung erwarten, kann das auf Dauer Ihre Partnerschaft überfordern. Sie sind beide, wenn auch in unterschiedlichem Ausmaß, von der Kinderlosigkeit betroffen. Es kann entlastend für Sie beide sein, wenn weitere vertraute Personen unterstützend beteiligt sind. Jede Entscheidung – einerlei ob Sie sich mitteilen oder auch (noch) nicht mitteilen – ist zu respektieren, da Sie von Ihnen wohlüberlegt wurde und Sie Ihre guten Gründe dafür haben. Es gibt hierbei kein grundsätzliches »Richtig« oder »Falsch«.

Wichtig ist, dass Sie sich bezüglich Ihrer »Informationspolitik« gut untereinander abstimmen. Manchmal unterscheiden sich die Partner auch in ihrem Bedürfnis oder in ihrer Haltung, inwieweit sie sich offenbaren sollen, wem sie wie viel Einblick geben und sich anvertrauen wollen. Folgende Paarübung kann Ihnen dabei helfen, eine gemeinsame Haltung zu entwickeln:

»Den Schatz der Wahrnehmung und des Wissens bergen«
Ideen von M. Röder-Bassenge (2008)

- Bevor Sie Ihre Familienplanung angegangen sind, haben Sie beide erlebt, wie sich Freundinnen, Kolleginnen, Nachbarinnen und die verschiedenen Familienangehörigen zum Thema Kinderkriegen und Familie-Werden geäußert und damit auch positioniert haben.
- Das heißt, Sie haben beide schon viele Eindrücke aus Ihrem Umfeld gewonnen, die mehr oder weniger bewusst gespeichert sind.
- Das ist ein »Schatz der Wahrnehmung und des Wissens« darüber, wem sie als Paar was – und vor allem, wann Sie etwas erzählen wollen bzw. wer von Ihnen auch einzeln mit einem lieben Menschen sprechen will.
- Diese Übung ist eine Grundlage dafür, sich über die eigene Haltung zu den verschiedenen Menschen klar zu werden, und sie hilft dabei, entspannter mit Ihrem Umfeld – dem tragenden Netz für Sie als Paar – umzugehen. Sie hilft vielleicht sogar dabei, sich an den Lieben zu freuen, zu erleben, wie Freundschaft und familiäre Bande in so einer Zeit auch wachsen können.

Ablauf der Partnerübung

- Verabreden Sie sich für einen bestimmten Abend, der störungsfrei sein soll (kein Telefon etc.).
- Sie sitzen sich gegenüber und sind darauf eingestellt, einander Aufmerksamkeit zu schenken.
- Suchen Sie sich die Fragen aus, die am besten für Sie passen, erweitern oder verändern Sie diese, so wie Sie möchten.
- Jede/r stellt eine der Fragen sieben Minuten lang (ein Wecker gibt die Zeit vor). Der Fragende hört zu, während sein Gegenüber auf die gestellte Frage antwortet.
- Stimmen Sie sich ab, wer beginnen soll.
- Erste Frage: Name des Gegenübers …, jetzt, wo wir … (z. B. konkret die Behandlung angefangen haben/anfangen werden), wenn Du Dir vorstellst, Du würdest gerne mit jemandem darüber sprechen, zu

welcher Deiner Freunde oder Freundinnen spürst Du Vertrauen, wem möchtest Du Dich anvertrauen, davon erzählen?
- Zweite Frage: Wer kommt für Dich nicht in Frage für einen vertrauensvollen, einen unterstützenden Kontakt in dieser Zeit?
- Dritte Frage: Wer ist Dir der Liebste davon und wie kommt es, dass Du ihm/ihr das meiste Vertrauen jetzt entgegenbringst?
- Nach dem Austausch schreiben Sie beide für sich selbst die Erkenntnisse und Erfahrungen aus der Übung auf, berichten darüber und treffen Entscheidungen. Vielleicht wollen Sie auch darüber schlafen und das Erlebte nachwirken lassen.
- Machen Sie am Ende Ihres Zusammenseins eine weitere Verabredung für diese Übung, bis jeder von Ihnen klarer weiß, mit wem sie/er sprechen will.

Was wünschen wir uns von anderen?

Ungewollte Kinderlosigkeit wird von betroffenen Männern und Frauen als sehr belastende und einschneidende Lebenserfahrung erlebt, die mit intensiven Gefühlen und Reaktionen manchmal über Jahre hinweg einhergeht. Häufig kommt in unverfänglichen Situationen plötzlich die Sprache auf Kinder – im lockeren Dialog zwischen Fragen nach dem Beruf, dem Wohnort etc., z. B. auf Festen oder auch bei informellen Kontakten im Arbeitsbereich, mit Nachbarn etc. Die fragende Person kann kaum erahnen, welch brisantes Thema sie damit angeschnitten hat, merkt aber manchmal aufgrund der Reaktion des Gegenübers, dass die Frage nicht im Smalltalk-Stil besprochen werden kann. Betroffene wünschen sich weder eine Tabuisierung noch eine Bagatellisierung des Themas, sondern einen offenen und in diesem lockeren Gesprächsrahmen gleichzeitig zurückhaltenden Umgang, der ihnen die Entscheidung überlässt, wie viel bzw. was und ob sie überhaupt erzählen wollen.

Für Nachfragen wie z. B. »Wann ist es denn bei Euch soweit?« können die folgenden Standardantworten empfehlenswert und hilfreich sein, diese können Sie bei Bedarf auch abwandeln:

- Wir haben noch Zeit ...
- Ich möchte zuerst Karriere machen (schützt garantiert vor weiteren Nachfragen).
- Kinder kommen, wann sie wollen.

Nahestehende, Familie und Freunde wissen oft nicht, wann sie was ansprechen dürfen oder wie sie reagieren sollen. Manche fragen öfter nach, andere halten sich zurück, um nicht zu verletzen oder um nicht an einer Wunde zu rühren.

Dass die Trauer um ein nicht geborenes Kind ähnlich schmerzhaft sein kann, wie der Verlust eines nahen Angehörigen, wissen meist nur die Betroffenen selbst. Das können andere nur schwer nachvollziehen. Aus der Hilflosigkeit und der Unwissenheit heraus werden manchmal Floskeln zitiert: »Vielleicht klappt es ja noch«, »Ihr solltet Euch mal entspannen!«, »Ihr habt es doch auch gut als kinderloses Paar«, ... Paare mit Kinderwunsch wollen weder gutgemeinte Ratschläge noch Mitleid. Besonders »Trost« durch die Aufzählung von Vorteilen eines kinderfreien Lebens und Schilderungen der Widrigkeiten eines familiären Alltags sind alles andere als hilfreich. Liebend gerne würde jedes Kinderwunschpaar diese auf sich nehmen.

Kinderwunschpaare brauchen Mitgefühl, aber kein Mitleid. Sie brauchen Menschen, die, wie eine Frau in der Selbsthilfegruppe erzählt, »bei Bedarf zuhören, ihre Gefühle und Empfindungen ernst nehmen und mit ihnen manchmal ohne Worte (diese gibt es nicht immer dafür) aushalten, die trösten«. Paare, die über ihren Kinderwunsch sprechen möchten, werden das Thema von sich aus einbringen. Als Unterstützung erhoffen sie sich Interesse, Offenheit, Gesprächsbereitschaft, Anteilnahme und ebenso Verständnis dafür, dass sie nicht immer darüber reden und Freunde auf dem Laufenden halten wollen.

Wichtig und hilfreich ist die uneingeschränkte und wertfreie Akzeptanz des Weges, der von dem Kinderwunschpaar eingeschlagen wurde. Es hat sich seine Entscheidung wohl überlegt, verschiedene Aspekte mit einbezogen, abgewogen und sich für den aus seiner Sicht passenden und richtigen Weg entschieden. Verständnis heißt auch, manche wenig nachvollziehbare Äußerung oder scheinbar unangemessenes Verhalten zu verzeihen und nicht persönlich zu nehmen. Kinderwunschpaare halten manchmal den Umgang mit Eltern und deren Kindern nicht gut aus, weil er sie so sehr schmerzt und sie immer wieder das erleben, was sie nicht haben. Dazu gehört auch das Bedürfnis, sich phasenweise zurückzuziehen. Das sollte nicht als persönliche Ablehnung gewertet werden, sondern als Reaktion auf die sehr belastende Lebenssituation. Gleichzeitig wird das Gefühl, dass Freunde bei Bedarf da sind und sich um den Kontakt bemühen, als sehr unterstützend erlebt. So können z. B. gemeinsame Unternehmungen ohne Kinder am Abend, Ablenkungsangebote während der Behandlungsphase (Konzert, Theater, Sport, Hobbys…) wohltuend sein.

Kinderwunschpaare haben oft die Sorge, dass sich Freundschaften auseinanderleben und sie am Ende ganz alleine dastehen – ohne Kind und ohne Freunde, da sie sich zeitweise sehr zurückgezogen haben. Für sie ist es wichtig zu spüren, dass die Freundschaft/der Kontakt nicht gefährdet ist, auch wenn der Lebensalltag sich unterscheidet. Ungewollte Kinderlosigkeit erzeugt häufig Hilflosigkeit, und diese empfinden auch Bekannte und Freunde. Kinderwunschpaaren tut es gut, wenn man ihnen zeigt, dass man für sie da ist, ihnen zuhört, an sie denkt und mitfühlt – soweit das möglich ist. Es gibt Menschen, die wissen und spüren, dass es hilft zu sagen: »Ich bin für dich da. Ich hoffe für dich und ich respektiere deinen Schmerz und deine Trauer.« Und gleichzeitig können Kinderwunschpaare dafür sorgen, dass ihr näheres Umfeld ihnen diese Anteilnahme entgegenbringt, indem sie sich in Gesprächen mitteilen, sowohl über Fakten der Behandlung als auch über ihre emotionalen Erfahrungen und Bedürfnisse sprechen oder gar einen Brief schreiben an Menschen, die ihnen wichtig sind.

Umgang mit Familienfeiern und Festtagen

Familienfeiern und Festtage wie Weihnachten, Taufen, (Kinder-)Geburtstage, Muttertag sind für Kinderwunschpaare häufig besonders schwierige

Termine, da sie »geballt« mit dem Kinderthema konfrontieren können. Es entwickelt sich ein Pendeln zwischen der Verpflichtung, an den Festivitäten teilnehmen zu sollen, sich auch nicht ausschließen zu wollen, und dem Gefühl, diese Situation und manche Fragen nur schwer aushalten zu können. Es gibt kein Gesetz, das einen verpflichtet, Weihnachten mit Eltern und Geschwistern, mit Nichten und Neffen zu verbringen.

- Überprüfen Sie daher sehr genau, ob bzw. wann Ihnen welche Festivität gut tut, und gestehen Sie sich auch eine Absage zu. Es kann sein, dass Ihnen ein Besuch zu einem späteren Zeitpunkt im kleineren Kreis eher entspricht. Enge Freunde und Familienangehörige werden Ihnen Verständnis entgegenbringen, wenn Sie diesen Ihre Motive mitteilen – vorausgesetzt es handelt sich um Menschen, die um Ihr Thema wissen.

Eine hilfreiche und auch entlastende Vorgehensweise ist die Absprache zwischen Ihnen beiden, wer auf welche Nachfrage wie antworten wird. Dazu kann man sich eine Auswahl an möglichen Antworten zurechtlegen, um sich zu stärken und sich in der jeweiligen Situation weniger überrumpelt zu fühlen (siehe auch oben). Weiterhin können Sie sich absprechen und ein Signal vereinbaren, wenn einer mit der Situation überfordert ist und sich zurückziehen möchte.

Einige Ideen von T. Wischmann und H. Stammer (S. 153 ff):

- »Fahrt in Urlaub und entspannt euch! Ihr habt zu viel Stress, da will kein Kind sein.« Mögliche Antworten:
»Wir werden uns anstrengen!«
»Wenn nur in entspannten, stressfreien Situationen Kinder gezeugt werden würden, wäre die Menschheit am Aussterben.«
- »Ihr müsst euch nur zur Adoption entschließen, dann wird es schon klappen.« Mögliche Antwort:
»Das ist ein Mythos, der sich nur halten kann, weil einige Paare auch nach langer Zeit der Kinderlosigkeit plötzlich spontan schwanger

> werden. Mit und ohne Adoption. Falls dies mit einem Adoptionsantrag zusammenfällt, so ist das wahrscheinlich eher Zufall. Insgesamt suchen Menschen immer nach Erklärungen für Ereignisse, die nicht erklärbar sind.«
> - »Ihr wollt wohl auf euer angenehmes Leben nicht verzichten?«
> Mögliche Antwort:
> »Wir würden liebend gerne auf einiges verzichten, wenn wir dadurch ein Kind bekommen würden.«
> - Oder anstatt abzuwarten, können auch Sie selbst aktiv Gesprächsthemen einbringen, die Sie interessieren.

Umgang mit Kollegen und Vorgesetzten

Eine Kinderwunschbehandlung ist in der Regel zeitaufwändig, besonders für die Frauen. Zudem ist sie zyklusabhängig und damit nur schwer planbar. Beide Faktoren – Zeitaufwand und Nichtplanbarkeit – lassen sich nur schwer mit dem Beruf vereinbaren. So entstehen oft zusätzlicher Druck und Stress durch die Notwendigkeit, Fehlzeiten zu begründen und Entschuldigungen zu finden.

Grundsätzlich kann Ihnen vonseiten des Arbeitgebers kein erforderlicher Arztbesuch verwehrt werden. Selbstverständlich sind Sie nicht verpflichtet, im Arbeitskontext die genauen Gründe für häufige Arztbesuche mitzuteilen. Sie können/dürfen zu sogenannten Notlügen greifen, nicht die ganze Wahrheit berichten, indem Sie z. B. von Zysten bzw. Unterleibsgeschichten erzählen, die einer längerfristigen, zyklusabhängigen Beobachtung und Behandlung bedürfen.

Es stellt sich allerdings die Frage, ob es nicht entlastend sein kann, den Arbeitgeber über die Kinderwunschbehandlung zu unterrichten. Es gibt Arbeitgeber, die darauf verständnisvoll reagieren, so dass sich damit für Sie der beschriebene Zusatzstress reduziert.

> - Sie sollten sorgfältig abwägen, ob eine Offenlegung Ihrem Arbeitgeber gegenüber für Sie – auch längerfristig – vorteilhaft und hilfreich ist oder ob die Gefahr besteht, beispielsweise von interessanten Projekten eher abgezogen zu werden.

Diese Strategie gilt auch für den Kollegenkreis. Die Wahrscheinlichkeit ist hoch, dass Sie Verständnis, Anteilnahme und Unterstützung erfahren, auch in Form von z. B. Übernahme der Vertretungszeiten. Es kann aber auch sein, dass Sie immer wieder mit interessierten Nachfragen und womöglich auch – bei mehrmaligen Behandlungen – mit wertenden Äußerungen konfrontiert werden. Auch hier können Sie immer wieder von Neuem entscheiden, inwieweit bzw. wie detailliert Sie sich mitteilen möchten.

Im Berufsalltag entstehen weitere Fragestellungen:

> - Sie sind nicht verpflichtet, über Ihren Kinderwunsch Auskunft zu geben, falls Sie bei einem Bewerbungsgespräch/einer Neueinstellung danach gefragt werden. Antworten Sie so, wie Sie es für sich als günstig erachten.

Vielleicht werden Sie auch im Kollegenkreis mit Schwangerschaften konfrontiert, und es entstehen bei Ihnen Gefühle wie sie zu Beginn dieses Kapitels beschrieben wurden. Wenn Sie merken, dass Sie sehr unter Druck kommen und die Arbeitsbeziehung zu der schwangeren Kollegin Schaden erleiden könnte, ist Reden besser als Schweigen, um einen unverkrampfteren Umgang zu entwickeln, Missverständnissen vorzubeugen und etwaige Spekulationen zu beenden.

Nicht zu unterschätzen ist die innere Energie, die von Ihnen für das emotionale Verarbeiten und Bewältigen der ungewollten Kinderlosigkeit grundsätzlich und im Speziellen bei erfolglosen Therapieversuchen aufgewendet wird. Manchen fällt es an bestimmten Tagen schwer, sich auf ihre Arbeit zu konzentrieren. Hier können ein paar Tage Auszeit hilfreich sein. Anderen tut gerade die Ablenkung im Rahmen des Arbeitsalltags gut. Weitere Tipps hierzu finden Sie in Kapitel 6.

8 Lesbische Paare – Welche Unterstützung gibt es für uns?

Lisa Green

Familien mit lesbischen Müttern sind kein neues Phänomen. In der Vergangenheit wurden die meisten Kinder jedoch in früheren heterosexuellen Ehen gezeugt. In den letzten zwei bis drei Jahrzehnten entwickeln immer mehr Lesben ihren Kinderwunsch in ihrer lesbischen Lebensphase und setzen ihn auch um. Die Ausgangslage für lesbische Paare ist anders als für heterosexuelle Paare. Während der Kinderwunsch bei letzteren von niemandem hinterfragt wird und sie in der Regel davon ausgehen können, ein Kind durch den sexuellen Akt zu zeugen (zumindest solange keine Fruchtbarkeitsstörungen vorliegen), ist die Entscheidung eines Lesbenpaars für Kinder beinahe revolutionär. Sie setzen sich intensiv mit ihrem Kinderwunsch auseinander, der nicht selten sowohl vom lesbischen als auch vom heterosexuellen Umfeld hinterfragt wird.

Da Lebenspartnerinnen kein Kind bekommen können, das von beiden abstammt, und gemeinsam kein Kind auf »natürliche« Art und Weise zeugen können, setzen sich Lesbenpaare von Anfang an mit der Frage auseinander, auf welchem Weg sie ihren Kinderwunsch erfüllen möchten. Möglich sind die biologische Zeugung (durch Beischlaf mit einem Mann oder Insemination mit Spendersamen [DI]), eine Adoption oder eine Pflegeelternschaft. Die gemeinsame Adoption für Lesbenpaare ist seit 2017, als das Gesetz zur Einführung des Rechts auf Eheschließung auch für Personen des gleichen Geschlechts eingeführt wurde, möglich. Die Mehrheit entscheidet sich jedoch zu einer Samenspende, um die Schwangerschaft und Geburt gemeinsam zu erleben und die Integrität ihrer Beziehung zu schützen. Ihr zugrundeliegendes Konzept basiert von Anfang an auf einer Mischung von sozialer und biologischer Elternschaft und nicht ausschließlich auf genetischer Verwandtschaft. Im Gegensatz zu heteronormativen Vorstellungen, d. h. der Vorstellung der heterosexuellen Gesellschaft, die ein Kind nur als »eigenes Kind« definiert, wenn es genetisch von beiden abstammt, bezeichnen und erleben lesbische Eltern ihr so gezeugtes Kind als »gemeinsames Kind«, denn sie haben sich gemeinsam für diesen Weg entschieden. Eine Schwangerschaft durch DI herbeizuführen ist für lesbische Paare eine positive Entscheidung. DI ermöglicht aus der Sicht lesbischer Eltern eine Familie mit eigenen biologischen Kindern. Auch können sie entscheiden, ob sie mit Samen eines Bekannten selbst inseminieren oder ob sie die Unterstützung einer Samenbank in Anspruch nehmen möchten. Die Entscheidung darüber hängt sehr damit zusammen, wie sie mit der Erzeugerschaft eines Spenders (der sog. »Vater-Frage«) in ihrer Familie umgehen möchten.

Die Vater-Frage: Entscheidung über das Kennen und den Kontakt zum Spender

Die »Vater-Frage« beinhaltet die Abwägungen, wie viel von der Person des Spenders bekannt ist und was dies für die Kinder, das Elternpaar und die gesamte Familie bedeutet. Auch müssen lesbische Paare ihre persönliche Einstellung bezüglich der Notwendigkeit eines gegengeschlechtlichen Elternteils in der Familie und einer männlichen Bezugsperson für das Kind sowie der Wichtigkeit der biologischen Abstammung des Kindes klären:

- Paare, die sich für einen bekannten Spender außerhalb des medizinischen Systems entscheiden, der in manchen Fällen auch eine Beziehung zum Kind herstellt, messen dem Kennen der biologischen Herkunft sowie der Möglichkeit der Einbeziehung einer männlichen Bezugsperson eine hohe Bedeutung bei. Die Herausforderung besteht darin, immer wieder den Platz und die Rolle des Spenders in der Familie zu besprechen und eine für alle tragfähige Situation zu schaffen. Zu bedenken ist auch, dass die Beteiligten inklusive des Kindes unterschiedliche Bedürfnisse entwickeln dürften. Es ist wichtig, im Vorfeld den zukünftigen Umgang damit zu vereinbaren.

- Paare, die sich für die Insemination mit dem Samen eines anonymen Spenders im medizinischen System im Ausland (in Deutschland haben Kinder ein Auskunftsrecht und können die Identität des Spenders erfahren) entscheiden, machen sich zwar Sorgen, ob dem Kind ein Vater fehlen wird, schätzen jedoch den »Wunsch nach Wurzeln« als sozial auferlegt ein. Für sie steht der maximale Schutz vor sexuell übertragbaren Erkrankungen, die Klarheit der eigenen Familiengrenze sowie der Wunsch nach einer Elternschaft zu zweit im Mittelpunkt. In dieser Konstellation besteht die Herausforderung im Umgang mit dem gesellschaftlichen Druck durch den Wegfall eines identifizierbaren biologischen Vaters sowie ihre Ambivalenzen, die diesbezüglich entstehen können.

- Paare, die sich für einen für das Kind identifizierbaren Spender (im medizinischen System im Inland, das Kind hat ab dem 16. Lebensjahr ein eigenständiges Auskunftsrecht, zuvor die Eltern im Namen des Kindes) entscheiden, sind der Ansicht, das Beste beider Alternativen zu vereinen. Obwohl der Spender in diesen Familien nicht mehr als bei einem anonymen Spender als Vater für die Kinder zur Verfügung steht, leiden die Eltern weniger diesbezüglich unter Schuldgefühlen. Die Herausforderung, die ihnen bevorsteht, liegt im Umgang mit den Auswirkungen und Konsequenzen, wenn ältere Kinder die Identität des Spenders erfahren wollen.

In Deutschland gibt es die Möglichkeit einer Stiefkindadoption für verheiratete Lebenspartnerinnen. Dies ermöglicht der sozialen Mutter, eine rechtliche Beziehung zu dem leiblichen Kind ihrer Partnerin zu begründen. Dann werden beide Mütter vor dem Gesetz gemeinsam sorgeberechtigt, unabhängig davon, wer das Kind geboren hat. Ohne die Stiefkindadoption hat die leibliche Mutter des Kindes das alleinige Sorgerecht. Nach der Geburt des Kindes kann das Paar beim Familiengericht den entsprechenden Antrag stellen. Im Falle eines bekannten Spenders ist es notwendig, die Absichten in Bezug auf Stiefkindadoption seitens der sozialen Mutter mit dem Spender vor Inseminationsbeginn zu besprechen. Falls der Spender bei der Geburt als Vater in der Geburtsurkunde erscheinen soll, wird er seine Rechte als Vater abtreten müssen, damit das Kind durch die soziale Mutter adoptiert werden kann. Entsprechende Absichtserklärungen können aber auch schon während der Schwangerschaft notariell festgehalten werden. Wichtig ist es, kompetenten familienrechtlichen Rat einzuholen, zum Beispiel vom LSVD (Lesben- und Schwulenverband in Deutschland). Nach einer Samenspende bei einem Arzt oder in einem Kinderwunschzentrum ist die Stiefkindadoption mittlerweile aufgrund des Samenspenderregistergesetzes einfacher geworden: Auf Samenspender gehen grundsätzlich keine Pflichten mehr über, unabhängig davon, wer mittels ihres Samens ein Kind zeugen konnte. Somit ist in dieser Konstellation die Abtretung der Vaterschaft nicht mehr erforderlich.

- Die »Vater-Frage« stellt Sie auf die Probe und zwingt Sie, sich mit heteronormativen Vorstellungen von Familie und internalisierter Homophobie (gegen Lesben und Schwule gerichtete Feindseligkeit) auseinanderzusetzen. Da Homophobie homosexuelle Eltern als geeignete Erziehungspersonen abwertet und Heteronormativität das Aufwachsen mit Vater-Mutter-Kind als die »beste« Alternative für Kinder vorschreibt, werden Sie einen Coming-out ähnlichen Prozess durchlaufen müssen, in der Sie die verinnerlichten gesellschaftlichen Bilder und Haltungen zu Familie und Homosexualität reflektieren, um Ihren Kinderwunsch zu legitimieren und anschließend über den Spender zu entscheiden. Auch wenn ein bekannter Spender zunächst naheliegend erscheint, da das Kind seinen Vater kennen kann und Ihre Familie einer traditionellen Familie am meisten damit ähneln würde, sollten Sie gründlich das Für und Wider aller Spendertypen und Konstellationen abwägen, bevor Sie eine Wahl treffen. Ganz oft machen Paare die Erfahrung, dass sich in der

Praxis nicht alle Möglichkeiten umsetzen lassen und sie ihre Wahl modifizieren müssen. Überprüfen Sie auch gründlich und selbstkritisch Ihre Haltung hinsichtlich der Heteronormativität und internalisierter Homophobie und denken Sie darüber nach, ob diese Ihre Entscheidungen beeinflussen. Wenn ja, scheuen Sie nicht, damit »aufzuräumen«, dies also kritisch zu hinterfragen. Das bietet Ihnen die nötige solide Basis, den zukünftigen Fragen der Umwelt bezüglich der Familienentstehung souverän zu begegnen. Grundsätzlich gilt, dass Sie keinen Weg wählen sollten, den Sie nicht bereit sind, öffentlich vor Ihnen unbekannten Menschen klar und deutlich auszusprechen. Als zukünftige lesbische Eltern werden Sie häufig mit Fragen der Umwelt konfrontiert. Je souveräner und selbstverständlicher Sie damit umgehen können, umso selbstverständlicher nimmt es auch Ihr Gegenüber an. Gleichzeitig bieten Sie Ihrem Kind ein Rollenmodell und zeigen ihm Möglichkeiten im Umgang mit Fragen auf.

- Was tatsächlich für Sie und Ihre Familie der »richtige« Spendertyp ist, können nur Sie wissen. Die Forschung zeigt, dass sich Kinder mit gleichgeschlechtlichen Eltern genauso gut entwickeln wie Kinder in anderen Familienkonstellationen, weil nicht das Geschlecht oder die sexuelle Orientierung der Eltern maßgeblich für die Kindesentwicklung ist, sondern die Beziehungsqualität und das Familienklima – darüber herrscht kein Zweifel. Studien über Kinder in lesbischen Familien belegen ebenso, dass die Kindesentwicklung nicht vom Spendertyp bzw. Bekanntheitsgrad der Spender abhängt. Es gibt viele Familien, die gute Erfahrungen mit einem bekannten Spender machen, der auch eine gewisse Vaterrolle einnimmt, andere erleben, dass diese Konstellation unter den zwei bis vier Elternteilen zu vielen Konflikten führt, die bis hin zu Kontaktabbruch oder Sorgerechtsstreitigkeiten führen können. Es gibt auch viele Familien, die mit ihnen unbekannten Spendern problemlos leben. Manche dieser Kinder entwickeln eine Neugier auf ihren Spender, so dass sie sich im Falle eines Ja-Spenders bei Volljährigkeit dafür entscheiden, die Identität des Spenders in Erfahrung zu bringen, um eventuell auch Kontakt zu ihm aufzunehmen. Eine Identitätskrise aufgrund eines (zunächst) unbekannten Spenders ist in lesbischen Familien jedoch selten. Im Unterschied zu adoptierten Kindern gibt es für Kinder, die mit Hilfe einer Samenspende gezeugt wurden, keine

Kränkung durch ein »Abgegebenwordensein«. Vielmehr leben sie mit der Gewissheit, dass sie absolute Wunschkinder sind, und der Spender ist in der Familie positiv besetzt. Es ist empfehlenswert, als Paar den Weg zu gehen, hinter dem Sie stehen können. Dann ist am wahrscheinlichsten, dass auch Ihr Kind ein positives Bild Ihrer Familienkonstellation entwickeln kann. Gleichzeitig sollten Sie sich innerlich darauf vorbereiten, dass Sie und/oder Ihr Kind möglicherweise Phasen erleben, in der Ihre Entscheidung über seine Spenderkonstellation hinterfragt wird. Sie sollten daher in der Lage sein, Ihre Entscheidungsfindung für Ihr Kind nachvollziehbar zu machen und Ihr Kind mit seinen Emotionen anzunehmen und zu begleiten.

Vermutung der Fruchtbarkeit

Wenn Lesben inseminieren, gehen sie grundsätzlich von der Annahme aus, dass sie fruchtbar sind. Daher starten sie DI emotional unbelastet und manchmal mit hohen Erfolgserwartungen. Stellt sich eine Schwangerschaft nicht nach den ersten Versuchen ein, kann diese Situation jedoch rasch kippen. In diesem Fall beginnt für die lesbische Frau/das Lesbenpaar dieselbe Achterbahnfahrt der Gefühle während der medizinischen Behandlung wie für heterosexuelle Paare (▶ Kap. 1 und ▶ Kap. 6).

Lesben befinden sich in der besonderen Situation, dass die Partnerin Inseminationsversuche beginnen kann, falls sich bei der zunächst inseminierten Partnerin keine Schwangerschaft einstellt.

- Wenn Sie mit der medizinischen Behandlung bzw. den Selbstinseminationen beginnen, ist es ratsam, einen gut ausgewählten, kleinen Kreis von vertrauenswürdigen und empathischen Freunden oder Familienmitgliedern darüber zu informieren und sie um Diskretion zu bitten. Inseminieren kann belastend werden, vor allem der medizinische Weg ist ein Einschnitt in den Alltag. Es entlastet Ihre Partnerin, wenn beide auch außerhalb Ihrer Beziehung mit anderen darüber reden können.

Der Kreis sollte klein bleiben, damit Sie sich vor zu vielen gut gemeinten Fragen, Ratschlägen und Kommentaren schützen können.
- Viele Lesben suchen den Kontakt zu anderen Lesben mit Kinderwunsch oder gründen eine entsprechende Gruppe. Dies hat den Vorteil, dass sie die verschiedenen Themen und Erfahrungen mit denjenigen austauschen, die in einer ähnlichen Lage sind und sie am besten verstehen können. Aber Vorsicht, es kann zu Konkurrenzgefühlen unter den Frauen führen, wenn eine Frau schwanger wird und die anderen (noch) nicht. Wenn Ihre Schwangerschaft auf sich warten lässt, und Sie merken, dass es Ihnen zunehmend schwerfällt, damit umzugehen, machen Sie eine Pause von der Gruppe und stellen Sie Kontakt zu anderen her, die sich ebenfalls noch um eine Schwangerschaft bemühen. Wenn Sie schwanger sind, können Sie sich der Gruppe wieder anschließen. So erhalten Sie die so dringend benötigte Unterstützung, ersparen sich die Kränkungen und die anderen Gruppenteilnehmerinnen haben nicht das Gefühl, sie dürfen sich nicht über ihre Schwangerschaft freuen.
- Insgesamt soll die Inseminationsphase mit Geduld angegangen werden. In dieser Zeit schweben Sie beide in einem Zustand zwischen Eltern-Sein und Kinderlosigkeit – zwei ganz verschiedene Lebensstile! Es muss emotional ein Platz für ein Kind eingeräumt werden, doch ist es noch nicht da und man weiß nicht, wann oder ob es sich einstellen wird. Versuchen Sie deswegen, soweit es geht, trotzdem Ihrem gewohnten Leben (inkl. einer gesunden Lebensausrichtung) nachzugehen und dieses auch ohne Kind zu genießen. Sorgen Sie liebevoll für sich und gönnen Sie sich auch Pausen von der Insemination, z. B. für einen Urlaub. Ihr Leben sollte lebenswert bleiben oder werden, auch für den Fall, dass kein Kind kommt. Diese Maßnahmen schützen Sie vor der häufig vereinnahmenden Tendenz einer medizinischen Behandlung und reduzieren die emotionalen Höhen und Tiefen, die damit einhergehen.
- Erlauben Sie sich Gefühle von Trauer und Enttäuschung beim Einsetzen Ihrer Menstruationsblutung. Auch wenn es Ihnen übertrieben vorkommt, die Trauer um ein Kind, das man nicht bekommen kann, kann genauso intensiv sein wie die Trauer um ein verstorbenes Kind. Bedenken Sie, dass Menschen unterschiedlich mit Trauer umgehen – es kann sein, dass Ihre Partnerin einen anderen Umgang damit hat. Ihre

Partnerin wird nicht unbedingt alle Ihre Gefühle auffangen können – haben Sie auch mit ihr Geduld, und sorgen Sie für unterschiedliche Gesprächspartner. Sollte trotzdem eine schwere Krise für Sie oder für die Partnerschaft entstehen, pausieren Sie mit der Behandlung und nehmen Sie professionelle Hilfe von psychosozialen Fachkräften in Anspruch.

Umgang mit dem Arzt

Eine Besonderheit der medizinischen Behandlung von Lesben ist der Umgang mit dem Arzt. In der Regel sind lesbische Paare fruchtbar, sie benötigen jedoch eine Behandlung mit Spendersamen, um ein Kind zeugen zu können. Bei der medizinischen Behandlung erleben jedoch viele Lesben, dass sie von den Ärzten wie »klassische« Fälle von Unfruchtbarkeit behandelt werden und ihnen von Anfang an oder bereits nach wenigen erfolglosen Versuchen Medikamente verabreicht werden bzw. eine Hormontherapie empfohlen wird. Da es nicht viele Ärzte gibt, die Lesben behandeln, haben sie nicht immer eine freie Arztwahl und müssen abwägen, wie sie mit den Empfehlungen des Arztes umgehen.

Weiterhin erleben viele Paare, dass nur die zu inseminierende Frau vom Arzt angesprochen wird, nicht das Paar gemeinsam. Ab der Inseminationsphase wird die Umwelt aufgrund von Heteronormativität dazu neigen, die (zukünftige) soziale Mutter auszublenden. Das Frauenpaar wird in dieser Hinsicht getrennt: Die (biologische) Mutter wird wahrgenommen, also gesehen, angesprochen, behandelt und unterstützt, während ihre Partnerin diese Aufmerksamkeit nicht immer gebührend erfahren wird. Das Ungleichgewicht birgt großes Konfliktpotential für das Paar und stellt es gleichzeitig vor die Herausforderung, für Balance und Sichtbarkeit der sozialen Mutter zu sorgen, so dass die soziale Mutter auch eine stabile Identität als (werdende) Mutter entwickeln kann.

- Fragen Sie Ihren Arzt, ob er bereits über Wissen und Erfahrung im Umgang mit Lesben mit Kinderwunsch verfügt. Klären Sie ihn darüber auf, dass Sie ein (Ehe-)Paar sind und beschreiben Sie ihm Ihre geplante Familienstruktur oder vermitteln ihm entsprechende Literatur. Sollte er trotzdem immer nur die inseminierende Frau im Blick haben, sollte diese ihn darauf aufmerksam machen, dass es ein gemeinsames Vorhaben ist, und dass auch Ihre Partnerin Mutter werden wird.

- Es ist notwendig, dass Sie als Paar die Herausforderung im Umgang mit der Unsichtbarkeit der sozialen Mutter als gemeinsame Aufgabe annehmen. Es ist nicht die Aufgabe der sozialen Mutter, die sie alleine anzugehen hat oder alleine auflösen kann. Die (zukünftige) biologische Mutter sollte ihrer Partnerin mit Empathie, Verständnis und Geduld begegnen und die Bereitschaft aufbringen, ein gleichwertiger Hauptakteur zu sein, und damit die soziale Mutter anderen gegenüber legitimieren. Die Aufgabe der sozialen Mutter ist es, sich selber zu legitimieren in einer Gesellschaft, die soziale Elternschaft weniger wertschätzt als biologische Verwandtschaft. Auch hierfür ist der Austausch mit anderen Lesben mit Kindern hilfreich. Seien Sie sich aber bewusst, dass die Unsichtbarkeitsproblematik am stärksten in der Inseminationsphase, während der Schwangerschaft und in der Stillphase ist; mit zunehmenden Alter der Kinder – gekoppelt mit einer eindeutigen Bezeichnung als Mutter auch für die soziale Mutter (z. B. Mama – Mami) – werden die Eltern gleichwertiger behandelt und das Thema wird weniger zentral.

Literaturempfehlungen

Familien- und Sozialverein des Lesben- und Schwulenverbandes in Deutschland (LSVD) e. V. (Hrsg.). (2013). *Regenbogenfamilien – alltäglich und doch anders. Beratungsführer für lesbische Mütter, schwule Väter und familienbezogenes Fachpersonal.* Köln.
Funcke, D. & Thorn, P. (2010). *Die gleichgeschlechtliche Familie mit Kindern.* Bielefeld: Transcript.
Gerlach, S. (2010). *Regenbogenfamilien: Ein Handbuch.* Berlin: Querverlag.
Streib-Brzic, U. & Gerlach, S. (2005). *Und was sagen die Kinder dazu? Gespräche mit Töchtern und Söhnen lesbischer und schwuler Eltern.* Berlin: Querverlag.
Streib-Brzic, U. (2007). *Das lesbisch-schwule Babybuch.* Berlin: Querverlag.
Thorn, P. & Herrmann-Green, L. (2009). *Die Geschichte unserer Familie.* Mörfelden: FamART.

9 Psychosoziale Unterstützung – Wann kann sie weiterhelfen?

Petra Thorn

Sie haben in unserem Ratgeber viele unterschiedliche Hilfestellungen für den Umgang mit der ungewollten Kinderlosigkeit und dem emotionalen Auf und Ab für die medizinische Behandlung erhalten. Er kann jedoch eine professionelle Hilfestellung in bestimmten Situationen nicht ersetzen. Deshalb werden im Folgenden die unterschiedlichen Hilfsangebote beschrieben und eine Entscheidungshilfe vorgestellt. Im elektronischen Zusatzmaterial zu diesem Buch finden Sie zusätzlich den Erfahrungsbericht einer Teilnehmerin an einer Kinderwunschgruppe (»Mein Weg in eine Kinderwunschgruppe«).

Eine psychosoziale Hilfe wahrzunehmen stellt für viele eine große Hemmschwelle dar.

Psychotherapie und psychosoziale Beratung werden in der Regel mit einer psychologischen oder psychiatrischen Erkrankung verbunden, und Paare mit unerfülltem Kinderwunsch empfinden sich in der Regel zu Recht nicht als krank. Wissenschaftlich belegt ist, dass sich der Anteil von Menschen mit psychiatrischen bzw. psychischen Erkrankungen, wie z. B. einer Depression, in der Gruppe der ungewollt Kinderlosen tatsächlich nicht von der

Allgemeinbevölkerung unterscheidet – es sind in beiden Gruppen ca. 15 bis 20 %. Das heißt, dass die überwiegende Zahl der Paare mit Kinderwunsch aus psychologischer Sicht gesund ist. Dennoch beschreiben viele den unerfüllten Kinderwunsch als eine existenzielle Lebenskrise, aus der man phasenweise aus eigener Kraft nicht herauskommt.

Daher kann eine fachliche Unterstützung hilfreich sein. Wichtig zu wissen ist, dass eine psychosoziale Kinderwunschberatung Ratsuchende darin unterstützt, neue Perspektiven und Handlungsweisen zu entdecken, das partnerschaftliche Miteinander zu stärken und sich einen guten Umgang mit dem Kinderwunsch zu erarbeiten, inklusive einer Portion Gelassenheit. Die Beratung zielt keinesfalls darauf ab, den Kinderwunsch auszureden oder von einer medizinischen Behandlung abzuraten. Auch werden in der Regel keine Kindheitstraumen oder lange zurückliegende problematische Lebensaspekte bearbeitet, sondern der Fokus liegt auf dem unerfüllten Kinderwunsch und allen Lebensbereichen, die davon betroffen sind.

BKiD hat die nachstehende Checkliste erstellt, die Ihnen aufzeigt, ob Sie eine Beratung aufsuchen sollten. Wenn Sie drei oder mehr der folgenden Aussagen zustimmen, wäre dieser Schritt empfehlenswert:

- »Als Paar haben wir kein anderes Thema mehr als den Kinderwunsch und die medizinische Behandlung.«
- »Wenn ich Schwangeren oder Frauen mit Babys begegne, möchte ich am liebsten die Straßenseite wechseln; Familienfeste belasten mich inzwischen oft.«
- »Wenn bei meiner Partnerin die Monatsblutung eintritt, ist sie tagelang wie zerstört. Als Mann fühle ich mich da nur noch hilflos und ziehe mich immer weiter zurück.«
- »An unserer Sexualität habe ich immer weniger Freude.«
- »Ich bin mir unsicher, ob ich mich nicht zu sehr in den Kinderwunsch hineinsteigere.«
- »Ohne eigenes Kind empfinde ich mein Leben als sinnlos.«
- »Da der Befund bei mir liegt, denke ich darüber nach, meinen Partner/meine Partnerin freizugeben, damit sein/ihr Kinderwunsch in einer neuen Partnerschaft erfüllt werden kann.«

- »Wir haben uns von früheren Freunden abgewandt, da diese inzwischen Kinder haben.«
- »Der unerfüllte Kinderwunsch und nicht zu wissen, wie es weitergeht, blockiert mich in anderen wichtigen Entscheidungen für mein Leben, z. B. an meinem Arbeitsplatz.«
- »Ich finde es schwierig, in der medizinischen Behandlung eine Grenze zu ziehen und Gedanken an einen ›Plan B‹ zuzulassen.«
- »Wir planen eine Samenspende bzw. Eizellspende.« © BKiD 2008

Im nächsten Schritt gilt es zu entscheiden, ob eine Einzelberatung, eine Paarberatung, die Teilnahme an einer fachlich angeleiteten Gruppe bzw. einem Seminar oder einer Selbsthilfegruppe für Sie sinnvoll ist. Für eine psychosoziale Kinderwunschberatung und für Gruppen und Seminare stehen Ihnen vor allem die zertifizierten Beraterinnen und Berater von BKiD zur Verfügung. Darüber hinaus bieten auch einige Fachkräfte bei Ehe- und Familienberatungsstellen und Schwangerschaftsberatungsstellen eine Kinderwunschberatung an.

Grundsätzlich empfehlen wir zunächst eine Paarberatung von einer oder zwei Sitzungen, denn der Kinderwunsch, einerlei, ob er in Erfüllung geht oder nicht, geht Ihre Partnerschaft im Ganzen an. Sie müssen gemeinsam einen Weg finden und Schwierigkeiten, die sich in fast allen Beziehungen über kurz oder lang ergeben, gemeinsam lösen. Allerdings kann es sein, dass einer von Ihnen vom Kinderwunsch deutlich stärker belastet ist und daher vor allem daran arbeiten möchte, mit dieser emotionalen Belastung besser umzugehen, oder eine gemeinsame Beratung aufgrund der Lebenssituation (Berufstätigkeit eines Partners im Ausland, Schichtarbeit o. Ä.) schwierig ist. In solchen Fällen ist, das Einverständnis beider vorausgesetzt, auch eine weitergehende Einzelberatung sinnvoll.

Die Teilnahme an einer fachlich angeleiteten Gruppe oder einem Seminar hat den großen Vorteil, dass Sie andere in der gleichen Situation kennenlernen und auch nach der Gruppenveranstaltung in Kontakt bleiben können. Manchmal entwickeln sich dadurch sogar Freundschaften. Der Nachteil eines angeleiteten Gruppenangebots ist, dass man nicht vertiefend auf die individuelle Situation oder die Paarproblematik eingehen kann. Auch bieten nicht alle Fachkräfte Gruppen oder Seminare an bzw. sie finden eher unregelmäßig statt und Sie haben daher Wartezeiten. Seit fast 20 Jahren gibt es in Deutschland Wunschkind e. V., eine Vereinigung von Selbsthilfegruppen für ungewollt Kinderlose. Die Beteiligung an einer Selbsthilfegruppe hat ebenfalls den Vorteil, dass Sie andere kennenlernen. Darüber hinaus lebt der Gedanke der »Selbsthilfe« davon, dass man zunächst Unterstützung erhält, man selbst aber auch andere unterstützt, sobald man stabiler geworden ist. In Selbsthilfegruppen gibt es zudem niemanden, der die Gruppe fachlich oder organisatorisch leitet. Dies sind Aufgaben aller, und im günstigsten Fall übernehmen es auch alle.

In manchen Situationen lassen sich Gruppenveranstaltungen auch mit Einzel- oder Paarberatung kombinieren, beispielsweise wenn man in der Gruppe vor allem den Austausch mit und Kontakt zu anderen sucht und die Paarberatung aktuelle Paarthemen bearbeitet. Selbstverständlich kann es ebenso sinnvoll sein, vor oder nach einer Beratung ein Gruppenangebot zu nutzen.

Die nachstehende Tabelle soll Ihnen bei der Entscheidung helfen. Vergeben Sie Punkte: 0 (kein Veränderungswunsch) oder 1 (Veränderungswunsch). Bewerten Sie auch, wie wichtig Ihnen die einzelnen Punkte (1 = weniger wichtig, 2 = wichtig, 3 = sehr wichtig) sind. Multiplizieren Sie die Punkte mit der Wichtigkeit und addieren Sie für jede Form der psychosozialen Unterstützung die Punkte. Dann haben Sie einen Hinweis, welche Form der psychosozialen Unterstützung für Sie im Moment die passende ist.

	Punkte	Wichtigkeit	Summe
Einzelberatung			
Ich möchte vor allem für mich selbst besser mit dem Kinderwunsch zurechtkommen.		x	=
Ich merke, dass ich mich zunehmend von anderen zurückziehe, und möchte dies ändern.		x	=

9 Psychosoziale Unterstützung – Wann kann sie weiterhelfen?

	Punkte	Wichtigkeit	Summe
Ich möchte meinem Leben wieder außerhalb des Kinderwunsches einen Sinn geben.		x	=
Ich möchte wichtige Entscheidungen (z. B. berufliche) wieder treffen können, ohne dass mich der Kinderwunsch blockiert.		x	=
Gesamtzahl erreichter Punkte			=
Paarberatung			
Wir möchten lernen, uns besser über den Kinderwunsch und unsere Gefühle auszutauschen.		x	=
Wir möchten unsere Sexualität wieder beleben.		x	=
Wir möchten gemeinsame Strategien für den Umgang mit dem Kinderwunsch entwickeln.		x	=
Ich möchte meine Partnerin/meinen Partner besser verstehen und unterstützen können.		x	=
Gesamtzahl erreichter Punkte			=
Angeleitete Gruppe/Seminar			
Mir ist der Austausch mit anderen wichtig.		x	=
Ich bin bereit, für die fachliche und organisatorische Leistung einen Beitrag zu zahlen.		x	=
Ich schätze das Wissen und die Erfahrung einer Fachkraft.		x	=
Ich finde, Konflikte in einer Gruppe lassen sich besser unter professioneller Anleitung lösen.		x	=

9 Psychosoziale Unterstützung – Wann kann sie weiterhelfen?

	Punkte	Wichtigkeit	Summe
Gesamtzahl erreichter Punkte			
Selbsthilfegruppe			
Mir ist der Austausch mit anderen wichtig.		x	=
Ich bin bereit, für die Organisation der Gruppe Verantwortung zu übernehmen.		x	=
Ich bin bereit, anderen zu helfen, wenn es mir besser geht.		x	=
Eine fachliche Unterstützung ist mir weniger wichtig.		x	=
Gesamtzahl erreichter Punkte			

Literaturempfehlungen und Webseiten

BKiD-Checkliste (http://www.bkid.de/uploads/media/bkid_checkliste.pdf).
Wunschkind e. V. (www.wunschkind.de).
Wischmann, T. & Stammer, H. (2016). *Der Traum vom eigenen Kind. Psychologische Hilfen bei unerfülltem Kinderwunsch*. Stuttgart: Kohlhammer.
www.bkid.de
www.bzga.de
www.informationsportal-kinderwunsch.de

10 Verluste in der Schwangerschaft und bei Geburt – Welche Trauer ist angemessen?

Beatrix Kozjak-Storjohann und Heike Schneidereit-Mauth

Himmelskinder – Sternenkinder – Schmetterlingskinder … durch diese liebevollen Bezeichnungen wird die Existenz kleiner Menschen, die nur kurz gelebt haben, anerkannt.

Bis in die 1980er Jahre wurde über Verlusterfahrungen in der Schwangerschaft nicht gesprochen, die Erlebnisse wurden systematisch tabuisiert, die Gefühle ignoriert. Die damals gängige Lehrmeinung empfahl diesen Umgang mit dem Geschehen und wollte Betroffene vor Trauer schützen. Leider hat diese wohlgemeinte Strategie, die teilweise auch heute noch vertreten wird, bei vielen Frauen und Paaren zu langwierigen und komplizierten Trauerverläufen geführt.

Ein wenig beachteter Verlust, der aber sehr belastend sein kann

Eine Fehlgeburt oder der frühe Tod eines Föten findet auch heute oftmals nicht die notwendige Beachtung. Entweder weil Unbeteiligte nicht nachvollziehen können, dass auch eine (frühe) Fehlgeburt ein schwerwiegender und schmerzlicher Verlust sein kann, oder weil Außenstehende sich vor den Trauergefühlen Betroffener schützen möchten. Viele Frauen, die einen Verlust erlitten haben, kennen Sätze wie:

(A) »Jede zweite oder dritte Schwangerschaft endet mit einer Fehlgeburt.«

(B) »Aber es hat ja noch gar nicht richtig gelebt.«
(C) »Denke nicht mehr daran, es ist doch schon alles vorbei!«

Rationalisierung (A), Bagatellisierung (B) und Tabuisierung (C) sind weit verbreitete Umgangsformen. In der Regel sind diese aber wenig hilfreich und ändern auch nichts an den Gefühlen der Eltern.

Ist eine gewünschte Schwangerschaft eingetreten, dann ist das für die werdenden Eltern ein besonderes und einzigartiges Ereignis, ein Wunder im Bauch der Frau! Die Bedeutung einer Schwangerschaft wird durch die geringe Kinderzahl und die Planbarkeit der Konzeption erhöht. (Reproduktions-)Medizinische Behandlungsverfahren ermöglichen vielen Paaren mit Fertilitätsproblemen, die früher nicht auf ein leibliches Kind hoffen konnten, den Weg zum Wunschkind. Es erklärt sich von selbst, dass eine so entstandene Schwangerschaft für die werdenden Eltern besonders bedeutsam ist. Hinzu kommt, dass die Beobachtung der kindlichen Entwicklung durch bildgebende Verfahren häufig zu einem sehr frühen und intensiven Bindungsaufbau führt. Die genannten Aspekte erklären, weshalb manche Paare auch schon bei einer frühen Fehlgeburt intensive Trauerreaktionen zeigen und schwer belastet sind.

Das breite Spektrum der Trauer

Dennoch gibt es Paare, die mit einem frühen Verlust problemlos umgehen können. Demgegenüber gibt es Eltern, für die eine Welt zusammenbricht. Zwischen diesen beiden Polen finden sich die verschiedenen individuellen Trauerformen. Vor allem wenn reproduktionsmedizinische Hilfe in Anspruch genommen wurde, kann eine Fehlgeburt zur Katastrophe werden. Neben dem konkreten Verlust kommt die mögliche Angst hinzu, eventuell überhaupt keine Kinder mehr bekommen zu können.

Während die Gesellschaft für das Sterben eines Menschen vor, während und nach dem Tod viele soziale und religiöse Rituale (z. B. Krankensalbung, Aussegnung, Bestattung, Trauerkleidung, Trauerjahr) zur Verfügung stellt, ist der frühe Verlust eines Embryos oder Föten weitgehend tabuisiert und individualisiert.

> »Ich fühlte mich so allein. In der Klinik konnte ich noch mit den Ärzten sprechen. Aber zu Hause war ich dann allein mit meinen Fragen und vor allem mit meinen Tränen«, erzählt Sylvia, die in der 10. Schwangerschaftswoche eine Fehlgeburt erlitt. »Und meine Freundin meinte auch noch: ›Es war doch erst so klein, eigentlich noch gar nicht richtig da.‹«
>
> Aber für Sylvia hatte ihr kleines Kind schon Gestalt angenommen. Sie hatte das Herz im Ultraschall schlagen sehen, hatte sehr genau die Vielzahl der körperlichen Veränderungen gespürt und damit waren eine Fülle von Bildern und Vorstellungen entstanden, so dass bereits ein erster Bindungsaufbau zum heranwachsenden Embryo erfolgen konnte.

Durch Unverständnis, durch fehlende Unterstützung, aber auch durch Scham- und Schuldgefühle wird das Gefühl des Alleinseins verstärkt, die Trauer zusätzlich belastet.

Viele Paare beschäftigt auch die Frage nach dem »Warum«. »*Warum ist das gerade uns passiert?*«, »*Warum trifft es mich?*« Menschen in Krisen sind erschüttert und unsicher, möchten das Geschehene einsortieren. Menschen brauchen ein Gefühl der Verstehbarkeit. Das ist der Grund dafür, dass Eltern gerade auch nach Fehlgeburten Erklärungstheorien entwerfen, selbst wenn diese objektiv nicht zu belegen sind, *wie z. B.* »*Hätten wir nicht miteinander geschlafen, dann würde unser Kind noch leben.*« Dieses kognitive Einordnen dient der Verarbeitung von Schicksalsschlägen und drückt den legitimen Wunsch aus, das Erlebte zu verstehen.

Daher ist es wichtig, ein paar Fakten zu kennen:

Wen trifft es?

Statistisch gesehen müssen sich Paare bei der Familiengründung häufig mit einem Verlust auseinandersetzen. Jede zweite Schwangerschaft endet in den ersten drei Monaten, davon werden nur ca. 20% als Fehlgeburt registriert. Ungefähr 30% aller Frauen sind ein oder mehrmals in ihrem Leben von einer Fehlgeburt betroffen. Mit zunehmendem Lebensalter des Paares steigt das Risiko, eine Fehlgeburt zu erleiden. Je weiter die Schwangerschaft vorangeschritten ist, desto geringer wird die Wahrscheinlichkeit eines Verlusts. Ab der 17. Schwangerschaftswoche sinkt das Risiko einer Fehlgeburt auf 2 bis 3%. Leider werden dennoch ca. 3 500 Kinder jedes Jahr in Deutschland zu einem späteren Zeitpunkt still geboren.

Medizinische Grundlagen/Hintergründe

Eine Schwangerschaft kann über körperliche Symptome (unsichere Zeichen) und verschiedene Diagnoseverfahren wie Urin- und Bluttest sowie Ultraschall (sichere Zeichen) festgestellt werden. Nicht selten fällt eine Schwangerschaft lediglich durch Laborparameter, ohne Nachweis einer embryonalen Anlage, auf und wird dann als »biochemische Schwangerschaft« bezeichnet.

Blutungen in der Schwangerschaft treten sehr häufig auf und haben verschiedenste, auch harmlose Auslöser. Sie sollten immer durch einen Arzt abgeklärt werden. Sie können nur begrenzt durch medikamentöse Therapieverfahren behandelt werden. Bettruhe und naturheilkundliche Unterstützung können positiv beeinflussen.

Frühabort – ab positivem Schwangerschaftstest bis zur 12. SSW. Etwa 80% der Fehlgeburten ereignen sich in diesem Zeitraum. Sie fallen nicht immer durch Blutungen und Schmerzen auf. Es stellt im Normalfall keine Gefahr für die Mutter dar, für eine gewisse Zeit einen leblosen Embryo im Bauch zu haben. Eine individuelle Beratung über das weitere Vorgehen – abwarten, bis die Blutung einsetzt, medikamentöses oder chirurgisches (=Ausschabung) Beenden der Schwangerschaft – erfolgt durch die Frauenärztin oder den Frauenarzt.

Spätabort – von der 13. bis zur ca. 23. SSW. Das Kind ist außerhalb des Mutterleibes noch nicht lebensfähig und wiegt unter 500 Gramm. Zu einem Spätabort kommt es entweder durch eine frühzeitige Spontangeburt oder durch den Tod des Kindes in der Gebärmutter. Spontaner Wehenbeginn oder eine medikamentöse Einleitung führen zu der sogenannten »stillen Geburt«. Eine Ausschabung kann zudem erforderlich sein.

Bei einem fehlgeborenem Kind (Früh- und Spätabort) ist eine individuelle Beisetzung möglich, üblich sind die gesetzlich vorgeschriebenen Gemeinschaftsbeisetzungen von Kindern unterhalb der individuellen Bestattungspflicht durch die Inhaber des Gewahrsams, d. h. die Kliniken.

Totgeburt – stirbt das Kind im Mutterleib und hat ein Geburtsgewicht über 500 Gramm sowie ab der 24. Schwangerschaftswoche (unabhängig vom kindlichen Gewicht) tritt diese Klassifizierung ein. Die Stillgeburt erfolgt entweder spontan oder wird medikamentös eingeleitet. Ein Kaiserschnitt wird in der Regel aus medizinischen Gründen nicht vorgenommen. Frauen, die eine Totgeburt erleiden, haben Anspruch auf Mutterschutz, es besteht individuelle Bestattungspflicht.

Tod eines lebend geborenen Kindes. Kommt ein Kind lebend zur Welt (siehe PStV § 31), wird es unabhängig von der Lebensdauer, der Schwangerschaftswoche und dem Geburtsgewicht als »Lebendgeburt« mit allen rechtlichen Folgen klassifiziert.

Über das Familienportal[1] des Bundesministeriums für Familie, Senioren, Frauen und Jugend erhalten Betroffene Informationen zu den rechtlichen Grundlagen.

---

1 https://familienportal.de/familienportal/familienleistungen/mutterschutz/welche-regelungen-gelten-bei-fehlgeburt-totgeburt-oder-schwangerschaftsabbruch--125128

Mögliche Ursachen

Es wird angenommen, dass sich die Mehrzahl der frühen Aborte wegen mangelnder Lebensfähigkeit ereignet und im Grunde eine Art »Schutzmechanismus« der Natur darstellt. Bedauerlicherweise können selbst Histologie/Obduktion die Gründe nicht immer klären. Ursächlich können genetische, anatomische, serologische sowie immunologische Faktoren, Infektionen oder Erkrankungen von Mutter und Kind sein. Die breite Palette an bewussten Gefühlen wie Ängste, Wünsche, Freude etc. sowie mögliche unbewusste Anteile – Ablehnung des Kindes, Sorge vor Behinderung, hoher Erwartungsdruck usw. – sind in keinem Fall ursächlich verantwortlich.

Vor allem bei wiederholtem Auftreten (habitueller Abort) ist eine medizinische Abklärung durch einen spezialisierten Experten angeraten. Allerdings gibt es nicht immer zwingend den einen Grund. Manchmal treten unterschiedliche Störungen nacheinander auf, manchmal gibt es mehrere Ursachen, in einigen Fällen bleiben die Gründe im Dunkeln. Wichtig ist eine umfassende Aufklärung, das ärztliche Beratungsgespräch ist für viele Betroffene eine große Hilfe, denn eine möglichst große Klarheit in Bezug auf medizinisch/psychosoziale Hintergründe ebnet den Weg der Erlebnisverarbeitung. Diagnostische Abklärung und mögliche Behandlungsoptionen können, neben dem subjektiven (Wohl-)Befinden, richtungsweisend für die weitere Familienplanung sein.

Ohne Trauer geht es nicht

Trauer ist eine natürliche, spontane und gesunde Reaktion auf einen Verlust. Sie hilft den Verlust zu verarbeiten, ihn zu integrieren und sich auf die neuen, veränderten Umstände einzulassen. Die Bewältigung dieser Aufgaben kann auch als Trauerarbeit bezeichnet werden, die jeder Mensch in einem ihm eigenen Tempo erfüllt. Trauer findet als Entwicklungsprozess auf somatischer, emotionaler, kognitiver, spiritueller und sozialer Ebene statt und durchläuft verschiedene Phasen (Stufen).

Phasen der Trauer

Es gibt unterschiedliche Modelle Trauer zu beschreiben. Die Trauerverarbeitung ist ein Prozess, in dem das Erleben gefasst wird. Individuelle Einflussfaktoren bestimmen und prägen dieses körperlich-geistig-seelische, spirituelle und soziale Erleben. Intensität und Dauer sowie das gleichzeitige Erleben von Freude und Hoffnung sind bei jeder Frau und jedem Mann einzigartig. Zum leichteren Verständnis beschreiben wir das Trauererleben über die klassischen Trauerphasen.

Phase: Der Schock

»*Das kann nicht wahr sein!*« ist häufig der erste Gedanke, wenn werdende Eltern die Nachricht erhalten, dass ihr Kind nicht mehr lebt oder sie selber spüren, dass eine Blutung einsetzt. Sie fühlen sich wie gelähmt, stehen unter Schock oder funktionieren, ohne die Gefühle an sich heranzulassen. Dieser Schockzustand kann sich in sehr unterschiedlichen physischen und psychischen Reaktionen äußern. Von Schrei- und Heulkrämpfen, Wutausbrüchen, innerer Erstarrung, einer völligen Empfindungslosigkeit bis hin zu einer fast euphorischen Heiterkeit, sind fast alle Reaktionsformen möglich. Manchmal kann auch eine starke Todessehnsucht auftreten. Durch die schwere psychische Erschütterung verändert sich sowohl die Wahrnehmung der Umwelt als auch die Eigenwahrnehmung. Daher wird die erste Zeit häufig als sehr unwirklich (aktuell und später in der Erinnerung) erlebt. Die anstehenden Herausforderungen (Geburt/Beerdigung) »zwingen« die Betroffenen dann förmlich in die Wirklichkeit. Manche Eltern müssen sich sehr kontrollieren und enorme Kräfte aufbringen, um alle Anforderungen zu erfüllen. Andere fallen in einen fast manisch anmutenden Aktivismus.

Die Phase des ersten Schocks kann einige Stunden bis zu wenigen Tagen anhalten und wird oft von einer Zeit großer Müdigkeit und Erschöpfung abgeschlossen.

Phase: Die Gefühle brechen hervor

Ohne diese Phase geht es leider nicht. Unterschiedliche Gefühle – manchmal mit unbekannter Intensität – brechen auf. Allerdings nicht nur Emotionen, die wir typischerweise mit Trauernden verbinden. Neben Trauer und Traurigkeit, Sehnsucht und unerträglich erscheinendem Schmerz empfinden viele Paare auch Wut, Verzweiflung, Schuld oder Scham. Hinzu kommen die vermeintlich »unanständigen« oder »negativen Gefühle«. Die nennen wir so, weil sie gesellschaftlich nicht akzeptiert, oft tabuisiert werden: Wut auf das Kind, Kränkung der elterlichen Eitelkeit, Erleichterung, Neid und Eifersucht, Hass auf andere, die ein gesundes Kind haben etc. Alle diese Gefühle können zum Trauerprozess dazugehören, dürfen in der Regel aber nicht ausgedrückt, manchmal noch nicht einmal bewusst wahrgenommen werden. Hier brauchen Eltern manchmal Hilfe, um sich selbst wieder zu spüren, Unbewusstes bewusst machen zu dürfen. Denn unsere verbotenen Gefühle sind ja nicht weg, wenn wir sie missachten. Sie wirken im Untergrund fort – auf gar nicht gute Art und Weise.

Die Erlaubnis, auch »Unanständiges« aussprechen zu dürfen und damit zu verstehen, einzuordnen und handhabbar zu machen, erleben Eltern oft als wichtigen Schritt im Verarbeitungsprozess. Der Trauerprozess ist ohne Emotionen nicht möglich. Gefühle müssen wahr- und ernstgenommen werden. Die Emotionalität den Mitmenschen gegenüber kann als fremdartig erlebt werden. Geduld, Freundlichkeit, Toleranz, Aggressivität oder Offenheit können ungewohnte, für die Betreffenden unübliche Formen annehmen. Diese Zeit beeinflusst auch das sexuelle Erleben. Freude und Lust an der Sexualität können vermindert, aber auch gesteigert sein.

Die Trauer kann sich durch Veränderungen in der Psychomotorik sowie der Leistungsfähigkeit und dem Antrieb einer Frau äußern. Körperlich können sich ebenfalls verschiedene Symptome zeigen. Typisch sind Schlafstörungen, eine erhöhte Infektanfälligkeit, Herz-Kreislauf-Beschwerden, Magen-Darm-Störungen, Atembeschwerden, Verspannungen und auch multifokale Schmerzzustände. Halten die körperlichen Beschwerden an, ist eine ärztliche Abklärung ratsam.

Häufig kreisen die Gedanken um die Ursache, die zu dem Tod des Kindes geführt hat. Wäre das frühe Sterben zu verhindern gewesen, gibt es

Schuldige? Warum nur müssen wir das erleben? Die Trauernden haben hier häufig einen großen Klärungsbedarf. Konzentrationsfähigkeit und logisches Denken können eingeschränkt sein. In dieser Zeit kommt es sehr häufig zu Missverständnissen im privaten so wie im beruflichen Umfeld.

Phase: Die Gedanken fluten und ordnen

Die Notwendigkeit, das Unbegreifliche anzunehmen, wird bereits eingeräumt. Aber das Gefühl kommt noch nicht wirklich hinterher. Dies geschieht häufig dann, wenn die Umwelt glaubt, alles sei überstanden und der Verlust bereits verarbeitet. Hier ist es wichtig, sich nicht von analytischem und logischem Verstehen verführen zu lassen. Notwendig ist die emotionale Akzeptanz des endgültigen Abschieds. Diese Phase erleben viele Trauernde als besonders schwer und einsam, weil sie direkt oder indirekt die Aufforderung vernehmen, endlich die Trauer hinter sich zu lassen. »*Das ist doch nicht normal, dass ich so lange leide. Bin ich jetzt depressiv?*« ist eine häufig gestellte Frage in dieser Phase.

Erfahrungen und Erlebnisse werden nun überwiegend gedanklich untersucht, geordnet und beurteilt. »Hätte …, wäre …, wenn doch …«-Überlegungen zu fiktiven Situationen können die Trauernden überfluten. Wiederkehrende Warum-Fragen, die bereits beantwortet schienen, tauchen erneut auf – bizarre Erklärungsmuster ebenso wie zwanghaftes Grübeln, Denkblockaden und Konzentrationsstörungen. All die Wünsche, Erwartungen, Phantasien die mit dem Kind verbunden waren, werden gedanklich durchlebt und verdeutlichen den Verlust.

Was hat das Kind hinterlassen, was hat es bewirkt oder gar ausgelöst? Was hat mir das Kind bedeutet, wie war der Abschied? Gespräche mit Menschen, die bei der Geburt anwesend waren, werden gesucht. Die Betroffenen beschäftigen sich gedanklich viel mit der Schwangerschaft und mit ihrem Kind. Und das ist gut so, denn dadurch leisten sie wertvolle Erinnerungsarbeit, die der Trauerbewältigung dient. Auch das Thema Glaube und Spiritualität nimmt Raum ein. »Wieso hat Gott das nicht verhindert? Bestraft er mich?« Gespräche mit Seelsorgern können hier Unterstützung bieten.

Häufig findet in dieser Zeit ein sozialer Rückzug statt, weil die Betroffenen sich unverstanden fühlen und ganz gefangen sind in der gedanklichen Verarbeitung des Verlustes. Aber auch das Gegenteil ist möglich. Der Kontakt zu Frauen, die Ähnliches erlebt haben, wird gesucht – in Trauergruppen, in Internetforen. Die Zeit des Betrachtens, Informierens, Klärens und Einordnens bewegt sich langsam auf das Sich-Lösen zu. Es ist klar(er), was losgelassen und verabschiedet werden muss. Viele Tränen sind geweint, der Schmerz hat nachgelassen. Auch diese Phase kann Wochen bis Monate dauern.

Phase: Integration des Verlustes und Neuorientierung

Ein hartes Stück Arbeit ist geschafft, wenn wieder ein Gefühl von Normalität entsteht und es möglich wird, Hoffnung und Freude zu empfinden und zu leben. In der Phase der Neuorientierung geht es darum, den Verlust zu würdigen und dem dazugehörigen Schmerz den angemessenen Platz und Raum in der eigenen Biografie zuzuweisen. Das bedeutet, dass es immer wieder auch Zeiten und Momente tiefer Traurigkeit geben kann, wenn eine Erinnerung an die Fehlgeburt aufflackert. Aber die unbeschwerten Zeiten werden immer mehr und die Abstände zwischen den schmerzlichen Erinnerungen werden immer größer.

Die Zeit der Trauer hat die Betroffenen verändert. Sie haben vielleicht neue Seiten an sich kennen gelernt, haben sich neu erfahren. Neue Bewertungsmaßstäbe entwickeln sich. Vieles ist nicht mehr so, wie es vorher war. Das Leben wird immer häufiger wieder als glücklich, erfüllt und lebenswert wahrgenommen. Selbstvertrauen und Selbstachtung steigen wieder. Das geistig-seelische Erleben normalisiert sich. Heiterkeit und Freude nehmen zu. Körperliche Beschwerden klingen ab. Neue Interessen erwachen und soziale Kontakte und Beziehungen werden wieder aufgenommen. Viele erfahren einen Wandel im Freundeskreis. Gedanken an eine neue Schwangerschaft, eine Adoption oder andere Zukunftspläne reifen.

Männer und Frauen trauern (meist) unterschiedlich

In einer Partnerschaft entsteht manchmal eine Ungleichzeitigkeit während des Trauerprozesses, d. h., die betroffenen Paare befinden sich in unterschiedlichen Phasen der Verarbeitung. Während der Mann vielleicht schon versucht, das Unbegreifliche anzunehmen und emotional zu integrieren, befindet sich die Frau eventuell in der Phase der aufbrechenden Emotionen. Weil der Trauerprozess in der Regel bei Frauen und Männern unterschiedlich verläuft, entsteht manchmal der Eindruck, dass die Frau mehr Trauerarbeit leistet als der Mann.

Hinzu kommt: Mütter stehen bei der Verarbeitung einer Fehlgeburt stärker im Fokus, die trauernden Väter werden eher vergessen. Der betroffene Vater übernimmt derweil die Aufgabe des Versorgers, trägt Verantwortung dafür, dass das Leben irgendwie weitergeht, geht zur Arbeit, verdient das Geld, bleibt aber emotional irgendwie außen vor. Er schafft durch Rationalisierung ein Gegengewicht zur Emotionalität der Mutter. Dabei werden Väter häufig als unbeteiligt und distanziert erlebt, so als hätten sie keinen Zugang zu ihren Gefühlen. Im Gespräch wird dann deutlich: »*Doch am liebsten würde ich auch losheulen. Aber wenn ich genauso verzweifle wie meine Frau, dann bricht doch alles zusammen. Irgendjemand muss doch sehen, dass der Laden läuft. Auch wenn das alles so furchtbar ist.*«

Die zu leistende Trauerarbeit nach einer Fehlgeburt ist bei Frauen und Männern sicher unterschiedlich, manchmal auch hinsichtlich der Länge und Intensität des Trauerschmerzes. Aber beide trauern. Hier geht es darum, den anderen in seiner Andersartigkeit zu würdigen und wertzuschätzen.

Die Trauer bewältigen

Trauer zeigt sich nicht nur in unterschiedlichen Phasen, sondern braucht auch angemessene Ausdrucksformen. Aufgrund der weitgehenden Tabuisierung von Sterben, Tod und Trauer fällt es vielen Menschen schwer, ihrem

Schmerz und ihrer Trauer Ausdruck zu verleihen. Hinzu kommt der ausgesprochene oder empfundene Druck, möglichst schnell wieder funktionieren zu müssen. Daher möchten wir einige Möglichkeiten benennen, die anderen Betroffenen mit ähnlichen Verlusterfahrungen geholfen haben.

Rituale der Trauer

In Abschiedssituationen und Trauerfällen hat es sich bewährt, auf Rituale zurückzugreifen, die in unserer Gesellschaft zur Verfügung stehen. Rituale bringen Gefühle (auch kollektive Gefühle) zum Ausdruck und haben eine wichtige Ventilfunktion. Übergangsrituale entsprechen dem allgemein menschlichen Bedürfnis nach Begleitung, nach Struktur und nach Stabilität in unsicheren Lebenssituationen.

Bei einem frühen Verlust gibt es noch keinen festen Ritus. Das führt zu Verunsicherung der betroffenen Eltern, aber auch der Freunde, Familie und Arbeitskollegen. Der nachfolgende Satz verdeutlicht dies: »*Soll ich meiner Kollegin mein aufrichtiges Beileid aussprechen, weil sie ihr Kind im dritten Monat verloren hat?*«

Ein Name für unser Kind

Durch die Namensgebung wird die Existenz des Kindes belegt, es wird dadurch gewürdigt und seine Einzigartigkeit festgehalten.

> »Eben war ich noch schwanger. Und dann hat die Ärztin gesagt, dass das Herz nicht mehr schlägt, und dann ging irgendwie alles ganz schnell. Da ich schon in der Klink war, weil ich ja im Kinderwunschzentrum behandelt worden bin, kam ich gleich in den OP. Und jetzt ist alles vorbei. Und ich bin so unglaublich traurig. Aber wenn es für mich schon so schwer zu begreifen ist. Wie soll das für die anderen sein? Man hat ja kaum gesehen, dass ich schwanger war.«

Die Namensgebung kann eine wichtige Hilfe im Verarbeitungsprozess sein. Viele Eltern reagieren erstaunt, wenn sie gefragt werden, ob sie ihrem Kind einen Namen gegeben haben, manche wollen auch den ausgesuchten Namen für das nächste, dann hoffentlich lebende Kind »aufbewahren«. Im Nachhinein bewerten die meisten Eltern es sehr positiv, wenn ihre Fehlgeburt nicht anonym bleibt, sondern einen Namen bekommen hat und damit »wirklich« wird. Bei ganz frühen Fehlgeburten, wenn z. B. auch das Geschlecht des Kindes nicht festgestellt wird, entscheiden sich Eltern manchmal für einen Kosenamen, einen Phantasienamen, einen geschlechtsneutralen Namen oder einen Namen, der aus den Initialen der Eltern/Großeltern konstruiert wurde.

Bestattung der fehl- und totgeborenen Kinder auf einem Gräberfeld

Für die meisten Menschen ist es wichtig zu wissen, wo ihre Toten begraben sind. So schwer eine Bestattung zunächst auch erscheinen mag. Sie ist ein wichtiger Schritt im Trauerprozess.

In vielen Städten gibt es mittlerweile Grabfelder oder Freiflächen für fehl- und totgeborene Kinder. Unabhängig von Konfessions- und Religionszugehörigkeit werden dort fehl- und totgeborene Kinder in einer Gemeinschaftsbestattung in einem gemeinsamen Sarg beerdigt. Betroffene können sich bei dem zuständigen Friedhofsamt und der Klinik über das jeweilige Vorgehen erkundigen. Diese Form der Beisetzung ist für Eltern kostenfrei.

Meist werden quartalsweise Trauerfeiern angeboten, die von einem Team evangelischer und katholischer Klinikseelsorgerinnen und -seelsorger gestaltet werden. Viele Eltern berichten im Nachhinein: »*Erst hatte ich Angst, mit so vielen Betroffenen gemeinsam eine Trauerfeier zu haben. Aber dann war es eine wichtige Erfahrung, dass das nicht nur uns so passiert ist. Ich fühlte mich auf einmal gar nicht mehr so allein.*«

Bei einer individuellen Beisetzung können die Gestaltung der Trauerfeier sowie die Grabgestaltung durch die Eltern vorgenommen werden. Unterstützung erhalten Betroffene durch einen Bestatter oder durch Geistliche der Kirchengemeinde.

Der Friedhofsbesuch

Am Grab des Kindes und am Gräberfeld erfahren viele trauernde Eltern Halt und Kraft. Sie fühlen sich ihrem Kind näher, halten Zwiesprache mit dem Kind, kommen mit anderen Besuchern ins Gespräch. Eine Mutter erzählt: »*Es ist gut zu wissen, wo mein Kind einen Ort hat. Am Anfang bin ich häufig zum Gräberfeld gegangen. Aber jetzt bin ich nur noch selten hier. Dann tut es manchmal noch sehr weh, aber ich spüre auch, dass ich im Trauerprozess viel weiter bin.*«

Ein Symbol für unser Kind

Die Existenz eines früh verlorenen Kindes kann schon nach kurzer Zeit sehr unwirklich werden: »*War ich überhaupt schwanger oder habe ich mir alles nur eingebildet?*« Durch ein Symbol wird die Erinnerung an das Kind wachgehalten. Ein sichtbarer Platzhalter belegt die Existenz des Kindes, die Vorstellungen von ihm sowie die Zeit mit ihm erhalten eine sichtbare Gestalt. Es kann ein vergänglicher und ein unvergänglicher Platzhalter gewählt werden. Wie etwa: Eine Rose auf dem Esstisch die, so lange die Trauer akut ist, stets erneuert wird. Sie versinnbildlicht Schönheit und Vergänglichkeit, ebenso ein gepflanzter Strauch und ein bepflanzter Blumenkasten. Ein Schmuckstück, das man trägt, eine Engelsfigur im Regal, ein Prisma am Fenster, ein Windspiel am Balkon können stellvertretend an das Baby erinnern.

Wohltuend kann auch die Gestaltung einer Erinnerungsecke in der Wohnung oder im Garten sein. Ein (Ultraschall-)Bild des Babys, die Kondolenz- oder andere Spruchkarten, ein Stein mit persönlicher Bedeutung, eine Schale mit Wasser (als Symbol für die geweinten Tränen), eine Sonne aus Keramik als Zeichen der Hoffnung… Im kreativen Schmücken können die Trauergefühle ebenso wie die elterliche Liebe und die Fürsorgebedürfnisse ausgedrückt werden.

Wichtig ist: Auch der Trauerprozess darf abgeschlossen werden. Es gibt vielleicht eine Zeit, an dem die Erinnerungsecke abgebaut wird, die Kondolenzkarten in der Schublade verstaut werden und die (Ultraschall-)Bilder nur dann hervorgeholt werde, wenn der Trauer erneut Raum gegeben werden soll.

Erinnerungsalbum

Im Buchhandel sind verschiedene Alben speziell für Sternenkinder erhältlich. Natürlich kann auch ein eigenes Album mit Erinnerungen, sogenannten Mementos, an die Schwangerschaft und das Kind gestaltet werden. Fotos aus der Zeit der Schwangerschaft, Bilder, Abdrücke, Gedichte, Lebensweisheiten, Zeitungsartikel, die in der Schwangerschaft gelesen wurden, Karten usw. finden so einen guten Platz und erzählen chronologisch von der besonderen Zeit mit dem Baby. Tagebucheinträge und persönliche Worte können das Album abrunden.

Babyschachtel

Ein Karton, der für diesen Zweck eigens beklebt oder gefertigt wird, kann ein guter Ort für alle Gegenstände und Mementos sein. Erinnerungsalbum und Baby-Box können beliebig oft geöffnet und betrachtet werden. Das Wieder-Verschließen und -Zurückstellen z. B. ins Regal kann zu einem hilfreichen Bild für den Umgang mit den Trauergefühlen werden. Diese Methode kann hilfreich sein, wenn Betroffene im Alltag/Beruf spontan von Trauergefühlen überflutet werden. Die Gefühle werden wahrgenommen und in einem inneren Dialog liebevoll für die Zeit am Abend, wenn die Babyschachtel geöffnet wird, »gebeten«. Diese Technik erfordert etwas Übung, kann aber sehr effektiv entlasten.

Rituale mit Worten und Sprache

Die Gedanken an das Kind bestimmen mehr oder weniger intensiv das Denken der Mütter und Väter. Festgelegte Zeiten, in denen die Trauernden all diesen Gedanken Raum geben, können Abhilfe schaffen, wenn die Gedanken zu sehr drängen. Es wird ein Rahmen geschaffen, in dem die Trauer mit ihrem Gedankengut ungehindert fließen darf. Das können jeden Morgen zehn Minuten, eine halbe Stunde zur Mittagszeit oder eine Stunde am Abend sein. Diese gestalteten Stille-Zeiten können eine wichtige Ventilfunktion erfüllen. In dieser Zeit kann es hilfreich sein, Aufzeichnungen zu erstellen (siehe Tagebucheinträge), Gedichte und Klageschriften (persönliche Psalmen) zu verfassen oder auch Briefe an das Kindchen zu schreiben. An einigen Gräberfeldern finden sich sogar Briefkästen für solche »Schmetterlingsbriefe«.

Tagebuch schreiben

Regelmäßige Tagebucheinträge können entlasten. Neben den Tagesereignissen kann die breite Palette der Trauergefühle und Ereignisse aufgeschrieben werden. Das Niederschreiben der oftmals chaotischen und sich wiederholenden Gedanken ordnet und strukturiert. Fragen, die schriftlich festgehalten sind, sind leichter zu beantworten. Die »Fortschritte« und der Weg, den die Trauer gegangen ist, werden so ersichtlicher. Ein Tagebuch kann den gesamten Trauerprozess begleiten.

Das Gespräch

Sich mitzuteilen, über das Erlebte, über quälende Ängste und auch die eigene Hoffnung zu sprechen, ist ein ganz natürliches Bedürfnis Trauernder. Es entlastet und ist für die Angehörigen gleichzeitig ein »Kontrollorgan«, um zu sehen, wie es den Betroffenen geht. Trauernde können oder wollen sich oftmals nicht in gewohnter Weise, mit den üblichen Gesprächspartnern austauschen, das ist normal. Wichtig ist, dass geeignete Personen zur Verfügung stehen und das Gespräch Erleichterung schenkt. Im Notfall kann auch die Telefonseelsorge eine gute Adresse sein.

Haben betroffene Eltern das Gefühl, dass ihre Trauer kein Ende findet und der Trauerprozess eher in eine Depression abgleitet, ist es sinnvoll, frühzeitig auch über professionelle, medizinische und psychotherapeutische Hilfe und Gesprächsangebote nachzudenken. Während wir mit einem gebrochenen Bein sofort ärztliche Hilfe in Anspruch nehmen, warten wir bei einer gebrochenen Seele oft so lange, bis es chronisch wird. Für unsere seelischen Schmerzen gilt der gleiche Grundsatz wie bei körperlichen Leiden: Je früher wir mit einer Therapie beginnen, desto besser sind die Heilungschancen.

Das Gebet

Manchen Menschen hilft es – unabhängig von Religions- und Konfessionszugehörigkeit – im Gespräch mit ihrem Gott zu sein. Mit Gott sprechen, nennen die großen Weltreligionen »beten«. Für das Kind zu beten, mit Gott im Gebet zu streiten und zu hadern, vor Gott den eigenen Schmerz und Herzenskummer zu benennen, stillt das elterliche Fürsorgebedürfnis, gibt der Enttäuschung und Wut auf Gott Raum und kann als tägliches Ritual ein strukturgebendes Element der Trauerverarbeitung sein. Hoffnung auf ein wie auch immer geartetes Leben nach dem Tod kennen viele Religionen. Diese Hoffnung tröstet viele Trauernde.

Sport

Körperliche Bewegung ist ein hervorragendes Ventil, nicht nur um innere Spannungen abzubauen. Moderater Ausdauersport wirkt wie ein Antidepressivum. Die Bewegung in der Natur (Walken, Joggen, Radfahren), Sport im Verein oder im Fitnessstudio, Bewegungsübungen zu Hause oder in der Gruppe (Yoga, Feldenkrais, Tanzen) können den Betroffenen einen Weg ins aktive Leben zurück bahnen.

> »Ich wollte mit niemandem sprechen, habe mich sehr eingeigelt und wäre innerlich in meinem Schmerz fast versunken. Dann hat mich meine Freundin zum Laufen überredet, sie hat nicht lockergelassen, bis ich endlich mit bin. Die Läufe an der Donau längs haben mir gut getan und auch meine Trauer irgendwie ins Fließen gebracht. Der Schmerz ist abgeflossen, ich bin ihm davongelaufen.«

Folgeschwangerschaft

Wenn keine besonderen Gründe vorliegen, kann ein Paar nach zwei bis drei Monatszyklen wieder versuchen schwanger zu werden. Je nach Risikofaktor und der seelischen Bewältigung wird eine engmaschige medizinische und psychosoziale Begleitung ab der Frühschwangerschaft durch erfahrene Gynäkologen, Hebammen und Therapeuten empfohlen, so dass bereits im Vorfeld an effektiven (Schutz-)Strategien für ein möglichst angenehmes Erleben der Folgeschwangerschaft gesorgt werden kann.

Welche Trauer ist angemessen?

Viele Eltern, die ein Kind in der Schwangerschaft verloren haben, sind irritiert, wie lange der Trauerprozess dauert. Die erste Phase der Trauer benötigt mindestens so viel Zeit wie die vorangegangene Schwangerschaft. Gibt es noch alte oder andere Verluste zu betrauern oder sind die Umstände der Fehlgeburt sehr ungünstig, verlängert sich die Trauer.

Umgekehrt gilt aber auch: Kann ein Paar auf viele Ressourcen zurückgreifen, gab es die Möglichkeit, angemessen Abschied zu nehmen, wurde der Verlust nicht totgeschwiegen, sondern hatte einen Ort in der Familie und dem Freundeskreis, kann die Fehlgeburt besser bewältigt und schneller in das Leben integriert werden, ja ermöglicht manchmal sogar Wachstumsprozesse.

> Ein Mann erzählt ein halbes Jahr später:
> »So schlimm das alles war, als meine Frau die Fehlgeburt hatte: Im Nachhinein muss ich sagen, dass unsere Partnerschaft daran sehr gewachsen ist. Wir stehen uns viel näher und nehmen unser Glück, das wir jetzt wieder empfinden, nicht mehr so selbstverständlich. So gibt es in all dem Schrecklichen auch eine wertvolle Erfahrung. Und als wir mit unseren Freunden über die Fehlgeburt gesprochen haben, haben uns so viele Paare erzählt, dass sie Ähnliches erlebt haben wie wir. Das hat gut getan. Und wir fühlten uns gar nicht mehr so allein.«

Neben der gesunden Trauerverarbeitung gibt es aber manchmal auch problematische Formen von Trauer. Wird Trauer z. B. rigoros vermieden oder blockiert oder wurde der Verlust traumatisch erlebt, entwickeln sich manchmal chronische und problematische Verarbeitungsmuster, die sich auch in depressiven Reaktionen, psychosomatischen Störungen oder überschießenden Ängsten äußern können. Dabei stellen frühere, ungelöste oder wiederholte Verluste, ein fehlendes soziales Netzwerk, Fertilitätsprobleme, eine generalisierte Lebensunzufriedenheit, aber auch bekannte psychische Erkrankungen Risikofaktoren dar.

Bei anhaltenden schweren, nicht aufhellbaren depressiven Episoden, bei Suizidgedanken, quälenden Ängsten, massiven Schuldgefühlen, Vermeidungsverhalten und zunehmenden sexuellen Störungen ist es notwendig, ärztliche und psychotherapeutische Hilfe in Anspruch zu nehmen.

Eine beginnende leichte Depression ist manchmal schwer von einer natürlichen Trauerreaktion zu unterschieden. Die Gefahr ist einerseits, dass das normale Gefühl von Trauer als depressiv bezeichnet und damit pathologisiert wird. Andererseits gibt es aber auch die Tendenz depressive Erkrankungen zu verharmlosen. Das ist besonders tragisch, weil eine Depression eine sehr gut behandelbare Erkrankung ist. Hier können letztlich nur gut ausgebildete Fachleute entscheiden, ob eine Trauerreaktion oder bereits eine Depression vorliegt.

Ein wichtiges Kriterium der Unterscheidung ist die emotionale Reaktion, die bei anderen hervorgerufen wird. Während wir bei Trauernden empathisch mitschwingen, die Traurigkeit nach- und mitempfinden, reagieren wir auf Depressive zunehmend genervt, abweisend und hilflos. In der depressiven Verarbeitung tritt der konkrete Verlust eher in den Hintergrund, so dass das eigenen Leiden, Schuldgefühle und Selbstmitleid einen sehr großen Raum einnehmen. Dagegen kann der Trauernde auch im Schmerz grundsätzlich eine zuversichtliche Zukunftsperspektive entwickeln, hat die Kompetenz, Trost zu suchen, und erlebt den Zustand der Trauer letztlich als vorübergehenden Ausnahmezustand. Der frühe Verlust eines Kindes kann eine schwerwiegende Lebenskrise bedeuten. Sprichwörter sind verdichtete Lebenserfahrung. Und daher wissen wir: Die Zeit heilt alle Wunden. Es bleibt vielleicht eine Narbe, die immer wieder Erinnerungen hervorruft und den Schmerz erneut aufflackern lässt, aber die Wunde wird heilen. Und sicher hinterlassen Himmelskinder – Sternenkinder – Schmetterlingskinder eine Erinnerung im Herzen ihrer Eltern, weil sie – Tage, Wochen oder Monate – im Bauch der Mütter gelebt haben.

11 Unerfüllter Kinderwunsch als Lebenskrise – Wie können wir daran wachsen?

Doris Wallraff

> »Wohl steht das Haus gezimmert und gefügt,
> Doch ach – Es wankt der Grund, auf dem wir bauen«
> Friedrich v. Schiller in »Wilhelm Tell«

Ungewöhnlich starke Belastungen oder solche, die zu lange andauern, können dazu führen, dass alle verfügbaren Kräfte nicht ausreichen und die gewohnten Bewältigungsstrategien nicht mehr greifen. Die eigene Lebenssituation erscheint ausweglos, man gerät in eine Krise. Dieser Ausnahmezustand erschüttert das bisherige Welt- und Selbstbild, Körper, Geist und Seele sind betroffen. Es fehlt die Hoffnung auf eine bessere Zukunft oder auf überhaupt eine Zukunft.

Für manche Paare ist der unerfüllte Kinderwunsch eine solche Krise: Ein Kind ist durch nichts zu ersetzen. Das ganze Leben begrenzt sich für sie auf dieses eine Thema. Emotionen wie Verzweiflung, Hilflosigkeit, Wut und Angst verengen ihren Blickwinkel und können einen negativen Sog entwickeln. Auch ganz normale Alltagsprobleme erleben Paare dann als größer und gewichtiger. Sie sind verletzbarer, ungeduldiger mit sich selbst, haben mehr Stimmungsschwankungen und beurteilen das eigene Leben viel kritischer als üblicherweise. Aus der Neurobiologie weiß man, dass die Wahrnehmung eines Menschen in einer akuten Krise eingeengt und das Gehirn nicht mehr zu kreativer Problemlösung in der Lage ist. So fühlt man sich ohnmächtig und hoffnungslos.

Kinderwunschzeit als Lebenskrise

Krisen entstehen häufig genau dann, wenn ein bedeutsames Lebensziel bedroht ist. Ob die Kinderwunschzeit zu einer Lebenskrise wird, hängt von vielen Faktoren ab. Das Ausmaß der Belastung ist abhängig von der Intensität des Kinderwunsches, der Dauer und dem Verlauf von Behandlungen sowie von der individuellen Entwicklung der betroffenen Menschen, ihrer Lebenseinstellung, ihren Ressourcen und ihrer Persönlichkeit.

Manchmal steht nicht die aktuelle Belastung, sondern die Angst vor der Zukunft im Mittelpunkt der Krise:

> Alisa: »Eigentlich ist mein Leben im Moment auch ohne Kind nicht so schlimm. Die Behandlungen vertrage ich ganz gut und auch mit meinem Umfeld komme ich einigermaßen klar. Ich kann mir auch vorstellen, das noch ein paar Jahre durchzuhalten. Unerträglich ist nur die Angst, für immer kinderlos bleiben zu müssen. Diese Angst umhüllt alles wie eine dunkle schwarze Wolke und liegt mir wie Blei auf den Schultern. Schon jetzt habe ich mich deshalb verändert. Ich ziehe mich immer mehr zurück und entdecke Eigenschaften an mir, die ich nie gekannt habe. Ich fürchte, dass ich eine alte verbitterte Frau werde, wenn sich mein Wunsch nie erfüllt.«

In der Kinderwunschzeit steht nicht »nur« die Geburt eines Kindes infrage, sondern auch zahlreiche Hoffnungen, die mit diesem Menschen verbunden sind. Das wirkt sich auf die eigene Identität aus. Solange der Kinderwunsch nicht erfüllt ist, werden Betroffene nicht zu der Person, die sie in diesem Lebensalter sein wollten – sie können eine wichtige Rolle, die eng mit ihren Zukunftsideen verbunden war (noch) nicht leben und sie unterscheiden sich in wesentlichen Lebensbereichen von den meisten ihrer Freunde und gleichaltrigen Verwandten.

Umgang mit Angst

Der Eindruck, das Leben nicht mehr gestalten zu können, aus einer Situation nicht mehr herauszukommen, bewirkt große Angst. Je beunruhigender die Situation erscheint (in der Kinderwunschzeit ausgelöst etwa durch eine einschneidende Diagnose, viele misslungene Behandlungsversuche, steigendes Lebensalter, Verluste der Schwangerschaft), desto mächtiger wird die Angst, steigert sich gar zur Panik. Bei extremer Angst blockiert das Gehirn, wir fühlen uns wie erstarrt. Zudem bleibt die Angst nicht auf die ursprünglich beängstigende Situation beschränkt, sondern kann ein Gefühl von allgemeiner Aussichtslosigkeit auslösen.

Angst hat einen schlechten Ruf. Zum einen, weil sie als unangenehm erlebt wird, zum anderen, weil es nicht gerade ein gesellschaftlich anerkannter Wert ist, Angst zu haben oder sie gar auszudrücken. Also versuchen die meisten Menschen, sich so rasch wie möglich von ihrer Angst zu befreien, sie zu kontrollieren oder zu bekämpfen. Dabei ist Angst grundsätzlich hilfreich, weil sie warnt und aktiviert.

Um mit Angst umgehen zu können, ist es zunächst wesentlich, sie auch zuzulassen. Es ist notwendig zu spüren, dass man sich im Innersten bedroht fühlt. Niemand sollte seine Angst dauerhaft wegschieben oder verharmlosen im Sinne von »Das haben wir gleich« oder »So schlimm ist es doch gar nicht«. Doch, es ist schlimm. Ein Mensch in der Krise sollte zu seiner Angst stehen dürfen, und die Angst sollte zum Ausdruck gebracht werden.

Mit jemand Anderem über die eigenen Ängste zu sprechen, macht sie erträglicher. Im Gespräch teilen wir nicht nur die Angst (so dass sie für uns leichter wird), wir verarbeiten sie auch, und schon beim Sprechen blinken manchmal Möglichkeiten auf, wie wir mit der ängstigenden Situation anders umgehen können. Manchen Ängsten liegen Befürchtungen zugrunde, die einer objektiven Überprüfung nicht standhalten und sich durch einen Blick von außen oder zusätzliche Informationen relativieren. So können im Gespräch neue Lösungswege entstehen.

> - Teilen Sie Ihre Ängste mit anderen Menschen, auch mit solchen, die weniger betroffen sind, die die Situation weniger ängstigt und die sich deshalb nicht von der Angst lähmen lassen.
> - Mit welchem Ihrer Freunde oder Verwandten können Sie gut über sich sprechen? Bei wem stoßen Sie auf Interesse und Verständnis? Oder gibt es professionelle Helfer, die Sie (wieder) einbeziehen können?

Tapfer zu sein bedeutet nicht, keine Angst zu haben, sondern trotz Angst zu handeln. Ein tapferer Mensch hat Angst und handelt trotzdem. Wer eine Krise überwinden will, darf nicht warten, bis er ohne Angst ist, er muss mit der Angst erste Schritte wagen. So entsteht Vertrauen darauf, mit der Angst umgehen zu können. Vertrauen ist das beste Mittel gegen Angst. Der Neurobiologe Gerald Hüther betont: »Vertrauen beruhigt das Gehirn«. Im Vertrauen liegt eine große Kraft.

Körperliche Methoden zur Reduzierung der Angst

In der Kinderwunschzeit spüren viele Menschen akute Angst z. B. vor einem Arztbesuch oder einem anderen unangenehmen Termin. In einer solchen Angstsituation ist es hilfreich, das Stresssystem herunterzufahren. Da Angst sich auch als körperliche Anspannung zeigt, können alle Methoden zur Entspannung auch zur Ent-Ängstigung beitragen. Wenn wir körperlich ruhiger werden, fühlen wir uns wohler und das Gehirn kann wieder in einen arbeitsfähigen Modus gelangen. Es gibt viele verschiedene Möglichkeiten, sich selbst in extremen Belastungssituationen zu beruhigen.

Besonders leicht anzuwenden sind einfache *Atemübungen*.

> Während Ihr Atem natürlich fließt, richten Sie zunächst Ihre Gedanken einfach auf den eigenen Atem und nehmen wahr, wie Sie ein- und ausatmen. Beginnen Sie dann bewusst ganz tief einzuatmen und möglichst langsam und bedächtig wieder auszuatmen. Dabei können Sie beim Einatmen zum Beispiel gedanklich bis zwei, beim Ausatmen weiter bis drei, vier oder fünf zählen.

Wenn Sie Atemübungen regelmäßig anwenden, werden Sie spüren, dass dabei zunehmend schneller eine beruhigende Wirkung eintritt. Sie können das bewusste tiefe Atmen in jeder Situation anwenden. Geleitete Anleitungen für bestimmte Atemtechniken finden Sie in zahlreichen Büchern oder Kursen. Die Konzentration auf den eigenen Atem ist zugleich Grundlage der meisten *Entspannungsübungen* und Meditationen. Anleitungen und Kurse für Feldenkrais, Yoga, Qigong, Progressive Muskelentspannung nach Jacobson, Autogenes Training und ähnliche körperbezogene Übungen gibt es in jedem größeren Ort und inzwischen auch online. *Imaginationen*, wie die visuelle Vorstellung eines sicheren Ortes, sind weitere gute Möglichkeiten zur Selbstberuhigung.

Aus der energetischen Psychologie kommende *Klopftechniken* finden zunehmend Verbreitung. Es handelt sich dabei um eine körperorientierte Technik zur emotionalen Selbsthilfe. »Klopfen« kann man leicht erlernen. Das Prinzip ist einfach: Während man Stress, Ängste, Leistungsdruck, Hilflosigkeit oder andere unangenehme Gefühle empfindet, »beklopft« man bestimmte Akupunkturpunkte. Zeitgleich sagt man sich einfache Sätze, die die Selbstakzeptanz verbessern. Hierdurch gelangt unser Gehirn oft erstaunlich schnell in einen Zustand größerer Lösungskompetenz und die negativen Emotionen nehmen ab. Probieren Sie es aus! Die Methode hier vollständig zu beschreiben würde den Rahmen des Buches sprengen. Sie finden eine ausführlichere Beschreibung z. B. in dem Titel »Bitte klopfen!« von Michael Bohne (siehe Literaturempfehlungen zu diesem Kapitel).

Bewegung ist das Gegenteil von Erstarrung. Deshalb werden viele Menschen intuitiv körperlich aktiv, wenn sie sich unwohl fühlen. Spontanes Tanzen und *Musik* wirken auf viele Menschen angstmindernd. Durch einfache gezielte Bewegungen lässt sich zudem der Gemütszustand positiv beeinflussen. Die Neurologin Claudia Croos-Müller beschreibt in ihrem Buch »Nur Mut!« einfache kleine Übungen, die sich jederzeit und überall nachmachen lassen und nachweisbar in Sekundenschnelle das Befinden verändern, weil sie neurophysiologisch nicht mit Angstgefühlen vereinbar sind, z. B. die Hände in die Hüften stemmen, auf einem Bein stehen, trommeln oder breitbeinig gehen.

Weitere Strategien gegen die Angst finden Sie z. B. in dem Buch »Kraft in der Krise« von Christa Diegelmann und Margarete Isermann (siehe Literaturempfehlungen zu diesem Kapitel). Auch eine langfristige Lebensperspektive ohne leibliches Kind entwickelt zu haben, kann von manchen Ängsten entlasten (▶ Kap. 14).

Ein Kennzeichen einer Krise ist das Gefühl zu haben, es bliebe für immer so. Das ist jedoch nicht der Fall. Die Kinderwunschzeit ist begrenzt. Lebenszufriedenheit ist langfristig unabhängig von der Erfüllung des Kinderwunsches (s. S. 46).

Beruhigende Gedanken

»Gelassenheit beginnt im Kopf« betont Thomas Hohensee in seinem gleichnamigen Buch und erläutert, dass jede Situation einem Menschen die Freiheit lässt, durch die Wahl seiner Gedanken selbst Einfluss auf seine Gefühle zu nehmen. In Situationen, die sich nicht verändern lassen, bleibt einem immer noch die Entscheidung, das Schlimmste oder das Beste daraus zu machen.

Leider machen wir sehr häufig nicht das Beste aus einer Situation. Die meisten Menschen neigen dazu, aus Tatsachen gedanklich mehr zu machen als nötig. Folge dieses dramatischen Denkens ist jedoch purer Stress, der darin mündet, dass wir meinen, eine Situation nicht mehr ertragen zu können. Ein Satz wie »Es ist sehr unwahrscheinlich, dass Sie auf natürlichem Weg Kinder zeugen werden«, kann durch Gedanken, die wir selbst hinzufügen, zu Katastrophendenken und extremen Zukunftsängsten führen.

Beruhigende Gedanken

Kristina reagiert gedanklich so:

»Wenn wir keine Kinder kriegen, werde ich nie ein Baby im Arm halten. Etwas Schlimmeres kann ich mir nicht vorstellen. Das schaffe ich nie ... Ich weiß nicht mehr, was ich tun soll. Ich muss aber etwas tun! Nur was? Wenn es im nächsten Zyklus nicht klappt, halte ich es nicht mehr aus. Wir werden immer anders sein als alle anderen. Ich komme nie darüber hinweg. Mein ganzes Leben ist verpfuscht ...«

Wer so denkt, gerät in innerliche Not und fühlt sich wie getrieben. Wenn Sie selbst zu solchen Gedanken neigen, prüfen Sie sie bewusst auf ihren Realitätsgehalt. Die meisten Gedanken werden dem nicht standhalten. Die Wahrheit ist, dass wir Menschen ausgesprochen robust sind und physisch wie psychisch sehr, sehr viel ertragen können. Um uns weniger getrieben zu fühlen, können wir Stressgedanken gezielt durch beruhigende Gedanken ersetzen.

- Überlegen Sie, mit welchen Gedanken Sie sich selbst beruhigen könnten. Nehmen Sie sich Zeit, für Sie persönlich hilfreiche Gedanken zu finden, und schreiben Sie sie auf.
- Was könnten Sie sich vorstellen, um innerlich ruhiger und gelassener zu werden?
- Welche konkreten Gedanken könnten Ihnen helfen, sich entspannen zu können?
  - _____
  - _____
  - _____
- Ihre Liste können Sie mit folgenden Gedanken ergänzen, wenn sie für Sie passen:
  - Irgendwie geht es immer weiter.
  - Egal wie es ausgeht, wir schaffen das.
  - Ich kann es aushalten.
  - Es ist nicht das, was ich möchte, aber es geht auch so.
  - Wir lassen uns davon nicht unterkriegen.
  - Auch diese Zeit geht irgendwann vorbei.
  - Ich werde damit fertig.

- Es gibt eine gute Zukunft, auch wenn ich sie mir jetzt noch nicht vorstellen kann.
- Am Ende wird alles gut. Wenn es noch nicht gut ist, ist es noch nicht das Ende. (Oscar Wilde)
• Legen Sie diese Liste an einen Platz, an dem Sie sie immer wieder finden und erneut lesen können.
• Wenn Sie in einer akuten Stresssituation sind, konzentrieren Sie sich ganz auf die Gegenwart. Betrachten Sie nur die aktuelle Situation im Jetzt und Hier. Sie werden in jedem Moment feststellen, dass dieser Moment erträglich ist. Denken Sie nur von Moment zu Moment.

Die Frage nach dem Warum

Jana ernährt sich seit Jahren gesund, sie macht Sport und Yoga. Sie raucht nicht und trinkt keinen Alkohol. Sie nimmt Folsäuretabletten ein und hält sich stets genau an die Vorschläge der Ärzte. Zusätzlich recherchiert sie im Internet, was sie noch tun kann, um ihren Traum von einem Kind wahr werden zu lassen. Sie versucht alles richtig zu machen, doch der Erfolg bleibt aus. Immer wieder fragt sie sich, ob sie sich doch nicht genug Mühe gegeben oder etwas falsch gemacht hat. Sie macht sich Vorwürfe und ihr Selbstwertgefühl leidet sehr darunter, dass sie nicht schafft, was scheinbar allen anderen so wunderbar gelingt. Häufig hadert sie mit dem Schicksal und fragt sich, warum ausgerechnet sie so leiden muss. Womit hat sie das verdient?

Es ist ein zutiefst menschliches Bedürfnis, verstehen zu wollen, warum etwas geschieht. Wir denken in Kausalzusammenhängen und sind es gewohnt, nach Erklärungen zu suchen. Für viele Anforderungen des Lebens gibt es jedoch keine verstehbaren, logischen Ursachen. Das Leben ist unwägbar und ungerecht. Schicksalsschläge sind naturwissenschaftlich gesehen fast immer Zufälle. Es gibt keinen Grund oder verborgenen Sinn dafür. Damit muss man umgehen lernen. Manchen hilft es, sich gelegentlich auch umgekehrt zu fragen: Warum ich nicht? Woher nehmen wir den Anspruch, nicht auch von dem betroffen zu werden, was täglich überall auf der Welt an Unglück geschieht?

Manche Paare mit Kinderwunsch fragen sich, ob sie etwas falsch gemacht haben. Selbstverständlich machen wir häufig Fehler, es ist unmöglich, alles richtig zu machen. Wenn wir alles vermeiden wollten, was uns möglicherweise schaden könnte, hätten wir viel zu tun. Ein Leben in Fülle ist damit nicht vereinbar.

Wenn der Kinderwunsch sich noch nicht erfüllt hat, heißt das jedoch nicht, dass man etwas falsch gemacht hat. Die meisten Menschen haben schon früh Überzeugungen unserer modernen Leistungsgesellschaft wie »Wenn du dich genügend anstrengst, bekommst du, was du willst!« verinnerlicht und verstehen demzufolge Erfolg als persönlichen Verdienst, Scheitern als persönliches Versagen. Mit einem solchen Erklärungsmuster sind jedoch Verzweiflung und seelische Erschöpfung vorprogrammiert. Die Geburt eines Kindes liegt nicht im Bereich der menschlichen Beherrschbarkeit. Es hilft also nichts, sich noch mehr anzustrengen. Viel mehr liegt die Aufgabe darin, die eigene Machtlosigkeit auszuhalten. Wenn es uns gelingt, die Realität als solche zu akzeptieren, nehmen wir eine Menge Druck von uns. Je mehr wir akzeptieren können, desto weniger leiden wir.

Manche christlich geprägten Menschen sehen die Unfruchtbarkeit gar als eine Strafe Gottes an. Für diese Menschen ist sehr wichtig, sich mit ihrem Gottesbild auseinanderzusetzen und sich Unterstützung bei einem Seelsorger zu suchen. Einige Christen finden Trost in der Idee, dass Gott sie prüfen möchte oder dass er in diesem Leben eine andere Aufgabe für sie vorgesehen hat. Eine andere Sichtweise ist, dass Unfruchtbarkeit ein normaler Bestandteil unserer menschlichen Existenz ist. Ein Kind zu bekommen ist ein Geschenk des Lebens, das wir ohne persönliche Qualifikation oder Vorleistung empfangen können.

Die Suche nach dem Lebenssinn

Krisen sind häufig Auslöser für existenzielle Fragen. Alle Philosophien und Religionen beschäftigen sich schon immer mit der Frage nach dem Sinn des Lebens. In unserer modernen Welt gibt es keine zentralen sinngebenden Systeme mehr, die uns von außen eine Antwort liefern. Das Leben hat den Sinn, den wir selbst dem Leben zu geben vermögen. Es geht darum, eigene Ziele und Werte zu entwickeln und etwas zu finden, wofür es sich lohnt, auf dieser Welt zu sein.

Besonders schwierig wird die Suche nach dem Sinn des Lebens für diejenigen, die bei der Suche nach Sinnerfüllung auf nur einen einzigen sinngebenden Faktor setzen – auf den der Elternschaft. Es gibt jedoch noch viele weitere Faktoren. Viktor Frankl spricht von den Sinnsäulen des Lebens: Glaube, Familie, Beruf, Hobbys, Kultur, Kunst und Engagement für die Gemeinschaft. Wenn eine dieser Sinnsäulen zusammenbricht, gibt es andere, an denen man sich neu orientieren kann.

Der Dalai Lama sagt: »Ich bin davon überzeugt, dass der eigentlich Sinn unseres Lebens im Streben nach Glück besteht.« Dazu gehört für ihn, menschliche Qualitäten zu entfalten: Herzenswärme, Güte und Mitgefühl. Denn nur so wird unser Leben sinnvoll, friedvoll und damit glücklich.

Für C. G. Jung besteht die Lebensaufgabe jedes Menschen in der sogenannten »Individuation«, zu »werden, der/die ich bin«. Jung sieht darin einen lebenslangen Prozess der Selbstverwirklichung und fortschreitenden Entfaltung der Persönlichkeit. Brigitte Dorst (2010, S. 24) ergänzt: »Individuation bedeutet einerseits, nach Ganzheit zu streben, und auf der anderen Seite zu lernen, unvollständig und fragmentarisch zu sein und sich selbst auch so annehmen zu können. Es geht darum, den Mut zu haben, das eigene Leben zu leben – unabhängig von der Frage, wie heil, vollständig, unvollständig, misslungen oder fragmentarisch es in Teilen ist. Krise und Entwicklung im Sinn der Individuation gehören zusammen. Wer seinen Verlusten und Schwierigkeiten Sinn abgewinnen kann, einen verborgenen Sinn in ihnen zu entdecken vermag, hat am Ende das Gefühl, eine Lebensprüfung bestanden zu haben, daran gewachsen, gereift zu sein.«

Es gibt viele Bücher, die sich mit Sinnsuche und anderen existenziellen Themen auseinandersetzen, z. B. von Anselm Grün, Willigis Jäger, Hannelore Morgenroth, Thich Nhat Hanh, Klaus-Dieter Platsch, Jörg Zink u. a. Weitere Literaturempfehlungen finden Sie unten sowie in Kapitel 13.

Krise zwingt zu Entwicklung

Krisen gehören zum Leben, es hat sie zu allen Zeiten gegeben. Sie sind Höhepunkt, zugleich aber auch Wendepunkt einer sich zuspitzenden Situation. Von dem tibetischen Meditationsmeister Milarepa stammt das Zitat: »Wenn man alles, was einem begegnet, als Möglichkeit zu innerem Wachstum ansieht, gewinnt man innere Stärke.«

Im Chinesischen besteht das Wort Krise aus zwei Schriftzeichen: »Wei Jii«. »Wei« bedeutet Gefahr, »Ji« heißt Chance oder gute Gelegenheit. Dass eine Krise mit Gefahr verbunden ist, ist offensichtlich. Während einer akuten Krise spüren wir viele, auch existenzielle Ängste, die uns vor etwas warnen wollen. Tatsächlich birgt auch jede Krise die Gefahr, darin stecken zu bleiben und innerlich zu erstarren.

Dass eine Krise auch die Chance bietet, Neues zu lernen und innerlich zu wachsen, erschließt sich meist erst im Laufe der Zeit. Tatsächlich sind manchmal Krisen notwendig, um neue Lösungswege zu finden. Meist bevorzugen wir das Gewohnte. Wir wollen unsere Werte bewahren, halten an unseren Zielen und einmal getroffenen Entscheidungen fest und fürchten Veränderungen. Wenn das Bewährte aber nicht mehr greift, müssen wir uns weiterentwickeln. Dann müssen wir uns wandeln, ob wir wollen oder nicht. Krisen zwingen uns zu Veränderungen, wir müssen aktiv werden und etwas Neues wagen. Eine Krise kann also eine gute Gelegenheit sein, unser Wissen, unsere Handlungsmöglichkeiten und unser Verständnis uns selbst und der Welt gegenüber zu erweitern. Auch dies lässt sich neurobiologisch nachweisen: Jede neu gewonnene Erfahrung wird im Gehirn gespeichert und baut unsere Kompetenzen für die nächste Herausforderung unseres Lebens aus.

Eine Krise kann eine Gelegenheit sein, sich die eigenen Werte bewusst zu machen, sie zu hinterfragen und durch andere, höhere Werte zu ersetzen:

> Oliver: »Lange Zeit habe ich nicht einmal mit meinen Eltern über meinen unerfüllten Kinderwunsch und meinen Schmerz gesprochen, weil ich sie nicht enttäuschen wollte, schließlich wünschen sie sich ja selbst ein Enkelkind. Irgendwann habe ich aber gemerkt, dass meine Heimlichtuerei nicht nur mich zusätzlich stark belastet hat, sondern auch das Verhältnis zu meinen Eltern. Ich weiß nun, dass ich es ohnehin nicht allen recht machen kann und es nicht darum geht, etwas zu leisten, sondern dass es viel wichtiger ist, gegenüber den Menschen, die einem am wichtigsten sind, ehrlich zu sein und Schmerzen teilen zu dürfen. Nun geht es mir viel besser.«

Der Weg zurück ins Leben

Die Psychoanalytikerin Verena Kast sieht in Märchen exemplarische Wege dafür, wie eine Lebenskrise zu Weiterentwicklung führen kann. Die Helden in Märchen erleiden häufig einen Verlust oder eine andere schmerzvolle Erfahrung. Nach einer Zeit der damit verbundenen Orientierungslosigkeit und Angst nehmen die Märchenhelden ihr Schicksal in die Hand, sie wollen nicht mehr Opfer sein und werden aktiv. »Vielleicht gelingt das Leben den Märchenheldinnen und Märchenhelden, weil sie nicht sagen: Es geht nicht, oder es geht nur vorübergehend, sondern: Es muss doch einen Weg geben«, so Verena Kast (2011, S. 46 f.). »Die Märchen vermitteln die Hoffnung, dass auch in einer eigentlich hoffnungslosen Situation, in der man das Gefühl hat, dass das gewohnte Leben zusammenbricht, dennoch etwas Neues sich anbahnt, wichtige neue Erfahrungen für das künftige

Leben möglich sind, auch wenn deren Sinn zunächst überhaupt nicht eingesehen werden kann. Allerdings muss der Märchenheld oder die Märchenheldin sich auf die Aufgabe ganz konzentrieren, sich voll einlassen, und er oder sie muss alles tun, was in den eigenen Kräften liegt. Keine Lebenssituation ist so schlecht, dass sie nicht doch auch Kräfte wecken würde, die für die Weiterentwicklung genutzt werden können.«

Um eine solche Weiterentwicklung einzuleiten, ist in Märchen der erste aktive Schritt aus Angst und Orientierungslosigkeit heraus häufig eine Abkehr von der Welt. Die Märchenhelden ziehen sich aus dem gewohnten Umfeld, von der Außenwelt zurück und wenden sich ganz der Innenwelt zu. In Märchen wird dies oft durch einen Aufenthalt im Wald symbolisiert, bei einem weisen alten Wesen, oder durch ein langes, langes Gehen. Diese Abkehr von der Welt ist sehr wichtig. Die Märchenhelden kommen dadurch zu sich. An einem Ort der Ruhe lassen sie es sich gut gehen oder werden von jemandem verwöhnt. Sie versuchen ihre positiven Eigenschaften wieder zu sehen und eine optimistische Vision ihrer Zukunft zu entwerfen. Mut, Neues zu wagen, die Bereitschaft, alles zu tun, was in der eigenen Macht liegt, und sich dabei helfen lassen, scheinen Grundregeln für gelingendes Leben im Märchen zu sein. Das erfordert zum einen eine sehr aktive Einstellung dem Leben gegenüber, zum anderen eine kontemplative (oder meditative) Haltung, die offen ist für rettende Einfälle.

In diesen alten symbolischen Bildern steckt vieles, was wir auch heute gut nutzen können: Auftanken in der Natur, Innehalten, nichts tun, statt immerfort weiter zu agieren, ist häufig der entscheidende erste Schritt.

Um wieder zu Kräften zu kommen und neue Perspektiven zu entwickeln, braucht man Schutz, Nahrung, Pflege, Geborgenheit und Vertrauen auf den Fortgang des Lebens. Dies kann man sich gezielt von außen holen. Man kann aber auch sich selbst gegenüber eine mütterliche bzw. väterliche Haltung entwickeln und bewusst fürsorglich mit sich umgehen. Man darf sich aufpäppeln, darf sich möglichst viel mit Dingen beschäftigen, die einen interessieren, darf sich verwöhnen, tun, was einfach nur guttut: Schlafen, nichts tun, da sein, schauen.

Um aus einem Tief herauszukommen, ist es wichtig, die eigenen Kraftquellen zu nutzen. Gerade in Krisenzeiten ist ein Bewusstwerden von hilfreichen Ressourcen wichtig. Die können in Ihrem sozialen Umfeld oder Ihren Lebensbedingungen liegen oder auch in Ihnen selbst. Alles, was Sie als wertvoll und nützlich erleben, kann zu einer Ressource für Sie werden. Entdecken Sie Ihre Stärken wieder und fragen Sie sich:

> - Welche meiner Eigenschaften, Fähigkeiten, Einstellungen und Kenntnisse können mir helfen?
>   z. B. künstlerische Begabung, Genussfähigkeit, Selbstbewusstsein, Vorstellungsvermögen, Geduld, Wissen, Kontaktbereitschaft, Offenheit, Optimismus, Lernfähigkeit, Humor, rationales Denkvermögen, Sportlichkeit, Abenteuerlust, Treue, Neugierde, Begeisterungsfähigkeit …

Was möchten Sie ganz konkret regelmäßig tun, damit Ihre Stärken zum Zuge kommen und zu Kraftquellen für Sie werden?

Besonders wichtig ist es, sich zu erinnern, was einmal gut war im Leben, was vielleicht immer noch und auch in dieser Situation hilfreich sein könnte:

> - Erzählen Sie sich Geschichten darüber, was Ihnen früher Freude gemacht hat.
> - Stellen Sie sich Fragen wie:
>   - Wo und wann ging es mir zuletzt gut oder zumindest besser?
>   - Wie schaffe ich es, überhaupt zurechtzukommen?
>   - Welche Lebenserfahrungen können mir nun helfen?
>   - Wie bin ich in meinem bisherigen Leben mit Krisen umgegangen?
>   - Wie habe ich sie bewältigt?
>   - Was hat mir geholfen?
>   - Neige ich eher zum Rückzug und brauche das Alleinsein oder helfen mir Kontakte?
>   - Mit wem bin ich auch in schwierigen Lebensphasen gern zusammen?

Der tiefe Blick nach innen ermöglicht Kontakt mit den eigenen Sehnsüchten und existenziellen Themen. Viele Menschen ziehen um die Lebensmitte eine Art Bilanz. Dabei tauchen Fragen auf wie:

- Was ist mir wichtig im Leben?
- Was brauche ich? Was fehlt mir?
- Was macht mich aus?
- Was bringe ich mit in die Welt?
- Welche Spuren möchte ich hinterlassen?
- Was habe ich erreicht? Was noch nicht?

Dabei entsteht häufig automatisch das Bedürfnis, wieder die Regie über die eigene Lebensgeschichte zu übernehmen und sich zu fragen, wie das nächste Kapitel des Lebens aussehen könnte. Um einen erweiterten Blick auf die eigene Situation zu erlangen, kann es hilfreich sein, eine andere Perspektive einzunehmen. So kann man sich z. B. fragen:

- Was würde ich meiner besten Freundin/meinem besten Freund in dieser Situation empfehlen?
- Was möchte ich am Lebensende im Rückblick über mich sagen können?

Jeder Mensch trägt in sich Bilder von einem guten Leben. In allen Religionen gibt es eine Bezeichnung für einen inneren Ort des Friedens, der unabhängig von allen Identitätsmerkmalen in uns existiert und frei ist von Erwartungen und Befürchtungen.

> »Menschen, die nur außerhalb ihrer selbst nach Heilungsmöglichkeiten suchen, haben oft Angst, nach innen zu schauen, weil sie befürchten, tief in sich selbst etwas Belangloses oder Unwürdiges zu finden. Doch das ist selten der Fall. Wir haben von Geburt an eine Seele. Tief im Innern ist jeder schön. Oft ist es die Entdeckung jenes ›Ursprung der Gnade‹, die unsere Heilung einleitet.« (Rachel Naomi Remen, 2012)

Im Märchen kann sich der verwandelte und wieder erstarkte Held nach einer Zeit der Abkehr der Welt erneut zuwenden. Vieles mag dann anders sein. Was bleibt, ist oft eine erhöhte Sensibilität, verbunden mit Demut und Dankbarkeit dem Leben gegenüber, was sich auch ausdrückt in Mitgefühl mit anderen Menschen.

Literaturempfehlungen

Bohne, M. (2019). *Bitte klopfen! Anleitung zur emotionalen Selbsthilfe.* Heidelberg: Carl-Auer-Verlag.

Croos-Müller, C. (2011). *Nur Mut! Das kleine Überlebensbuch: Soforthilfe bei Herzklopfen, Angst, Panik und Co.* München: Kösel.

Diegelmann, C. & Isermann, M. (2011). *Kraft in der Krise: Ressourcen gegen die Angst.* Stuttgart: Klett-Cotta.

Dorst, B. (2010). *Lebenskrisen: Die Seele stärken durch Bilder, Geschichten und Symbole.* Mannheim: Walter.

Hohensee, T. (2015). *Gelassenheit beginnt im Kopf: So entwickeln Sie einen entspannten Lebensstil.* München: Knaur.

Kast, V. (2011). *Lebenskrisen werden Lebenschancen: Wendepunkte des Lebens aktiv gestalten.* Freiburg: Herder.

Knuf, A. (2018). *Widerstand zwecklos: Wie unser Leben leichter wird, wenn wir es annehmen wie es ist.* München: Kösel.

Remen, R. N. (2012). *Aus Liebe zum Leben: Geschichten, die der Seele gut tun.* Freiburg: Arbor.

Glück und Zufriedenheit in der Kinderwunschzeit III – Was können wir selbst tun?

Doris Wallraff

> »Es ist schwer, das Glück in uns zu finden,
> und es ist ganz unmöglich, es anderswo zu finden«
> Nicolas Chamfort

Wenn man eine so klare Sehnsucht nach etwas hat, wie die meisten Paare mit unerfülltem Kinderwunsch, liegt es nahe, das eigene Glück sehr eng mit der Erfüllung dieses Wunsches zu verknüpfen. Man ist so darauf konzentriert, das Glück im Außen herbeizuführen, dass man es gar nicht im Innen sucht. Studien zeigen jedoch immer wieder, dass äußere Umstände als Einflussfaktoren auf unser Glücksempfinden extrem überschätzt werden. In Wirklichkeit hängt nur ein verblüffend geringer Teil von etwa 10 % unseres Glücksempfindens überhaupt von den äußeren Umständen ab. Gewöhnlich pendelt sich unsere Lebenszufriedenheit selbst nach gravierenden Schicksalsschlägen wie dem Tod eines nahen Angehörigen oder extrem positiven Ereignissen wie einem Lottogewinn nach einiger Zeit wieder auf dem vorherigen Niveau ein. Glück kommt nicht von außen, es kommt von innen. Eine sehr schöne Erkenntnis ist wohl, dass Glücksfähigkeit in starkem Maße von jedem Menschen erlernbar ist. Jeder kann ein aktives Leben führen, seine Talente für andere einsetzen, zufriedenstellende Freizeitaktivitäten finden, sich ganz in eine Tätigkeit vertiefen, etwas gemeinsam mit anderen Menschen erleben und sich ausreichend bewegen. Das Leben lässt sich glücksbringend gestalten. Glück ist also ganz wesentlich abhängig von unserem Willen. Gary T. Reker bringt dies in »Glück. The World Book of Happiness« auf die simple Formel: »Wenn Sie ein glücklicherer Mensch sein wollen, versuchen Sie sich mehr so zu verhalten wie ein glücklicher Mensch.«

Ist es nicht auch im Märchen von Hans im Glück Hans' konsequenter Blick aufs Positive, der ihn nur die Vorteile eines Tauschgeschäfts sehen lässt? Eine positive Lebenseinstellung macht nicht nur nachweislich glücklicher, sie erweitert auch den Horizont und trägt zum Aufbau diverser Fähigkeiten bei, die uns wiederum helfen, schlechte Zeiten glücklicher zu überstehen.

Genau das ist aber ein Problem für manche Paare mit Kinderwunsch. Einigen fällt es schwer, nach vielen vergeblichen Behandlungsversuchen noch einen Blick für das Schöne im Leben zu finden. Andere erlauben sich in der Kinderwunschzeit gar nicht, sich glücklich zu fühlen. Für manche Menschen stehen positive Gefühle im Widerspruch zu ihrer ungestillten Hoffnung. Ihnen käme es geradezu wie ein Verrat an sich selbst vor, wenn es ihnen gut ginge, ganz so, als ob glücklich zu sein hieße, den eigenen Kinderwunsch nicht ernst genug zu nehmen oder gar aufzugeben. Alles andere als Kummer würde sich verkehrt anfühlen nach dem Motto: »So lange ich kein Kind habe, muss es mir schlecht gehen.« Das ist jedoch ein Irrtum. Es ist durchaus möglich, beides miteinander zu vereinen: Man kann sich unglücklich fühlen aufgrund der Tatsache, dass sich der größte Wunsch noch nicht erfüllt hat, dennoch darf man sich erlauben, das Beste aus der Situation zu machen und trotz allem glückliche, heitere Stunden erleben, im Flow versinken, ausgelassen sein, sich engagieren, lachen und sich freuen. Widersprüchliche Gefühle sind normal und dürfen nebeneinander bestehen. Wer liebevoll mit sich selbst umgeht, erlaubt sich, das Leben trotz allem so gut es geht zu genießen. Niemand hat etwas davon, wenn man sich ganz in Asche hüllt, im Gegenteil: Es nimmt einem die Kraft, die man gerade in einer solchen Lebensphase dringend braucht.

Grundlage für eine positive Lebenseinstellung ist eine positive Einstellung zu sich selbst. Selbstakzeptanz heißt, sich selbst wertzuschätzen. Dazu gehört, die eigenen Vorzüge zu bemerken und die Schwachpunkte anzunehmen. Wer dazu imstande ist, wer zufrieden mit sich ist trotz aller Schwächen und Fehler, ist auch leichter zufrieden mit seinem Leben. Wer nicht ständig damit hadert, wer er ist, ist auch in der Lage, die eigenen Bedürfnisse zu achten, sie zu respektieren und nach außen zu vertreten. Zur Selbstakzeptanz gehört auch ein körperlicher Aspekt, der gerade in der Kinderwunschzeit oft in den Mittelpunkt gerät, wenn man den Körper als unzureichend oder eingeschränkt erlebt. Dem eigenen Körper, dem eigenen Leib-Sein zuzustimmen, sich mit sich selbst wohlzufühlen, wird dann zur echten Herausforderung. Für manche ist es ein mühsamer Weg, bis sie zu sich selbst sagen können: »Ich bin damit einverstanden, dass ich so und nicht anders bin«. Wem das gelingt, wer sich selbst im Großen und Ganzen so akzeptiert, wie er ist, kann ehrlich und authentisch sein, sein volles Potential entwickeln und glücklich sein. Für manche Menschen ist es notwendig, sich zunächst mit den eigenen Vorzügen und Stärken zu beschäftigen, bis es leichter wird, auch eigene Fehler und Schwächen zu bejahen. Zur Selbstakzeptanz gehört, achtsam mit sich umzugehen, sich selbst liebevoll zu begegnen, sich zu loben und zu ermutigen. Wem dies gelingt, der kann es sich auch einmal leicht machen, statt den überhöhten Ansprüchen an sich selbst zu gehorchen, alles alleine schaffen zu wollen und immer perfekt zu sein.

> Jeder Mensch birgt in sich viele verschiedene Persönlichkeitsanteile, die unser Denken und unser Verhalten beeinflussen. Manchmal kann man diese inneren Persönlichkeitsanteile als innere Stimmen wahrnehmen. Die meisten von uns kennen ihren »inneren Kritiker« oder »Antreiber« gut. Gerade wenn es darum geht, etwas zu leisten, kann er sehr dominant werden. Er hält uns gerne vor, was alles nicht geklappt hat, was man alles hätte besser machen können. Dieser innere Kritiker ist meist sehr streng, manchmal sogar verletzend. Vermutlich kennen Sie seine typischen Sätze, seine Forderungen, Nörgeleien und Ermahnungen. Viele innere Kritiker sind Perfektionisten, Rechthaber und Besserwisser. Ihr innerer Kritiker wird Sie niemals ganz akzeptieren. Darum ist es wichtig, diese innere Stimme einzuschränken. Widersprechen Sie Ihrem inneren Kritiker, wenn er Sie zu sehr anpeitscht, wehren Sie sich! Nicht alles, was Ihr innerer Kritiker sagt, stimmt! Verbieten Sie ihm das Wort oder schicken Sie ihn weg, wenn seine ewigen Ansprüche Ihnen zu viel sind.

Um diesen inneren Kritiker oder Antreiber noch besser in Schach halten zu können, ist es hilfreich, den Teil Ihrer Persönlichkeit besser kennenzulernen, der liebevoll auf Sie schaut, der Ihr Fühlen und Handeln mit Nachsicht und Milde begleitet, den »wohlwollenden Begleiter«. Diesem liebevollen Teil Ihrer Persönlichkeit gelingt es immer, das Positive wahrzunehmen und Ihnen mit einem anerkennenden, wertschätzenden Blick beizustehen. Viele Menschen kennen diesen Teil in sich kaum, tritt er doch sehr viel zurückhaltender auf als der innere Kritiker. Deshalb ist es sinnvoll, ihn sich nun bewusst machen. Holen Sie sich in Ihrer Vorstellung diesen wohlwollenden Begleiter an Ihre Seite. Stellen Sie sich keine reale Person aus Ihrem Leben vor, sondern einen idealen Freund oder eine ideale Freundin, es kann eine menschliche Figur sein, aber auch eine Phantasiegestalt oder ein Tier. Stellen Sie sich vor, wie dieser wohlwollende Begleiter Ihnen durch den Tag folgt, Sie liebevoll beobachtet, mit seinen Kommentaren stärkt und Sie ermutigt. Er bemerkt, was Sie alles schaffen, was Ihnen gelingt und gut klappt. Nehmen Sie von nun an mehrmals täglich Kontakt zu Ihrem wohlwollenden Begleiter auf und fragen Sie ihn, was er sieht, denkt, empfindet, wenn er Sie liebevoll beobachtet. Fragen Sie ihn, was Ihnen gut tut, was Ihnen die Situation leichter machen könnte. Vielleicht wird er Ihnen raten, Ihre Ansprüche zu reduzieren oder sich Hilfe zu suchen, besser für sich zu sorgen oder öfter zur Ruhe zu kommen. Nehmen Sie sich im Alltag immer wieder Zeit, Ihren wohlwollenden Begleiter zu Wort kommen zu lassen. Was sieht, denkt, empfindet er, wenn er Sie liebevoll beobachtet? Beginnen Sie den Tag mit einem anerkennenden Satz Ihres wohlwollenden Begleiters. Schreiben Sie einen besonders ermutigenden

Hinweis auf und hängen Sie ihn in Ihrer Wohnung oder an Ihrem Arbeitsplatz auf. Erinnern Sie sich selbst per Handy oder E-Mail daran. Halten Sie mehrmals täglich inne und fragen Sie sich: »Was würde mein wohlwollender Begleiter jetzt sagen?«

Gary T. Reker empfiehlt: »Seien Sie Sie selbst. Glückliche Menschen sind spontan, natürlich und echt. Sie sagen, was sie denken und fühlen, und sorgen sich nicht darum, was andere von ihnen denken könnten. Wer dem eigenen Selbst treu bleibt, fühlt sich frei und authentisch.« Der bekannte Benediktinermönch Anselm Grün sagt: »Glück heißt, dass ich bei mir bin.« Auch die Sterbebegleiterin Bronnie Ware möchte Menschen ermutigen, zu sich selbst zu stehen. »Ich hätte den Mut haben sollen, meine Gefühle auszudrücken« gehört zu den Weisheiten von Menschen am Ende ihres Lebens. Die häufigste Aussage bei ihren Gesprächen mit Menschen im Rückblick auf ihr Leben war: »Ich hätte gerne den Mut gehabt, mein eigenes Leben zu leben – und mich nicht von den Erwartungen anderer leiten lassen.«

Vergleiche machen unglücklich

Je mehr wir uns selbst schätzen, desto weniger hängt unser Wohlergehen von Vergleichen mit anderen ab. Das ist gut, denn Vergleiche machen meist unglücklich. Neid ist ein besonders mächtiger Feind des Glücks. Leider tendieren die meisten Menschen jedoch dazu, sich mit anderen zu vergleichen, und je größer der Unterschied ist zwischen dem, was sie selbst haben, und dem, was andere haben, desto unglücklicher fühlen sie sich. Vergleiche mit anderen sind dann hilfreich, wenn man Orientierung oder Ansporn braucht. Wenig sinnvoll sind sie, wenn man bereits Orientierung hat (Ich weiß, dass es Zeit wird, Kinder zu bekommen) und bereits ausreichend motiviert ist (Es ist mein sehnlichster Wunsch). Besonders ungünstig sind Vergleiche, wenn man sich mit anderen in nur einem Bereich »misst«. Hat man etwas Positives nicht, was andere haben, fällt der Vergleich immer negativ aus und frustriert.

- Am besten wäre es, Sie würden aufhören, sich mit anderen zu vergleichen. Weil wir Vergleiche so gewohnt sind, gelingt es jedoch manchmal nicht leicht, sie einfach abzustellen. Dann ist zunächst wichtig, den Blick zu weiten:
- Vergleichen Sie sich bewusst nicht nur mit Menschen, die Kinder haben, sondern auch mit denen, die ebenfalls keine haben, vielleicht auch keinen Partner.
- Vergleichen Sie sich mit Ihrem Freund oder Ihrer Freundin, Ihrem Kollegen oder Ihrer Kollegin nicht nur hinsichtlich des Kinderkriegens. Auf den ersten Blick hat es der andere vielleicht leichter als Sie, er hat etwas ganz Wesentliches, was Sie nicht haben und auch gerne hätten. Ist er/sie Ihnen aber in allem überlegen? Möchten Sie auch seine Frau bzw. ihren Mann, sein Aussehen, seinen Job? Hat er die gleichen Talente wie Sie? Stellen Sie nicht nur Ihre Schwächen und Mängel in Relation zu den Stärken und Vorzügen anderer! Je mehr Dimensionen man mit jemandem vergleicht, desto eher kommt man zu dem Schluss, dass man sein eigenes Leben nicht gegen das eines anderen Menschen eintauschen würde und dass man dankbar dafür ist, die Person zu sein, die man ist.
- Die Vermutung, andere wären auf Dauer glücklicher, muss nicht zutreffen. Oft halten wir die anderen für glücklicher als sie sind.
- Besinnen Sie sich auf sich selbst. Sie können mit Recht stolz auf sich sein, wenn Sie feststellen, wie Sie mit Ihrer Situation umgehen. Obwohl Sie es schwerer haben als andere, schaffen Sie es, nicht den

Lebensmut zu verlieren und immer wieder aufzustehen und zu kämpfen. Machen Sie sich Ihre Stärken bewusst. Richten Sie Ihren Blick auf das, was Sie haben, statt auf das, was andere haben, oder auf das, was Sie nicht haben. Um sich immer wieder daran zu erinnern, wenn Sie einen Stich des Neides spüren, heften Sie sich einen Zettel an Ihren Spiegel, auf dem steht: »Ich bin einfach unvergleichlich!«

12 Endlich schwanger – Was kommt nun auf uns zu?

Gertrud Bongers-Merker und Lisa Wollenschlaeger

Tritt eine Schwangerschaft nach einer Phase unerfüllten Kinderwunsches ein, erwarten viele Paare von sich eine emotionale 180°-Drehung, die oft naturgemäß erfolgt, aber nicht zwingend direkt. Ganz wichtig ist es hierbei, tolerant gegenüber den eigenen Gefühlen zu sein. Niemand kann ernsthaft von einem Paar erwarten, eine lange Zeit der Unsicherheit und Trauer einfach so abzulegen.

Schwangerschaften nach unerfülltem Kinderwunsch

Gerade in der Frühschwangerschaft spüren die wenigsten Frauen, dass sich etwas geändert hat. Wieso also sollte ich mir und meinem Körper vertrauen können?

Unabhängig von der Art der Entstehung ist der Anfang einer Schwangerschaft oft mit ambivalenten Gefühlen verbunden. Soll heißen: Angst, Vorfreude, Stolz, mangelnde Zuversicht sind allesamt Gefühle, die nahezu jede Schwangere kennt und die aufkommen dürfen. Das sollte auch der Partner wissen. Schon bald aber helfen uns körperliche Begleiterscheinungen auf die sehr wohl veränderte Situation aufmerksam zu machen. Auch der Partner erkennt daran die Veränderung. Meist pendelt sich jetzt die emotionale Schräglage zunehmend ein – die Vorfreude auf das Familienleben überwiegt.

Pränataldiagnostik

Ist unser Kind gesund? Das ist eine zentrale Frage, die alle werdenden Eltern beschäftigt. Die Untersuchungen der Schwangerschaftsvorsorge dienen zur Kontrolle der Gesundheit der werdenden Mutter und der Entwicklung des Kindes. Darüber hinaus sucht die Pränataldiagnostik nach möglichen Krankheiten und Behinderungen beim Ungeborenen.

Jede Schwangerschaft geht mit wechselnden Gefühlen einher und bewegt sich zwischen den Polen des Bedürfnisses nach Sicherheit und dem Wunsch nach Unbeschwertheit. Die Entscheidung für oder gegen spezielle vorgeburtliche Untersuchungen kann nur individuell getroffen werden und fällt daher sehr unterschiedlich aus:

> Aus einem Internetforum für werdende Eltern:
>
> »… Ich habe keine Pränataldiagnostik machen lassen. Mir waren die Risiken einfach zu groß. Ich hätte das Kind so oder so bekommen, außer es wäre nicht lebensfähig gewesen und solche Auffälligkeiten sieht man auch im normalen Ultraschall…« Bienchen
>
> »… Ich bin 37 und nach 3 Jahren Kinderwunschzeit und vielen Rückschlägen endlich schwanger. Ich bin superängstlich und habe gleich zu meinem Gyn gesagt, dass ich alles an Diagnostik mitnehme, was geht. Einfach zu meiner Beruhigung und Absicherung…« Citronella

Paare, die lange auf eine Schwangerschaft warten mussten und reproduktionsmedizinische Hilfen in Anspruch genommen haben, mussten gemeinsam in dieser Zeit wichtige Entscheidungen treffen:

- Welche Untersuchungen und Therapien kommen für uns in Frage?
- Welchen Menschen schenken wir unser Vertrauen?
- Welche Konsequenzen hat der Verlauf der Behandlungen für unsere Paarbeziehung und unsere Lebensplanung?
- Wie gehen wir mit unklaren Diagnosen und statistischen Werten um?

Die Paare haben durch diese Erfahrungen aus der Kinderwunschzeit eine besondere Chance auf einen bewussten, gemeinsamen Umgang auch in der Auseinandersetzung mit der pränatalen Diagnostik.

Bereits vor Beginn der Diagnostik sollten sich die Paare fragen, welche Konsequenz es für sie hätte, wenn beim Kind eine Behinderung oder Erkrankung festgestellt würde. Nur ein kleiner Teil möglicher Behinderungen kann vorgeburtlich entdeckt werden. Hinsichtlich des Ausmaßes einer Behinderung gibt es oftmals keine eindeutige Prognose. Schwangeren wird derzeit verschiedene, nicht invasive und invasive, Diagnostik angeboten. Vor jeder Untersuchung, die in der Regel selbst gezahlt wird, hat das Paar die Möglichkeit sich zu informieren, neu zu überlegen und sich für oder gegen weitere Schritte zu entscheiden. Nach einer Kinderwunschtherapie möchten die werdenden Eltern meist eine invasive Diagnostik mit einem Fehlgeburtsrisiko (0,5–2 %) vermeiden. Zu den nicht invasiven Methoden gehören spezielle Ultraschalluntersuchungen und kombinierte Blut- und Ultraschalluntersuchungen, als Verfahren zur Risikoeinschätzung. Spezielle Ultraschalluntersuchungen, die frühe Feindiagnostik in der 12. bis 14. Woche und der sogenannte große Ultraschall in der 20. bis 22. Woche dienen v. a. der Erkennung von Organfehlbildungen.

Als Verfahren zur Risikoeinschätzung werden Untersuchungen angeboten, die eine Wahrscheinlichkeit für das Auftreten einer Erkrankung ermitteln. Das Ersttrimester Screening in der 11. bis 14. Woche ist eine Kombination aus Blutuntersuchungen (PAPP-A, freies ß-HCG) und der Nackentransparenzmessung, als Darstellung der Flüssigkeitsansammlung im kindlichen Nackenbereich. Mit Hilfe eines Computerprogrammes wird das individuelle Risiko der Schwangeren für das Vorliegen von häufigen Chromosomenstörungen berechnet. Das Ergebnis wird als Verhältniszahl angegeben. Ein Risiko von 1:80 bedeutet demnach, dass eine von 80 Frauen z. B. ein Kind mit Down-Syndrom bekommt, aber auch, dass 79 Kinder dieses Syndrom nicht haben. Die Blutwerte können nach Kinderwunschtherapien und besonders bei Mehrlingsschwangerschaften verändert sein. Der untersuchende Arzt sollte daher über die vorangegangenen Behandlungen unterrichtet werden.

Mit einem frühen Bluttest (12. Woche) kann kindliches Erbmaterial aus dem mütterlichen Blut auf Chromosomenfehlverteilungen (Trisomien 21, 13 und 18) untersucht werden. Nach einem Ersttrimester Screening mit unauffälligem Ultraschallbefund, jedoch auffälligen Blutwerten (PAPP-A, ß-HCG) kann der Test helfen, das Risiko einer invasiven Diagnostik zu vermeiden.

Zu den invasiven Methoden gehören die Chorionzottenbiopsie, als Untersuchung von Plazentagewebe ab der 12. Woche, und die Amniozentese, als Untersuchung von Fruchtwasser ab der 15. Woche. Mit diesen Untersuchungen können häufige Chromosomenstörungen, z. B. Trisomie 21 (Down-Syndrom mit einer durchschnittlichen Wahrscheinlichkeit von 1:650), oder Neuralrohrdefekte, z. B. Spina Bifida (offener Rücken, 1:3000), entdeckt werden. Mit zunehmendem Alter der Frau steigt das Risiko für Chromosomenfehlverteilungen, bei einer 35-Jährigen liegt die Wahrscheinlichkeit, z. B. ein Kind mit Down-Syndrom zu bekommen bei 0,3 Prozent, bei einer 40-Jährigen bei 1 Prozent.

Die Fehlbildungsrate und Frühgeburtlichkeit sind bei Kindern nach Verfahren der künstlichen Befruchtung etwas höher als bei spontan empfangenen Kindern, auch bei Einlingen. Ultraschalluntersuchungen in der Schwangerschaft ermöglichen eine Einschätzung des Gesundheitszustandes und des kindlichen Wachstums in der Gebärmutter. Bei seltenen, gravierenden Fehlbildungen kann eine Behandlung durch Spezialisten direkt nach der Geburt geplant und so dem Kind ein optimaler Start ins Leben ermöglicht werden.

Im Falle einer schwerwiegenden Erkrankung des Kindes und dadurch außergewöhnlichen Belastung der Mutter können die Paare vor die »unmögliche Entscheidung« über Leben und Tod des eigenen, ersehnten

Kindes gestellt werden. Sollte es zu dieser seltenen Situation kommen, muss ausreichend Zeit zur Verfügung stehen, um nicht im Schock der Diagnose eine überstürzte Entscheidung zum Abbruch der fortgeschrittenen Schwangerschaft zu fällen.

In dieser Situation gibt es nur selten eine medizinische Notwendigkeit zur Eile. Gespräche mit dem Partner, der Familie, Freunden, dem Arzt, der Hebamme und professionelle Beratung können helfen, Gefühlen, die einen zu überwältigen drohen, einen Raum zu geben und wieder entscheidungsfähig zu werden. Bei Besuchen betroffener Familien kann der Alltag mit einem behinderten Kind erlebt werden, Gespräche mit spezialisierten Kinderärzten und Frühförderstellen können weitere wertvolle Informationen zur Entscheidung geben.

> Internet Forum für werdende Eltern, die Mutter eines Kindes mit Down-Syndrom:
>
> »Es ist schwer, eine gute Entscheidung zu treffen. Denn für eine gute Entscheidung braucht man ein realistisches Bild – sowohl vom Leben mit diesem Kind, als auch vom Leben nach einer Abtreibung . . . Im Falle des Down-Syndroms ist das Leben mit einem solchen Kind eigentlich recht angenehm – aber es gibt auch noch andere Syndrome und Erkrankungen. Und dann gibt es noch problematische Lebenssituationen, z. B. wenn die Familie zusätzlich mit finanziellen Sorgen oder anderen Problemen zu kämpfen hat. Allen werdenden Eltern da draußen wünsche ich eine gute Entscheidung. Allen, die eine solche Entscheidung als Freunde, Familie oder Experten begleiten, geduldige Ohren, kluge Worte und ein weites Herz . . .« Lizka

Wie werden wir als Eltern sein?

Unser Kind ist da – endlich! Für Paare nach Kinderwunschbehandlung, genau wie für alle anderen auch, kann das Wochenbett, also die Zeit nach der Geburt, eine neue Herausforderung darstellen:

Wie werden wir als Eltern sein?

Sorgen um das Wohlergehen des Kindes kommen oftmals besonders dann zum Tragen, wenn eine körperliche Erschöpfung der Eltern vorhanden ist – in dieser Zeit durch Schlafmangel und Rhythmusverlust keine Seltenheit. Versuchen Sie zu akzeptieren, dass Sicherheit im Umgang mit dem Neugeborenen und Ihre neue Rolle als Eltern Zeit braucht, sich zu entwickeln. Jetzt kommen Fragestellungen, die alle Familien gleichermaßen betreffen. Es ist zunächst ein Zeichen besonderer Fürsorge, wenn Sie sich intensive Gedanken um das Wohlergehen Ihres Kindes machen. Das Vertrauen in ein neues Menschenkind darf und muss erst wachsen.

So sehr die Gesellschaft oder die nahe Umgebung es manchen Paaren womöglich in der langen Zeit des Wartens auf ein Kind schwer gemacht haben (»Und, wann ist es bei euch so weit?«), so sehr wird sie ihnen helfen, wenn das Kind da ist. Es liegt glücklicherweise in der Natur der Sache, dass große Menschen von kleinen Menschen fasziniert sind und sie in der Regel bedingungslos in ihre Herzen schließen. Da fragt dann kaum einer mehr, wie derjenige entstanden ist. Die Hauptsache ist: Das Kind ist da. Diese gesellschaftliche »Mitfreude« hilft enorm und es ist ratsam, sie in vollen Zügen »einzusaugen«.

Im Abschlussgespräch am Ende des Wochenbetts betonen häufig gerade Paare, die sehr lange auf ein Kind warten mussten, wie sehr sie belohnt wurden. Sie bemerken nun, wie sie sich rückblickend sogar gestärkt fühlen durch die schmerzliche Erfahrung, die sie in der langen Entstehungsphase machten. Viele Paare hat die Zeit zusammengeschweißt, sie fühlen sich ermutigt, auch neue Herausforderungen im bevorstehenden Familienleben gemeinsam zu meistern.

Die Sorge, eventuell keine guten Eltern zu sein, da die Entstehung der Familie mit Hindernissen verbunden war, erweist sich als unbegründet.

Diese Beobachtungen werden durch Studien bestätigt, die Elternschaften und Kindesentwicklungen nach Kinderwunschbehandlung untersucht haben. Demnach gibt es keinen Anhalt für eine durch die Art der Entstehung des Kindes bedingte negative Eltern-Kind-Beziehung.

Entwicklung und Aufklärung der Kinder

Seit den Anfängen der künstlichen Befruchtung Ende der 1970er wurden über 5 Millionen Menschen weltweit nach Kinderwunschbehandlung geboren. In den vergangenen 30 Jahren konnte die Entwicklung der Kinder beobachtet und dokumentiert werden. Nach der Geburt staunen Eltern über die angeborenen Fähigkeiten des Babys und wie scheinbar mühelos Neues erlernt wird. Es macht sie glücklich, das Kind in seiner Entwicklung zu begleiten und mit ihm gemeinsam die Welt zu entdecken.

Für manche Kinder kann der Start ins Leben durch ein erhöhtes Fehlbildungsrisiko, ein geringeres Geburtsgewicht und Frühgeburtlichkeit, besonders bei Mehrlingen, aber auch bei Einlingen nach ART, erschwert sein. Für sie ist eine liebevolle Unterstützung ihrer Entwicklung besonders wichtig. Die Mehrlingsrate nach Kinderwunschtherapie ist in den vergangenen Jahren erfreulich zurückgegangen. Eine Mehrlingsschwangerschaft kann zwar ein besonderes Glück, aber durch die Risiken für Mutter und Kinder auch eine besondere Belastung darstellen. Nach der Geburt wird die Eltern-Kind- und auch die Paarbeziehung durch den anstrengenden Alltag, vor allem bei höhergradigen Mehrlingen, kranken Kindern oder Frühgeborenen auf die Probe gestellt. Die Zeit der Schwangerschaft kann in Vorbereitung auf die Geburt von Zwillingen und höhergradigen Mehrlingen genutzt werden, um Hilfen und Entlastung im Alltag mit den Kindern zu organisieren.

Die psychische und soziale Entwicklung der Einlingskinder und die Eltern-Kind-Beziehung nach Kinderwunschbehandlung sind völlig unauffällig bis eher positiv. Auch im weiteren Verlauf der kindlichen Entwicklung gibt es keine Auffälligkeiten, z. B. im Verhalten in der Schule und im

Elternhaus, in der Wahl der Hobbys und Aktivitäten. Eine offene Kommunikation in der Familie fördert eine gute Beziehung zwischen Eltern und Kindern. Dies betrifft auch die Aufklärung der Kinder über die Art ihrer Entstehung nach IVF oder ICSI. In Gesprächen über die Art ihrer Zeugung erfahren sie, dass sie besonders erwünscht waren und sind. Es gibt einige schöne und hilfreiche Bücher für den Einstieg in die Aufklärung (siehe Literaturempfehlungen).

> - Vielleicht werden Sie auch selbst kreativ und gestalten ein individuelles (Bilder-)Buch für Ihr Kind. Sie können schreiben, malen, ausschneiden, fotografieren oder auch Dinge zum Fühlen (Plüsch, Stoff, Folien) nutzen.
> - Was mag Ihr Kind? Welche Tiere, Aktivitäten, Menschen faszinieren es? Kinder lieben Fotogeschichten, in denen sie selbst die Hauptrolle spielen. Zeigen und beschreiben Sie kindgerecht, wie lange Sie auf Ihr Kind gewartet haben, welche Gefühle Sie hatten, wie Sie diese Zeit verbracht haben, wer Ihnen geholfen hat und vor allem Ihr Glück und Ihre Freude über die Geburt Ihres Kindes.

Von besonderer Bedeutung für die psychosoziale Entwicklung der Kinder und ihr Verhältnis zu den Eltern ist die Aufklärung über die Art der Zeugung und der genetischen Abstammung nach einer Gametenspende (▶ Kap. 14). Der Beginn der Aufklärung schon in der Vorschulzeit zeigt bei den Kindern keine nennenswerten Reaktionen, manchmal Neugierde. Durch eine, dem jeweiligen Lebensalter und Entwicklungsstand angepasste Aufklärung verändert sich das bestehende Verhältnis zum sozialen Elternteil in der Regel nicht. Eine spätere Aufklärung in der Pubertät oder im frühen Erwachsenenalter hingegen fällt in eine ohnehin krisenhafte Zeit der Konflikte mit den Eltern und der Suche des Jugendlichen nach der eigenen Identität und kann daher zu gravierenden Problemen führen.

Es ist wichtig, dass Kinder, die nach Samen- oder Eizellspende geboren wurden, von ihren Eltern aufgeklärt werden und die Umstände ihrer Abstammung nicht zuerst von Dritten, von Verwandten, Freunden oder gar bei einer ärztlichen Untersuchung erfahren (▶ Kap. 14). Genetische Fragestellungen werden künftig in Kontexten medizinischer Diagnostik und Therapien immer größere Bedeutung haben. So ist nicht unwahrscheinlich, dass sich Ärzte bei Erkrankungen des Kindes nach genetischen Auffälligkeiten der Elternteile erkundigen und dadurch das »Familiengeheimnis« offenbar wird.

Wenn wir uns ein zweites Kind wünschen

Der Traum von einer großen Familie

Für viele Paare, die sich ein zweites Kind wünschen, ist die Hauptmotivation ein Geschwisterchen für ihr erstgeborenes Kind. Unter Geschwistern aufzuwachsen bedeutet für viele Menschen Lebendigkeit im Haus, Anregung für soziales Lernen, besondere Freude, natürlich auch Reibung, Arbeit und intensive (Für-)Sorge. Genau das wünschen viele Eltern ihrem Kind so sehr.

Idealerweise können Geschwister im späteren Leben die Sorge um die Eltern teilen und gemeinsame Erinnerungen austauschen. Eine Schwester oder ein Bruder kann der Mensch sein, der einen durch das ganze Leben begleitet. Es gibt jedoch auch Geschwisterkonstellationen, die als unglücklich empfunden werden, so dass die Geschwister zerstritten sind oder den Kontakt zueinander abbrechen.

In den vergangenen zwanzig Jahren wurden diverse Studien über das Heranwachsen von »Einzelkindern« erstellt. Die Verfasser kamen einhellig zu dem Schluss, dass sich Einzelkinder im Vergleich zu Kindern in einer Geschwistersituation völlig unauffällig entwickeln. »Ob wir mit oder ohne Geschwister aufwachsen, bedingt nur in sehr geringem Ausmaß die Ausbildung spezieller Persönlichkeitsmerkmale. Die Qualität der Eltern-Kind-Beziehung spielt eine viel größere Rolle« (Kasten, 2007). Es muss also gar nicht das Beste für Ihr Kind sein, Geschwister zu bekommen, und manche Kinder wünschen sich das auch gar nicht.

Das Bild von einer eigenen Familie ist für jeden Menschen unterschiedlich. Es ist abhängig von persönlichen Erfahrungen, Wünschen und

Lebensplänen und muss im Leben immer wieder an die Realität angepasst werden. Paare, die nach Kinderwunschtherapien ein Kind bekommen haben und sich weiteren Nachwuchs wünschen, können in dieser Situation oft auf die Unterstützung der Menschen zurückgreifen, die sie auch in der ersten Kinderwunschzeit begleitet haben. Sie werden jedoch auch mit unsensiblen Bemerkungen von Mitmenschen konfrontiert, die den Wunsch nach einem weiteren Kind nicht verstehen – »Seid doch zufrieden« – und die Intimität des Themas Familienplanung nicht respektieren. Der unerfüllte Wunsch nach einem zweiten Kind tut erst einmal genauso weh wie der nach dem ersten Kind. Sollte ein Abschied von diesem Wunsch aber unumgänglich werden, kann es tatsächlich etwas Trost geben, bereits Mutter bzw. Vater geworden zu sein. (Weitere hilfreiche Anregungen auch zum Abschied von einem Wunsch nach weiteren Kindern finden Sie in ▶ Kap. 13.)

Wenn sich die erste Schwangerschaft unproblematisch eingestellt hat, der Wunsch nach weiteren Kindern jedoch (zunächst) unerfüllt bleibt, wird das Paar die Situation vielleicht nicht wahrhaben wollen. Es wird zum ersten Mal mit Gefühlen wie Ohnmacht, Neid, Wut und Trauer in Bezug auf den Kinderwunsch konfrontiert. Frauen und Paare, deren erstes Kind nach längerer Wartezeit und Kinderwunschbehandlungen geboren wurde, kennen und fürchten diese Gefühle bereits. Wenn das Alter der Partner und die biologischen Voraussetzungen es zulassen, kann es von Vorteil sein, mit einer erneuten Kinderwunschtherapie zu warten, bis die emotionalen und finanziellen Ressourcen und eine stabile Partnerschaft diese erneute Belastung zulassen. Als Entscheidungshilfe für oder gegen ein zweites Kind und somit für oder gegen weitere reproduktionsmedizinische Hilfen können folgende Reflexionen hilfreich sein:

- Wie haben wir die Zeit des Wartens auf die erste Schwangerschaft und die Kinderwunschtherapien erlebt?
- Haben wir genügend Abstand und Kraft, um eine solche Situation erneut zu durchleben?
- Kinderwunschbehandlungen mit Kind – wie könnten wir das organisieren?
- Wie wird unsere Familiensituation aussehen?

- Wer kann uns unterstützen?
- Wo sehen wir unsere Stärken?
- Wie erleben wir Familien mit einem oder mehreren Kindern?
- Von welchen Faktoren ist ein gelingendes Familienleben abhängig?
- Was braucht unser Kind?
- Wie können wir genügend Zeit finden, um unsere Partnerschaft zu leben und im Gespräch miteinander zu bleiben?
- Was ist mit unserer Sexualität?
- Wie sehen wir unsere berufliche Entwicklung?

Literaturempfehlungen

Kasten, H. (2007). *Einzelkinder und ihre Familien*. Göttingen: Hogrefe-Verlag.
Wolter, H. (2010). *Meine Folgeschwangerschaft*. Salzburg: Edition Riedenburg.
Thorn, P. (2012). *Woher manche Babys kommen. Ein Erklärungs- und Aufklärungsbuch für Kinder, die mit medizinischer Unterstützung gezeugt wurden*. Mörfelden: FamART.

13   Abschied vom Wunsch nach einem leiblichen Kind – Wie finden wir zurück ins Leben?

Andrea Patzer

Für viele Paare geht dem endgültigen Abschied vom Kinderwunsch ein langer Entscheidungsprozess voraus: Ist es richtig aufzuhören? Hätte man nicht doch mehr Versuche machen sollen? Die meisten Paare sind lange hin- und hergerissen. Für einige ist das Ende der Kinderwunschbehandlung schließlich mit Entlastung und Erleichterung verbunden, ein neuer Lebensabschnitt kann beginnen. Denjenigen, die sich von Anfang an über ein Leben auch ohne Elternschaft Gedanken gemacht haben, fällt dieser Neuorientierungsprozess leichter. Manchmal jedoch steht das Paar am Ende einer langen Behandlungsodyssee nicht nur ohne das ersehnte Kind da, sondern befindet sich in einer Krise, die bestimmt ist von körperlicher Erschöpfung, partnerschaftlicher Belastung, sozialer Isolation und nicht selten einer Hoffnungslosigkeit, verbunden mit Gefühlen des persönlichen Versagens, der Schuld und der Bitterkeit.

Der Trauer- und Abschiedsprozess um ein nicht geborenes Kind kann so traurig und so schmerzhaft sein wie der Verlust eines Kindes durch Fehl- oder Totgeburt. Eine betroffene Frau formulierte, dass die Trauer um ihr nicht geborenes Kind für sie oft noch schwerer sei, da sie noch nicht einmal eine Person habe, um die sie trauern könne. Es bleiben einem noch nicht einmal Erinnerungen. Kein Mutterpass, kein Grab: Ungewollte Kinderlosigkeit ist ein unsichtbarer Trauerprozess. Während es nach dem Tod eines Kindes für die gesamte persönliche Umwelt der Betreffenden nachvollziehbar ist, dass dieses Paar einen schweren Schicksalsschlag zu verkraften hat und dafür Trost, Rücksichtnahme und Anteilnahme benötigt, stehen Paare vor der Lebensrealität der unerwünschten Kinderlosigkeit oft allein da.

13 Abschied vom Wunsch nach einem leiblichen Kind

Gibt es einen guten Zeitpunkt um aufzuhören?

Wenn während der Kinderwunschbehandlung einer der beiden Partner nicht mehr weiter kann, dann sollte dies als Signal aufgefasst werden, über den Abschied vom Kinderwunsch nachzudenken. Oft kommt dieses Signal vom Mann. Für viele Frauen stellt es sich noch schmerzhafter dar, an ein Ende der Kinderwunschbehandlung zu denken. Weitere Signale können sein, dass ein enormer Widerwille gegen jeden Gang in die Kinderwunschpraxis entstanden ist, das Paar sich immer weiter voneinander entfernt hat oder die Aussicht auf eine Schwangerschaft sehr gering geworden ist.

> So erging es auch Bärbel, die bereits seit 9 Jahren diverse vergebliche Behandlungszyklen hinter sich hatte. Ihr Ehemann Bernd hatte sie alle die Jahre begleitet und unterstützt. Für ihn waren die Behandlungen zum Albtraum geworden und er wünschte ein Ende herbei. Er fühlte sich hilflos gegenüber dem nicht enden wollenden Kummer seiner Frau. Nach jeder erfolglosen Behandlung stürzte sie in eine monatelange Depression. Bernd selbst hatte sich zunehmend hinter seinen PC zurückgezogen. Die Ehe wurde leerer und trauriger. Und Bärbel, die jetzt 39 Jahre alt war, fühlte sich mit ihrer Sehnsucht nach einem Kind so allein. Die Trauer erschien unerträglich.

Wenn diese Signale ernst genommen werden, begeben sich manche Paare in einen letzten Behandlungsversuch und beginnen anschließend mit dem Abschiedsprozess. Für andere ist es plötzlich klar, dass sie nun in der Lage sind, ihre Hoffnung auf ein leibliches Kind aufgeben zu können, z. B. weil etwa die Nebenwirkungen der medizinischen Behandlung zu stark wurden oder die Angst vor einem (erneuten) Verlust einer Schwangerschaft nicht mehr verkraftbar erscheint. Während die Zeit der Kinderwunschbehandlung vom Diktat der biologischen Zyklen und der Behandlungsvorgaben geprägt wurde, darf die Zeit für den Abschied vom Kinderwunsch sich jetzt nach dem inneren Prozess des Paares und den eigenen seelischen Möglichkeiten richten. Der Abschied von der Lebensperspektive Elternschaft kommt meist nicht von einem Tag zum anderen, sondern der Prozess vollzieht sich in kleinen Schritten.

Es gibt viele Gründe, warum der Abschied so schwerfallen kann

Während andere Schicksalsschläge wie Unfälle, schwere Krankheit, Todesfälle, Arbeitsplatzverlust etc. als Teil einer Realität gesehen werden, die einen ereilen kann und unabwendbar ist, ist doch die Familienplanung, so vermuten die meisten, im Bereich der menschlichen Beherrschbarkeit anzusiedeln. So fügt sich Anstrengung an Anstrengung, in der Hoffnung, beim nächsten Versuch »erfolgreich« zu sein. Gibt man die Anstrengung zur Erfüllung des Kinderwunsches nun auf, waren alle Bemühungen, Arztbesuche, invasive Untersuchungen, Schmerzen, Schamgefühle, finanzielle Opfer, soziale Nachteile, psychische Belastungen, Hoffnungen und Gefühle, so meint man, umsonst. Der Glaube, dass der Wunsch nach einem eigenen Kind in jedem Fall erfüllbar ist, ist jedoch ein Irrtum. Eine persönliche Haltung, die einen Abschied nur als »Scheitern« versteht, macht das Loslassen noch schwerer.

Bei dem Wunsch nach einem Kind handelt es sich auch um ein biologisches Triebgeschehen, den Fortpflanzungstrieb, der dann noch durch jeden hormonell stimulierten Behandlungszyklus bei der Frau verstärkt wird. Auch dieser Aspekt trägt dazu bei, dass vor allem Frauen nach jahrelangen Hormonbehandlungen sehr viel schwerer zu einer neuen inneren Normalität finden. Da irgendwann die Eierstöcke ihre Hormonproduktion einstellen, kommt dann auch von der biologischen Seite Ruhe in das Kinderwunschgeschehen und man kann den Gedanken an ein Leben ohne Kinder leichter annehmen.

Nicht selten träumen Frauen und Männer von einem besseren schöneren Leben, wenn sie nur erst einmal Eltern geworden sind. Dass wir an die Geburt eines Kindes Hoffnungen für Neuentwicklungen binden, ist so alt wie die Menschheitsgeschichte, niemand muss sich dafür schämen und gar meinen, dies sei nicht erlaubt. Für Paare mit unerfülltem Kinderwunsch ist es für ihre persönliche Entwicklung wichtig herauszufinden, welche Wünsche sie mit der Geburt eines Kindes verbinden, und dann zu überlegen, welche dieser Wünsche auch unabhängig vom Kinderwunsch verwirklicht werden können (▶ Kap. 1).

13 Abschied vom Wunsch nach einem leiblichen Kind

Für manche Menschen erscheint ein Leben ohne biologisch eigene Kinder trotz der heutigen Lebensvielfalt sinnlos. Wenn einer oder beide Partner Familie als zentrales Lebensmotiv für sich hatten, dann ist der Abschied von diesem Lebensentwurf oft sehr schwer. Für solche Paare kann es hilfreich sein, sich mit der Chance für eine Adoptions- oder Pflegeelternschaft auseinandersetzen.

Abschied vom Kinderwunsch als Herausforderung für die Partnerschaft

Wenn sich ein Paar bisher eine Zukunft mit Kind vorstellte, dann muss sich dieses Paar nun fragen, ob es sich auch eine gemeinsame Zukunft ohne Kind vorstellen kann. An einer Lebensgestaltung ohne Kind sollte gemeinsam und aktiv gearbeitet werden. Auch die Angst vorm Scheitern der Beziehung kann ein Paar belasten. Der infertile Partner erlebt diese Angst oft sehr brennend: Bleibt mein Mann/meine Frau bei mir, auch wenn aufgrund meines medizinischen Befundes ein Kinderwunsch nicht erfüllt werden kann?

Diese Angst, dass zum Verlust der Lebensperspektive Elternschaft auch eventuell die Partnerschaft scheitern kann, macht es schwer, den Wunsch nach Beendigung einer Kinderwunschbehandlung anzusprechen. Aber für die Zukunft des Paares ist es wichtig, dass, wenn einer von beiden nicht mehr kann, auch der andere bereit ist innezuhalten und ein Neuorientierungsprozess beginnen kann.

Es kann gelingen, eine biologische Grenze zum Anlass zu nehmen, das Geschehen liebevoll annehmen zu lernen und gemeinsam daran zu reifen. Wenn man Partnerschaft auch als eine seelische Gemeinschaft sieht, in der wir bewusst und unbewusst den zu uns gehörenden Partner wählen, mit dem wir gemeinsam wachsen und reifen, dann stellt sich die Frage anders. Es gibt dann nicht mehr den einen, der Verursacher ist. Sondern die Kinderlosigkeit ist gemeinsames Schicksal und gehört zum gemeinsamen Lebens- und Reifungsprozess.

> Bernd liebte seine lebenslustige Frau, die so viel Fröhlichkeit und Aktivität in sein Leben hineingebracht hatte. Aber die Ehe war eigentlich keine Ehe mehr. Er saß vor dem PC und sie vor dem Fernseher. Zärtlichkeit, Intimität und Sexualität waren eingeschlafen. Bernd fürchtete jedes Gespräch über das Thema Kinderlosigkeit, endete es doch oft in Traurigkeit, wütendem Schweigen, und er fühlte sich hilflos und schuldig. Bärbel suchte dann eine Beratung auf. Bernd reagierte erleichtert, denn nun würde sich seine Frau bald vom Kinderwunsch verabschieden und dann könnten sie reisen, bauen und viele andere schöne Dinge erleben. Aber so einfach war es nicht. Bärbel forderte von Bernd ein, die Beziehung neu mitzugestalten. Beide arbeiteten intensiv daran, einander wieder zu zeigen, dass sie sich lieben: mit Worten, Gesten und mit Handlungen. Es gab wieder Abschiedsküsse, Zärtlichkeit und gemeinsame Unternehmungen. Und zwei kleine Katzenbabys brachten Leben ins Zuhause. Beide waren richtig glücklich über die kleinen lebendigen Wesen, die in der Wohnung herumtollten, wenn sie nach Hause kamen.

Was kann einem Paar helfen, einen guten Neuanfang zu finden?

Wichtig ist in der Neuorientierungsphase die besondere Aufmerksamkeit für die Partnerschaft. Eine Partnerschaft muss täglich gepflegt werden. In dieser Umbruchphase müssen beide Partner darauf achten, dass jeder anders trauert und dass es keinen richtigen oder falschen Weg gibt, sondern nur einen für jeden Menschen. Ein Paar, das gemeinsam um ein nicht geborenes Kind trauert, geht mit dieser Trauer unterschiedlich um. Während Männer oft eine rationale Entscheidung fällen und für sich entscheiden, dass sie dem Leben auch ohne Kinder Sinn und Freude abgewinnen können, trauern betroffene Frauen häufig lauter und vernehmlicher. Leiden Männer weniger am unerfüllten Kinderwunsch? Sie leiden ebenso, oft stiller und verhaltener. Manche Männer sind geprägt und gefangen in einem männlichen Idealbild, in welchem der Mann stark ist und seiner Frau, die doch auch körperlich mehr belastet ist, zur Seite steht.

> Bernd litt doppelt: Daran, dass sich sein Kinderwunsch nicht erfüllte, und an dem nicht enden wollenden Leiden seiner Frau. In den ersten Behandlungszyklen stand er ihr tapfer zur Seite. Aber er fühlte sich überfordert, mit starken Emotionen umzugehen. Er ging rational und lösungsorientiert mit Schwierigkeiten um. Er konnte auch Statistiken lesen und wusste, dass er und seine Frau mit fast 40 Jahren nach 5 Behandlungszyklen eine sehr geringe Chance hatten, noch ein Kind zu bekommen.

Es ist wichtig, sich auszutauschen, ohne zu verlangen, dass der Partner dasselbe zur selben Zeit empfindet.

Folgende Fragen können Ihnen ein paar Anregungen zum Nachdenken und gegenseitigen Austausch geben:

- Wie trauere ich? Was brauche ich, um meine Trauer zu verarbeiten? (Überlegen Sie, wie Sie bisher Verlusterfahrungen verarbeitet haben.)

- Wie zeige ich Trost und Anteilnahme, wenn mein Partner/meine Partnerin den Kinderblues kriegt?
- Wie ergeht es mir selbst, wenn mein Partner trauert?
- Fühle ich mich verantwortlich, angeklagt oder angegriffen?
- Wie zeige ich ihm/ihr meine Liebe, Wertschätzung und Fürsorglichkeit?
- Was brauche ich für mich, um Trost zu finden?
- Wie gebe ich meinem Partner das Gefühl, der beste Mann/die beste Frau aller Zeiten zu sein?

In einer lebendigen Liebesbeziehung muss Liebe immer wieder aktiv gezeigt werden. Für ein Paar, das gerade dabei ist, eine Zukunft ohne Kind für sich zu entwickeln, ist es wesentlich, die Seiten, die jeder am anderen liebt und schätzt, zu betonen.

Um den neuen Lebensabschnitt ohne Kind und ohne leibliche Elternschaft einzugehen, kann es stärkend sein, ein gemeinsames Ritual für den Abschied und den Neubeginn zu entwickeln.

Abschiedsabend: Bärbel und Bernd haben nach 9-jähriger Behandlung mit vielen vergeblichen Behandlungszyklen, nach Beratungsterminen und dem Besuch eines Kinderwunschseminares für sich den Entschluss gefasst, Abschied vom Kinderwunsch zu nehmen. Beiden fiel es sehr schwer, vor allem Bärbel war sich noch unsicher, ob sie nicht doch noch einen weiteren Behandlungszyklus durchführen wollte. Sie entschied sich dann anders und gemeinsam fassten sie den Entschluss, »wenn es schon vorbei damit ist, dann auch richtig.« Sie packten alle Unterlagen, die zur Kinderwunschbehandlung gehörten in eine große Kiste. Später sollte diese verbrannt werden, zunächst kam sie auf den Dachboden. Dann luden sie Freunde und Verwandte zu einem Abendessen ein und verkündeten im Laufe des Abends feierlich: »An dieser Stelle brauchen wir euren Beistand nicht mehr, wir werden keine weiteren medizinisch unterstützten Versuche mehr machen. Danke, dass ihr hier seid. Ihr seid uns wichtig. Und es ist schön, dass wir zusammen sind. Auf einen schönen Abend!« Das Paar fühlte sich viel klarer und leichter seitdem und hatte auch das Gefühl wieder mehr Freude an ganz anderen Dingen zu haben. Wenn es ihnen nicht gut ging, halfen die Freunde, indem sie sie spontan ins Kino oder Theater einluden. Sie vereinbarten, dass nur noch das Paar selbst das Thema Kind ansprechen würde.

Die Krise der ungewollten Kinderlosigkeit gemeinsam zu bestehen und die Liebe durch alle Phasen und Anstrengungen des Kinderwunschprozesses hindurch zu retten ist wie eine Prüfung, die bestanden wurde, und ist eine stärkende und positive Erfahrung für die Partnerschaft.

Manchmal gerät ein Paar in dieser Phase in eine Stagnation. Dann ist es besser, sich rechtzeitig professionelle Begleitung zu suchen. Wann sollte das Paar für sich Unterstützung holen?

- Wenn einer der Partner signalisiert, dass er/sie zu einem Abschied des Kinderwunschprozesses kommen möchte, während der andere es sich gar nicht vorstellen kann.
- Wenn der eine Partner sich vom Trauer- und Abschiedsprozess des anderen überfordert fühlt.
- Wenn folgende Alarmanzeichen in der Kommunikation innerhalb der Partnerschaft wiederholt auftreten: verbale Gewalt durch Beschimpfungen, endlose Worttiraden und Verletzungen.
- Wenn einer seine Gefühle leugnet und alle Gespräche abwehrt.
- Wenn es wiederholt zu Anklagen und Schuldzuweisungen kommt.
- Wenn einer sich aus der Beziehung oder Kommunikation zurückzieht: nur noch arbeitet, am PC, Internet, Fernseher sitzt oder sich in Außenbeziehungen flüchtet.

Trauer statt Depression

Zeichnet sich für ein Paar ab, dass sein Kinderwunsch sich nicht erfüllen wird, durchläuft es mehrere Phasen: Am Anfang stehen Gefühle des Schocks, des Nicht-wahr-haben-Wollens und der Verleugnung im Vordergrund. Danach folgt ein Stadium des Aktionismus. Es wird versucht, das drohende Schicksal der Kinderlosigkeit abzuwenden. Medizinische Behandlungen, Naturheilmedizin, Seminare zur Überwindung der Kinderlosigkeit, psychologische Beratungen und vieles andere mehr fallen in diese Phase. Was geschieht aber, wenn am Ende dieser Zeit, der intensiven Bemühungen, kein Kind geboren wurde? Dann kommt ein Stadium im Verarbeitungsprozess, das häufig durch Resignation, Hoffnungslosigkeit, Niedergeschlagenheit, Verzweiflung und Lethargie gekennzeichnet ist. Starke negative Gefühle von Trauer, Wut, aber auch Hass und Neid können das seelische Geschehen bestimmen. Menschen, die gelernt haben, mit negativen Affekten umzugehen, können auch diese Zeit überstehen. Trauern ist ein aktives Geschehen, während die Depression sich wie ein schwarzer Film auf die Seele legt.

> Bärbel musste lernen, den Verlust ihres ersehnten ungeborenen Kindes zu betrauern, und für Bernd war es wichtig, sich in seiner stummen Trauer nicht einzuigeln und zu erstarren.

Bei den folgenden Ritualen zur Trauerarbeit ist es wichtig, dass Sie bewusst der Trauer einen Zeitraum geben. Dieser Zeitraum hat ein Anfang und ein Ende. Gerade die Tränen, der Schmerz und die schwere Traurigkeit werden als Gefühle oft vermieden. Wir wollen tapfer unser Schicksal ertragen. Gedanken, Gefühle und Zustände, die zur Trauer gehören, machen aber einen Teil unseres Lebens aus. Diese Übungen helfen Ihnen, vor allem wenn Sie sie immer wieder wiederholen. In den schlimmsten Phasen jeden Tag. Sie werden bemerken, dass sich Ihre Emotionen verändern werden.

13 Abschied vom Wunsch nach einem leiblichen Kind

20 Min. Spaziergang zum Seelenauslüften:

- Wenn negative Emotionen Sie zu überwältigen drohen, dann hilft es, ins Freie zu gehen. Die frische Luft, die Natur gibt Ihnen neue Reize. Gehen Sie flotten Schrittes für ca. 5 Minuten, nehmen Sie sich dann 10 Minuten, in denen Sie in Gedanken all den negativen Aspekten der ungewollten Kinderlosigkeit: dem Neid, dem Zorn, der Enttäuschung, der Wut, der Verzweiflung, der Vergeblichkeit Raum geben. Gehen Sie bewusst und atmen Sie bewusst. Dann gehen Sie die letzten 5 Minuten etwas ruhiger und fangen an, Ihre Umgebung wahrzunehmen. Ohne Urteil, ohne Bewertung, so wie es ist.

Fluch-Übung:

- Nehmen Sie sich 5 Minuten Zeit. Gehen Sie in einen Raum, den Sie für sich allein haben. Beginnen Sie dann, einfach laut zu fluchen oder zu schreien. Hören Sie dabei eine grässliche passende CD (Hardrock o. Ä.) und schütteln Sie sich am Ende einmal kräftig körperlich aus, wie ein Hund sein nasses Fell schüttelt. Danach hören Sie eine friedliche Musik und schließen bewusst die Übung ab.

Trauer-CD:

- Spielen Sie eine CD, die zum Thema Trauer passt ab, und setzen Sie sich mit vor den Augen gehaltenen Händen hin, wie ein trauernder Mensch. Lassen Sie all die traurigen, sehnsüchtigen, enttäuschenden Momente des Tages, der Woche vorbeiziehen. Lassen Sie den Schmerz und die Tränen zu. Sagen Sie ja zu Ihrer Trauer, ja zu dem Schmerz …
- Wenn das Stück zu Ende ist. Stehen Sie auf, legen eine leichte Musik auf, machen sich einen Tee und wenden sich bewusst dem Tagesgeschehen, den anderen Menschen und Ihren Aufgaben zu. Dies mag anfangs schwer sein. Aber wenden Sie sich anderen Dingen bewusst zu. Wiederholen Sie dieses Ritual in den schweren Zeiten täglich, später wöchentlich, bis Sie keine Lust mehr dazu haben oder es nicht mehr benötigen.

Wie lange dauert der Trauerprozess?

»Eine Grippe hätte es auch getan« betitelt die beliebte Fernsehkomikerin Gaby Köster ihr Buch über ihren Schlaganfall und den damit einhergehenden Verlust ihres bisherigen Lebens. Nein, wir wollen alle gern auf Krisen verzichten und ohne Erschütterungen durchs Leben kommen. Aber wir kommen in unserer menschlichen Existenz nicht um die Begegnung mit Grenzen herum. Und wir gelangen nur zur konstruktiven Trauer, die in eine neue Entwicklung einmündet, indem wir diese Erfahrungen in unser Leben integrieren. Aber es gibt keine Möglichkeiten der Abkürzung oder der Beschleunigung. Der Wandlungsprozess muss Schritt für Schritt gegangen werden.

Ist Trauer nach einem Trauerjahr beendet? Wenn man die Betroffenen zu Wort kommen lässt, ist es leider nicht möglich, bereits nach einem Jahr von einer Beendigung der Trauer ausgehen zu können. Der Prozess der Trauer benötigt Zeit. Erneuter Erwartungs- und Erfolgsdruck, diesmal zur Bewältigung der Trauer, ist nicht hilfreich.

Der Verlust von Angehörigen wird manchmal 30 bis 50 Jahre betrauert, Heimatvertriebene trauern ihr Leben lang um den Verlust ihrer Heimat. Aber von ungewollt Kinderlosen wird erwartet, dass sie die Lebenssituation der Kinderlosigkeit in kurzer Zeit akzeptieren und sich voller Elan neuen Lebensperspektiven zuwenden. So funktioniert es aber oft nicht. Auch einige Menschen, die ein Kind verloren haben, berichten von lebenslanger Trauer, die sich zwar verändert, jedoch nie vorbei ist.

Wir können beides: trauern und leben, aber manchmal nicht beides auf einmal. Ein akut trauernder Mensch kann nur begrenzt denken und reagiert wie unter Schock. Es geht dann erst einmal nur darum, die Leere und Resignation auszuhalten.

Im sozialen Geschehen führt Trauer erst einmal zu einem Rückzug. Der Trauernde benötigt Schutz, und mancher um ein nicht geborenes Kind trauernde Mensch kann für eine Weile das Zusammensein auf Festen, Veranstaltungen und im Beruf mit Schwangeren, Babys und Kindern nicht ertragen. Auch das ist okay, wenn es sich um eine Phase handelt. Was sich nicht als hilfreich erwiesen hat, ist dauerhaft soziale Zusammenhänge, in denen Kinder eine Rolle spielen, zu vermeiden.

13 Abschied vom Wunsch nach einem leiblichen Kind

Wenn ein Mensch stirbt, dann tröstet uns der Gedanke, dass dieser Mensch fortan in unseren Gedanken weiterlebt. Und solange er nicht vergessen ist, lebt er auch ein Stückchen weiter. Wenn ungewollt Kinderlose diesen Gedanken für sich tröstlich empfinden, dass ihr nicht geborenes Kind in ihrem Herzen lebt, so ist auch dieser Umgang mit Trauer ein möglicher Weg.

- Pflanzen Sie einen Baum oder Rosenbusch in Ihren Garten oder an einem passenden Ort in der Natur. Er symbolisiert in seinem lebendigen Wachstumsprozess das Werden, Leben und Vergehen und kann Sie tröstlich an Ihr ungeborenes Kind erinnern.
- Legen Sie einen Stein oder ein anderes Symbol, z. B. einen kleinen Engel oder einen Vogel, auf die Grabstätte bereits verstorbener Menschen. Dies ist besonders hilfreich, wenn Sie eine Fehlgeburt hatten (▶ Kap. 10). Dann gibt es ein Symbol für diese Schwangerschaft, sei sie auch noch so kurz gewesen.

Wann benötigen Sie Hilfe?

Wenn Sie folgende Phänomene bei sich oder Ihrem Partner beobachten, ist es an der Zeit, freundlich und respektvoll darüber zu sprechen und miteinander darüber nachzudenken, ob eine psychosoziale Hilfe in Anspruch genommen werden sollte:

- Wenn durch die Verlustkrise der ungewollten Kinderlosigkeit andere frühere Verluste wieder erinnert werden und ein Mensch aus der Trauer nicht mehr herausfindet.
- Wenn ein Mensch sich lange und anhaltend sozial isoliert und keinen Weg in die menschliche Gemeinschaft zurückfindet.
- Wenn es quälende Schuld- und Selbstvorwürfe gibt.

- Wenn die ungewollte Kinderlosigkeit als schwere Kränkung erlebt wird und dazu führt, dass eine Frau oder ein Mann mit starken Selbstwertproblemen kämpft.
- Wenn die Sehnsucht nach einem Kind einen suchtartigen Charakter bekommt und ein Mensch bereit ist, über seine psychischen und physischen Grenzen hinweg medizinische Behandlungsprozeduren über sich ergehen zu lassen.
- Wenn negative Gefühle, wie Zorn, Neid, Trauer, Schmerz, Bitterkeit und Zynismus die Psyche beherrschen und die Persönlichkeit eines Menschen sich dauerhaft verändert.
- Wenn der Schmerz um das ungeborene Kind einen Menschen zu überwältigen droht und er keinen Sinn im Leben mehr zu finden glaubt.
- Wenn Sie auffallend viele Krankheiten haben und in einen chronischen Leidensprozess hineingeraten.

Wenn Sie eine oder mehrere dieser Anzeichen bei sich entdecken, dann scheuen Sie sich nicht, Hilfe aufzusuchen. Warten Sie nicht zu lange. Bedenken Sie, dass es eine Zeit dauern kann, ehe Sie den geeigneten Berater oder Psychotherapeuten für sich gefunden haben.

Abschied und Neubeginn als Chance der Selbstbegegnung und der Wandlung

Wenn ein Paar realisieren kann, dass sich sein Kinderwunsch nicht erfüllen lässt, beginnen die eigentliche Trauer und ein Wandlungsprozess. Jeder trauert in seiner ureigenen Weise. Die Menschen setzen sich nun mit dem Verlust auseinander, rennen innerlich nur noch manchmal gegen die Wand des »Es darf aber nicht sein« und beginnen zunehmend und innerlich friedlicher, die Grenze der ungewollten Kinderlosigkeit anzunehmen. Betroffene berichten dann, dass sie erste Ideen oder Impulse bekommen, was sie mit ihrer Energie, die sie nicht als Eltern einsetzen, gestalten möchten. »Langsam wird aus dem Unerträglichen, das, was wir tragen können. Wir passen uns den veränderten Umständen an« (Dorst, S. 78). Es kommt wieder Bewegung ins Leben. Das sind die Zeitpunkte, in denen das geplante Kinderzimmer neu eingerichtet wird oder die schon angesammelten Babysachen verschenkt werden. Auch die Überlegungen, ob es eine Alternative zur biologischen Mutter- bzw. Vaterschaft gibt, können nun mit mehr Ruhe durchdacht werden. Die Adoptiv- oder Pflegeelternschaft wird nun nicht mehr als Ersatz- und Trostelternschaft betrachtet, sondern die Paare können überlegen, ob sie sich die ganz andere Elternschaft als Adoptiv- oder Pflegeeltern vorstellen können. Ein Teil der ungewollt Kinderlosen stellt fest, dass es für den Wunsch nach ihrem biologisch eigenen Kind keinen Ersatz gibt. Andere merken, dass ihnen der Gedanke an Elternschaft so wichtig ist, dass sie gern auch ein fremdes Kind betreuen wollen. In dieser Phase können all die wunderbaren Rituale, Abschieds- und Neuorientierungsmöglichkeiten fruchten. Das Leben jenseits der Kinderwunschphase zeigt sich wie ein kleiner Sonnenstrahl am Horizont und erscheint nicht mehr wie ein fortdauernder Leidensweg.

> Rituale symbolisieren den Wandlungsprozess und können ihn unterstützen:
>
> - Sie können z. B. eine gemeinsame Fahrradtour planen. Notieren Sie auf einem Zettel Ihre Wünsche, die Sie an das nicht geborene Kind und an die Kinderwunschzeit hatten, binden Sie diesen Zettel an einen Drachen, den Sie steigen lassen. Heißen Sie die neue Lebensphase ohne Kind willkommen.
> - Oder: Setzen Sie ein Teelicht auf ein kleines Papierschiffchen. Dieses Licht symbolisiert Ihre Hoffnungen, die Sie an den Kinderwunsch gebunden hatten, setzen Sie das Schiffchen auf ein fließendes Gewässer. Werfen Sie Blütenblätter hinterher und wünschen sich Kraft und Mut für die neue Lebensphase.

Wenn wir gemeinsam mit anderen Menschen diese Rituale durchführen, dann wirken sie noch stärker und kräftigen den Mut für das Neue.

Abschied und Neubeginn als Chance der Selbstbegegnung und der Wandlung

Der nun folgende Prozess ist nicht geradlinig, es kann immer wieder Rückfälle geben, so wie in jedem Trauerprozess. Aber mit jedem erneuten Anfall von Schmerz und Tränen ist danach wieder ein Stück Weg zurückgelegt und die Seele erscheint gelöster. In dieser Phase finden die ungewollt Kinderlosen in eine neue frische Lebensenergie hinein. Das ist die Phase, in der Häuser gebaut und neue Wohnungen bezogen werden, noch einmal über neue, ganz andere berufliche Entwicklungen nachgedacht wird und Kraft und Mut für einen Neustart zurückgewonnen wird. Es ist die Zeit für Reisen, kreative Projekte, Experimente, und ein neuer fruchtbarer Lebensabschnitt beginnt. Für die Kräfte der Mütterlichkeit oder der Väterlichkeit werden neue Ausdrucksformen gefunden. Die Lebensenergie kehrt zurück und wendet sich wieder dem Leben zu.

Was kann noch helfen, vom Abschied zum Prozess des Neubeginns zu gelangen?

- Verweigern Sie sich dem Fatalismus, dass ohne Kinder das Leben nicht lebenswert sei.
- Sorgen Sie für positive Erlebnisse und Gefühle in Ihrem jetzigen Leben.
- Suchen Sie in angenehmen Abständen die Ruhe allein oder zu zweit.
- Pflegen Sie Kontakte zu Verwandten und Freunden, die Ihnen gut tun.
- Entwickeln Sie in der Partnerschaft neue Aktivitäten.

- Besinnen Sie sich darauf, dass Sie zwar auf einige Faktoren Ihres Lebens keinen Einfluss haben, aber vieles selbst gestalten können.
- Erinnern Sie sich daran, welche Belastungen Sie im Laufe Ihres Lebens schon gemeistert haben.
- Öffnen Sie Ihr Herz für die Kinder der Welt und betrachten Sie sich selbst als Eltern der Welt.
- Probieren Sie Neues aus, entdecken Sie Unbekanntes. Werden Sie Schatzsucher. Erinnern Sie sich daran: Es gibt so vieles Schönes und Spannendes zu entdecken.
- Alle Weisheiten über jede Krise des Menschen sind bereits vorhanden und formuliert. Wer sich mit Kunst, Musik oder Lyrik beschäftigt, stößt schnell auf Werke, die sich mit Trauer, Abschied und Schmerz beschäftigen. Sie öffnen Türen und bieten Entspannung, Trost und Erfüllung.

Die 6 Stufen vom Abschied zum Neubeginn

Ein gelungener Reifungsprozess lässt sich in folgenden Stufen beschreiben:

1. Am Anfang steht die radikale Akzeptanz der Fakten.
2. Dann geht es darum, das »Loslassen« zu lernen.
3. Dabei ist es wichtig, alle Gefühle zuzulassen.
4. Um sich in eine Phase der Wandlung zu begeben, diese leitet über zum Wendepunkt.
5. Danach geht es um neue Entwicklungsschritte und um Neuorientierung.
6. Bis dann der neue Lebensabschnitt mit neuen Möglichkeiten des Glücks, der Erfüllung und Sinngebung erreicht und das Leben befriedigend ist.

Literaturempfehlungen: Philosophische, spirituelle Bücher zur Hilfe in der Sinnsuche

Jelluscheck, H. (2007). *10 Liebesregeln für das Glück*. Stuttgart: Kreuz.
Kügler, H. (2009). *Scheitern – Psychologisch-spirituelle Bewältigungsversuche – Ignatianische Impulse*. Würzburg: Echter Verlag.
Thich Nath Hanh (1992). *Ich pflanze ein Lächeln*. München: Arkana; Goldmann.
Schmid, W. (2007). *Glück – Alles, was Sie darüber wissen müssen, und warum es nicht das Wichtigste im Leben ist*. Frankfurt a. M.: Insel-Verlag.

14 Alternative Perspektiven zum leiblichen Kind – Welche Möglichkeiten passen zu uns?

Bettina Klenke-Lüders und Petra Thorn

Fast alle Paare empfinden zunächst eine große Leere, wenn ihr Kinderwunsch nicht in Erfüllung gegangen ist. Es erscheint zunächst schwierig bis unmöglich, diese Leere auf sinnvolle Art und Weise zu füllen. Wenn alle Bemühungen, ein Kind zu bekommen, fehlgeschlagen sind, ist es wichtig, sich genügend Zeit für einen Abschiedsprozess zu nehmen (▶ Kap. 13). Doch irgendwann ist es unerlässlich, sich dem Leben wieder zuzuwenden und es aktiv zu gestalten.

Manche Paare sind sich sicher, dass nur ein Leben mit Kindern für sie vorstellbar ist. In diesem Kapitel finden diese Paare einige Informationen, die ihnen weiterhelfen, eine für sie passende Möglichkeit zu entdecken, Eltern werden zu können, ohne dass beide genetisch mit dem Kind verwandt sind. Weitere Hinweise bezüglich Eizell- und Embryonenspende finden Sie im elektronischen Zusatzmaterial zu diesem Buch. Andere Paare finden in diesem Kapitel Anregungen dazu, ihr Leben ohne Kinder neu zu gestalten.

Eine neue Ausrichtung: Leben ohne Kind

Innerlich kann es zunächst schwierig sein, sich auf etwas einzulassen, das man jahrelang mit allen zur Verfügung stehenden Kräften versucht hat zu vermeiden. Es kann zunächst große Überwindung kosten, die Freiheiten, die einem ein Leben ohne Kind bietet, nun plötzlich wertzuschätzen, hat man sie doch so lange bewusst abgetan. Alle Aktivitäten, Hobbys, Ziele können verblassen, wenn sie mit der Möglichkeit eines Lebens mit Kind verglichen werden. Vieles wirkt möglicherweise zunächst als fader Kompromiss, als »billiger« Trost und verdeutlicht, dass ein Kind durch nichts zu ersetzen ist. Um aber zurück ins Leben zu finden, ist es unerlässlich, neue Türen nach und nach zu öffnen. Wenn alles im Vergleich zu einem Leben mit Kind unbedeutend erscheint, dann versuchen Sie wenigstens für kurze Zeit so zu tun, als ob Sie sich darauf einlassen könnten.

Folgende Anregungen können Ihnen helfen, neue Perspektiven und Ideen zu entwickeln:

Nutzen Sie jede Gelegenheit zur Inspiration. So können interessante Phantasien entstehen, die Sie erst später daraufhin abklopfen können, ob und wie sie umsetzbar sind.

Machen Sie ein Brainstorming. Nehmen Sie sich ein großes weißes Plakat, auf das Sie alles, was Ihnen einfällt schreiben können, und lassen Sie sich von folgenden Fragen inspirieren:

- »Wie kann ein Leben aussehen, das wir völlig frei gestalten dürfen?«
- »Was hat in unserem Leben nun Platz?«
- »Was wollte ich/wollten wir schon immer einmal tun?«
- »Wofür haben wir nun Zeit, Geld und Energie?«

Erinnern Sie sich dabei an all die Träume, Phantasien und Lebensentwürfe, die Sie im Kindes- und Jugendalter hatten.

- Lassen Sie sämtliche Gedanken und Ideen zu – auch die noch so verrückten und unrealistischen. Jede Idee zählt – bewerten Sie nichts,

begrenzen Sie sich nicht, seien Sie spontan, kreativ, hemmungslos. Denken Sie groß!
- Werden Sie dabei möglichst konkret (z. B. statt »Spaß haben« »Gleitschirmfliegen«).
- Tauschen Sie sich währenddessen immer wieder aus und erzählen Sie sich gegenseitig von Ihren Träumen.
- Nehmen Sie sich dafür so viel Zeit, wie Sie brauchen.

Wenn Sie genauer überprüfen wollen, welche Akzente Sie in Ihrem künftigen Leben setzen wollen, kann es hilfreich sein, dass Sie Ihre tiefsten Bedürfnisse kennen. Eine gute Übung dazu finden Sie in Kapitel 1.

Hier ein weiteres Gedankenexperiment, das jeder für sich machen kann:

- Stellen Sie sich vor, ein Meteorit rast unaufhaltsam auf unsere Erde zu. Genau in sieben Tagen löscht er Sie und alles damit verbundene Leben komplett aus. Es gibt kein Entkommen. Wie verbringen Sie diese verbleibenden letzten sieben Tage? Was genau machen Sie?
- Schreiben Sie Ihre Pläne auf. Anhand dieser Aufzeichnungen können Sie erkennen, welche Bedürfnisse Ihnen besonders wichtig sind. Tauschen Sie sich darüber aus und berücksichtigen Sie diese bei Ihren Plänen. In Kapitel 4 finden Sie eine Übung, die Ihnen hilft, konkrete Ideen dazu zu entwickeln.
- Viele Paare haben sich im Rahmen des unerfüllten Kinderwunsches zumindest teilweise von befreundeten Familien zurückgezogen. Überdenken Sie dies und entscheiden Sie, ob es für Sie sinnvoll ist, diese Freundschaften nun wieder aktiv zu pflegen, oder ob Sie sich einen Freundeskreis suchen, in dem Kinder nicht (oder nicht mehr) die zentrale Rolle spielen.
- Überdenken Sie, ob und wie Sie Kinder noch in Ihr Leben integrieren möchten, z. B. durch Patenschaften, als Tante/Onkel oder indem Sie entsprechende Hilfsorganisationen unterstützen. Nehmen Sie sich auch das Recht heraus, dies nicht zu tun, wenn es für Sie unpassend ist. Sie können sich auch Dingen zuwenden, die nicht mit Kindern

verbunden sind. Vielleicht möchten Sie sich in einem anderen Bereich engagieren, politisch, gesellschaftlich, kulturell, im Tier- oder Umweltschutz oder sich für die Belange bestimmter Menschen einsetzen.
- Suchen Sie sich Vorbilder im privaten oder öffentlichen Leben, die etwas umgesetzt haben, das Sie bewundern.

Sind Sie mit Ihren momentanen Arbeitsinhalten und Ihrer Arbeitssituation insgesamt glücklich und zufrieden? Wenn Sie damit nicht zufrieden sind, lässt Ihnen ein Leben ohne Kind einen größeren Spielraum, dies zu verändern, z. B. in einer beruflichen Weiterqualifikation oder einer völligen Neuorientierung.

Manche Männer oder Frauen machen vor allem hier einen großen Schnitt und gönnen sich eine deutliche Veränderung. Sie legen eine Pause ein (»Sabbatical«), die sie für ein spannendes privates Projekt verwenden, entschließen sich, den jetzigen Beruf »an den Nagel zu hängen« und etwas ganz anderes zu machen, beginnen eine Ausbildung mit einer gänzlich neuen Ausrichtung oder machen sich selbständig. Wie können Sie Ihr Arbeitsleben so gestalten, dass Sie bis zum Rentenalter zufrieden sein können?

Christine und Max verlassen die Neubausiedlung, in der sie mit ihren Kindern leben wollten, suchen sich eine schöne Altbauwohnung und genießen die Nähe zu Restaurants und kulturellen Veranstaltungen in der Innenstadt. Max beschließt, sich selbständig zu machen, und investiert viel Zeit in seine neue Tätigkeit. Endlich ist er unabhängig und kann freie Entscheidungen treffen. Christine reduziert ihre Arbeitszeit um 20 % und hat nun freitags frei. So hat sie mehr Zeit für sich und ihre Hobbys. Sie beginnt wieder Klavierstunden zu nehmen und unternimmt oft lange Streifzüge mit ihrer Kamera auf der Suche nach interessanten Motiven. Da sie nun auch näher bei Christines Schwester leben, kann Christine ihr Bedürfnis, mehr Zeit mit ihren Nichten zu verbringen, umsetzen. Jeden zweiten Freitag holt sie die beiden von Kita und Schule ab und verbringt den Nachmittag mit ihnen, gelegentlich bleiben sie auch über Nacht. Sie kaufen sich einen Oldtimer, den Max liebevoll herrichtet. Gemeinsam verbringen sie viele Wochenenden mit anderen Auto-Liebhabern auf Rallyes.

Markus und Janina sind beide mit ihrer beruflichen Situation unzufrieden. Schließlich entscheiden sie sich dafür, dass Janina kündigt und sie das Angebot von Markus' Arbeitgeber annehmen, für einige Jahre ins Ausland zu gehen. Sie nehmen die Herausforderung an und freuen sich auf einen Neuanfang in einer anderen Umgebung. Der Abstand tut beiden gut. Während für Markus die berufliche Entwicklung im Vordergrund steht, ist Janina neugierig auf eine fremde Kultur und die Chance, ein bisher unbekanntes Land intensiv kennenzulernen. Außerdem findet sie endlich Zeit und ideale Motive für ihre Malerei. Beide wollen von dort aus viel reisen und eine neue Sprache lernen. Janina sucht nach einem sozialen Projekt, an dem sie sich konkret vor Ort beteiligen und auch langfristig wirken kann.

Ina und Daniel haben ein großes Haus in wunderschöner ländlicher Umgebung gebaut. Da die beiden »Kinderzimmer« nun leer stehen, bauen sie sie zu Gästezimmern um und eröffnen ein kleines Bed & Breakfast. Da beide ohnehin im Homeoffice arbeiten und sich ihre Zeit frei einteilen können, lässt sich das gut mit ihrer beruflichen Tätigkeit verbinden. Außerdem kann Ina so ihrer Koch- und Backleidenschaft frönen und hausgemachte Leckereien verkaufen. Gerne setzen sie sich am Abend auch mit ihren Gästen auf ein Glas Wein zusammen. Daniel nimmt an den Wochenenden interessierte Gäste mit zum Angeln und bietet über das örtliche Tourismuszentrum geführte Wanderungen an. Der Erhalt seiner Heimat liegt ihm besonders am Herzen, ehrenamtlich ist er deshalb politisch aktiv und engagiert sich im Naturschutz. Ina liebt Tiere und bietet über eine Organisation nach Bedarf entlaufenen Hunden ein vorübergehendes Zuhause.

Adoption – Eine Lösung für Menschen mit unerfülltem Kinderwunsch?

Die Adoption eines Kindes kann eine wunderbare Möglichkeit sein, einem Kind eine Zukunft zu schenken. Für viele Paare verwirklicht sich auf diese Weise der Traum einer Familie. Vielleicht haben Sie bereits auch schon einmal gedacht: »Wenn es im Kinderwunschzentrum nicht klappen sollte, dann adoptieren wir eben ein Kind.«

Doch ganz so einfach ist es natürlich nicht – weder emotional noch faktisch. Und obwohl viele Adoptivfamilien sich schon bald wie »ganz normale« Familien fühlen – mit allen Freuden und gewöhnlichen Problemen –, sind Adoptiveltern in besonderer Weise gefordert. Denn annehmende Eltern werden Zeit ihres Lebens für ein Kind verantwortlich sein, das bereits eine große Verletzung in seinem Leben erlebt hat: den Verlust seiner leiblichen Familie. Es ist eine besondere Lebensaufgabe, diesen frühen Bruch des Urvertrauens gemeinsam mit dem Kind auszuhalten und es trotz dieser bleibenden Wunde gut für das Leben zu rüsten. Die Adoption ist also kein einmaliger Akt: Die Aufnahme eines Kindes ist ein lebenslanger und prägender Prozess für das ganze Familiensystem, das immer aus biologischen Eltern, Kind und Adoptiveltern bestehen wird.

> Erfahrung einer Adoptivmutter: »Noch als unser Sohn ein Baby gewesen ist, haben wir mit ihm über seine ›Bauchmama‹ gesprochen und mittlerweile fragt er auch von sich aus nach seinen leiblichen Eltern. Das sind immer sehr wertvolle Momente und ich fühle mich seinen Fragen gewachsen. Ich profitiere auf jeden Fall auch heute noch davon, dass ich damals die missglückten Versuche

im Kinderwunschzentrum ausgiebig betrauert habe. Dazu haben mein Mann und ich professionelle Hilfe von einer psychosozialen Beraterin in Anspruch genommen. Dort haben wir auch das erste Mal eine Adoption erwogen.«

Der Wunsch nach einem leiblichen Kind kann nicht einfach durch ein Adoptivkind ersetzt werden, dies würde dem Kind, das bereits lebt und seine ganz eigene Geschichte mitbringt, nicht gerecht werden. Die Fachkräfte für Adoptionen in den Jugendämtern und auch in den Adoptionsvermittlungsstellen legen aus diesem Grund großen Wert darauf, dass der Wunsch nach einem leiblichen Kind gut verarbeitet und abgeschlossen ist. Ein Adoptivkind kann kein Stellvertreter für ein nicht geborenes leibliches Kind sein und die Adoption ist kein Mittel, um die ungewollte Kinderlosigkeit zu kompensieren. Ein Adoptivkind wird feine Antennen dafür entwickeln, ob die annehmenden Eltern den Wunsch nach einem leiblichen Kind tatsächlich verabschiedet haben und sich nun voll und ganz auf es einlassen können – so wie ganz normale Eltern auch und noch ein bisschen mehr! Es wird sehr entlastend für das Kind und seine Entwicklung sein, wenn die Adoptiveltern dafür Sorge tragen, dass den leiblichen Eltern ein angemessener Platz in der Familie eingeräumt wird.

> Goldene Adoptionsregel: Bei einer Adoption geht es nicht darum, ein passendes Kind für ungewollt kinderlose Menschen zu suchen. Bei der Adoptionsvermittlung werden geeignete Eltern für ein bedürftiges Kind gesucht!

Der Ablauf einer Adoption

Es ist allgemein bekannt, dass die Adoption eines Kindes meist keine einfache Angelegenheit ist. Es liegen erneut Jahre des Wartens vor einem mit ganz ähnlichen Gefühlen der Ungewissheit und Ohnmacht. Dies kann erneut als ein Kontrollverlust erlebt werden, der bereits schwierig auszuhalten gewesen ist, als der Kinderwunsch sich nicht auf natürlichem Weg erfüllt hat. Paare müssen sich um die Aufnahme eines Kindes regelrecht bewerben und für das Jugendamt oder die Adoptionsvermittlungsstelle ist man nun tatsächlich ein »Adoptionsbewerber«. Leider fühlen sich die meisten Menschen während des häufig jahrelangen Adoptionsprozesses auch genauso – als Kandidaten, die unter Beobachtung stehen:

> Erfahrung eines Adoptivvaters: »Eine Adoption ist ein sehr mühsamer Prozess. Ich hatte zeitweise wirklich den Eindruck, dass das ganz schön unfair ist, schließlich gibt es ja genügend leibliche Eltern, die besser kein Kind bekommen hätten ... Aber auch wenn solche Gedanken hin und wieder auftauchen, wir verstehen natürlich, warum solch eine aufwendige Überprüfung notwendig ist. Es dient dem Schutz des Kindes!«

Die Adoption eines Kindes kostet also viel Zeit und Energie, und dies ist letztlich eine gute Übung für später. Denn gerade im ersten Jahr des Zusammenlebens benötigt das Kind die volle Aufmerksamkeit der Eltern, und eine Bezugsperson sollte rund um die Uhr für das Kind da sein. Dies bedeutet ganz konkret: Entweder die Adoptivmutter oder der Adoptivvater werden eine mindestens einjährige Pause im Beruf einlegen, damit eine stabile und belastbare Bindung zu dem Kind aufgebaut werden kann. Finanziell entlastet wird diese intensive Familienphase durch Elterngeld- und Kindergeldzahlungen, die Adoptivfamilien genauso zustehen wie eine Familienversicherung bei den gesetzlichen Krankenkassen.

Nicht nur, aber auch eine Frage des Alters: In- oder Auslandsadoption?

Es besteht generell die Möglichkeit, ein Kind aus dem Inland oder aus dem Ausland zu adoptieren. Dies ist natürlich eine Entscheidung mit weitreichender Bedeutung, und viele Paare haben faktisch nicht wirklich eine Wahlmöglichkeit, da sie für die Adoption eines Kindes in Deutschland bereits zu alt sind. Zwar hat der Gesetzgeber offiziell keine Altersgrenze für Adoptivbewerber festgelegt, in der Realität sieht es aber meistens anders aus: Bei Inlandsadoptionen werden Säuglinge und Kleinkinder bevorzugt an jüngere Ehepaare vermittelt, die nicht älter als 35 Jahre sind. Es wird darauf geachtet, dass der Altersabstand zwischen dem Baby und einem Elternteil nicht mehr als 40 Jahre überschreitet. Auf diese Weise soll gewährleistet werden, dass Adoptiveltern nicht so alt sind, dass sie die Großeltern des Kindes sein könnten. In Deutschland gibt es weit mehr

Bewerber als zur Adoption freigegebene Kinder, und dies bedeutet, dass nicht jedes Ehepaar mit einer Adoptionseignung berücksichtigt werden kann. Bei Auslandsadoptionen werden diese Altersgrenzen etwas flexibler gehalten, und dies ist einer der Gründe, warum sich viele Paare für die Aufnahme eines Kindes aus einem anderen Land entscheiden. Sie möchten sichergehen, dass sie eines Tages auch wirklich ein Kind adoptieren werden können, und dies ist bei einer Auslandsadoption tatsächlich wahrscheinlicher. Im Vorfeld einer Auslandsadoption ist es allerdings unverzichtbar, sich gut mit der Frage auseinanderzusetzen, was es bedeutet, ein Kind aus einem anderen Land anzunehmen, eine interkulturelle Familie zu werden und mit Alltagsrassismus konfrontiert zu sein. Sicherlich nimmt man dem Kind auch ein Stück seiner Kultur und Identität und dies ist eines der wesentlichen Kritikpunkte an einer Auslandsadoption. Die Frage, was wichtiger ist – die kulturelle Heimat oder das Aufwachsen in einer Familie –, muss letztlich jeder selbst gut für sich abwägen. Für das spätere Zusammenleben wird es auf jeden Fall von Bedeutung sein, dass Adoptiveltern der Heimat ihres Kindes positiv gegenüberstehen und beispielsweise durch Reisen in das Herkunftsland eine Verbindung zu seinen Wurzeln erhalten.

Die »Eignungsüberprüfung«

Die Eignungsüberprüfung umfasst mehrere Schritte, die im Folgenden beschrieben werden.

Der »Sozialbericht«

Ob In- oder Auslandsadoption – alle Bewerber müssen sich auf ihre Adoptionseignung überprüfen und einen sogenannten »Sozialbericht« erstellen lassen. Bei Inlandsadoptionen wird dies eine Fachkraft der Adoptionsbehörde des zuständigen Jugendamtes übernehmen. Bei Auslandsadoptionen besteht zudem die Möglichkeit, den Sozialbericht bei der Adoptionsvermittlungsstelle anfertigen zu lassen. Die Zusammenarbeit mit einer solchen Vermittlungsstelle ist ratsam und in den Ländern zwingend erforderlich, die die »Haager Adoptionskonvention« unterzeichnet haben. Die »Haager Adoptionskonvention« – auch »Haager Abkommen« genannt – regelt die Zusammenarbeit zwischen den Behörden des Herkunftslandes des Kindes und den Ämtern im Aufnahmestaat. Primäres Ziel ist das Wohl des Kindes unter Wahrung seiner Grundrechte und die Verhinderung von Kinderhandel. Eine Auslandsadoption soll nur dann erwogen werden, wenn das Kind weder in seiner Familie noch in einer anderen Familie seines Heimatlandes leben kann.

Allerdings ist es leider in der Vergangenheit bereits vorgekommen, dass Auslandsvermittlungsstellen aufgrund von Kinderhandel geschlossen werden mussten. So ist es letztlich sicherer, den Sozialbericht durch das Jugendamt und somit von einer staatlichen Behörde ausstellen zu lassen. Zum Hintergrund: Auslandsvermittlungsstellen sind zwar staatlich anerkannte Organisationen, die aber in freier Trägerschaft arbeiten und Gebühren für ihre Tätigkeit erheben. Das Verfahren für die Erstellung des Sozialberichts ist ein längerer Prozess und kann sechs bis zwölf Monate beanspruchen – auch das Jugendamt erhebt für diese Leistung eine Gebühr um die 1 200 Euro. Für die Adoption eines ausländischen Kindes sind insgesamt Kosten zwischen 10 000 und 20 000 Euro realistisch.

> Erfahrung einer Adoptivmutter: »Eines kann man definitiv sagen: Es sind nicht nur altruistische Beweggründe, die die Geschäftsführer der Adoptionsvermittlungsstellen motivieren. Es geht hier auch um Geld. Und eigentlich ist überhaupt nicht einzusehen, warum bei einem so sensiblen Thema wie der Adoption von Kindern überhaupt Vermittlungsstellen in freier Trägerschaft zugelassen sind. Mein Mann und ich hätten am liebsten nicht nur den Sozialbericht, sondern die gesamte Auslandsadoption in Zusammenarbeit mit einer staatlichen Behörde durchgeführt. Wir sind nach all unseren Erfahrungen für eine Reform des Auslandsadoptionswesens – weniger Privatstrukturen, mehr staatliche Verantwortung und Kontrolle.«

Die Adoptionsvermittlungsstellen

Ohne die Zustimmung der Fachkraft in der Adoptionsvermittlungsstelle wird es keinen »Kindervorschlag« geben und manchmal haben Adoptivbewerber ambivalente Gefühle von Abhängigkeit und Kontrolle gegenüber diesen privaten, aber staatlich beaufsichtigten Trägervereinen. Auch aus diesem Grund ist es zu empfehlen, sich vor der endgültigen Entscheidung und Zusammenarbeit mit einer Adoptionsvermittlungsstelle eingehend über Verfahren, Arbeitsweisen und Länderzulassungen zu informieren. In der Regel werden von den Adoptionsvermittlungsstellen Informationsveranstaltungen angeboten und auch Erfahrungen anderer Adoptiveltern können eine wertvolle Quelle sein. Dabei sollte jedoch möglichst darauf geachtet werden, dass man sich nicht nur auf die Berichte von Adoptiveltern verlässt, die einem als Gesprächspartner von der Vermittlungsstelle empfohlen werden. Ein guter Zugang sind sicherlich Adoptiveltergruppen, die es in vielen größeren Städten gibt. Dort bietet sich die Gelegenheit, ganz offen Fragen zu stellen, von den Erfahrungen anderer Adoptiveltern zu profitieren und manche »Insiderinformation« zu erhalten. In einigen Städten werden auch sogenannte »Adoptionsvorbereitungsseminare« in Kooperation mit dem Jugendamt oder auch online durch andere freie Trägern angeboten. Auch dies sind gute Möglichkeiten, sich kundig zu machen und eine Entscheidung für oder gegen eine Adoption zu treffen.

Das Leben mit einem Adoptivkind

Adoptivfamilien sind in vielen Bereichen Familien wie andere auch. Sie werden die gleichen Freuden mit ihrem Kind erleben, es umsorgen, behüten und es liebevoll beim Aufwachsen begleiten. Und doch sind sie als Adoptiveltern aufgefordert, noch ein bisschen mehr zu leisten als andere Mamas und Papas. Sie werden gemeinsam mit ihrem Kind um den Verlust seiner leiblichen Eltern trauern, »fortgegeben« worden zu sein und nicht in der Ursprungsfamilie aufwachsen zu können. Es wird einen Einfluss haben, wie sie als Adoptiveltern zu den leiblichen Eltern stehen und wie sie ihrem Kind die Motive, die zu der Adoption geführt haben, darstellen und erklären können. So wird es Teil ihres Alltags werden, über die Wurzeln des Kindes zu sprechen und über die Hintergründe, wie sie letztlich eine Familie geworden sind. Diese Ehrlichkeit wird dazu beitragen, dass das Adoptivkind sich selbst voll annehmen und Frieden mit seiner Geschichte schließen kann. Denn Adoptivkinder hegen häufig den Verdacht, dass mit ihnen ja irgendetwas nicht stimmen mag, sie vielleicht nicht liebenswert seien und die Trennung letztlich ihre Schuld sei. Es wird Aufgabe der Adoptiveltern sein, auch schmerzliche Ereignisse in der Biografie zu erklären und auszuhalten. Selbst Babys, die bereits nach wenigen Tagen adoptiert wurden, haben eine frühe existenzielle Erfahrung von Verlust erleiden müssen. Und dies kann eine »unbewusste Verunsicherung« (Wiemann, S. 70) auslösen, die es Adoptivkindern häufig auch später so schwer macht, sich zu binden und zu vertrauen. Innerlich fechten viele Adoptivkinder einen Kampf um Nähe und Distanz aus. »Sobald sie sich sicher fühlen, wird in ihnen das Gefühl aktiviert, sie könnten von ihren Bezugspersonen – wie schon früher im Leben – wieder verlassen werden. Es könnte gefährlich sein, sich in Abhängigkeit zu begeben« (Wiemann, S. 70). Und dies kann zur Folge haben, dass bereits minimale Kritik als fundamentale Bedrohung erlebt wird und dazu führt, dass das Kind von sich aus die Beziehung zu seinen Adoptiveltern in Frage stellt – z. B. dadurch, dass das Kleinkind seine Adoptivmutter haut oder der Jugendliche seine Adoptiveltern verbal attackiert nach dem Motto: »Ihr habt mir gar nichts zu sagen, ihr seid ja gar nicht meine richtigen Eltern.« Auf diese Weise wird getestet, ob die Beziehung nicht doch ins Wanken gerät. So ist es für viele Adoptivkinder lebenslänglich sehr wichtig, die Kontrolle zu behalten, um sich unter keinen Umständen erneut der Ohnmacht ausgesetzt zu sehen, die es bedeutet hat, von den leiblichen Eltern verlassen worden zu sein. Buchtitel wie »Survivaltipps für Adoptiveltern« lassen erahnen, dass es nicht immer einfach ist, einen Menschen, der in seinem Urvertrauen verletzt worden ist, auf den Weg zu bringen. Die Adoptiveltern werden es leichter haben, die anerkennen, dass manch klaffende Wunde zwar abheilt, jedoch eine Narbe zurückbleiben wird. In diesem Sinne sind Adoptivfamilien keine Familien wie jede andere – sie sind Familien mit dem »gewissen Extra«.

Kommt eine Adoption für uns infrage?

Der folgende Fragebogen möchte Ihnen eine Entscheidungshilfe sein, ob eine Adoption für Sie eine gute Form der Familiengründung ist. Viele Menschen haben, wenn sie sich mit der Adoption eines Kindes beschäftigen, ein mulmiges Gefühl. Dies ist verständlich, denn erst einmal scheint eine Adoption ein Wagnis zu sein, schließlich kommt auf einen sehr viel Unbekanntes und Ungewisses zu. Auch in den Medien wird häufig ein negatives Bild gezeichnet und es kann tatsächlich der Eindruck entstehen, dass jedes Adoptivkind hochgradig traumatisiert ist und die völlig verzweifelten Adoptiveltern allesamt über Scheidung nachdenken. Sicherlich, diese Fälle gibt es, doch sehr viel seltener ist die Rede von den vielen anderen Adoptivfamilien, die sehr glücklich sind und ein harmonisches Familienleben führen – mit den alltäglichen Problemen, den familiären Freuden und natürlich auch den adoptionsspezifischen zusätzlichen Anforderungen. Es gilt, das Leben einzuladen und auch ein Stück weit die Ungewissheit, die alle Eltern aushalten müssen – leibliche und Adoptiveltern. Nur die wenigsten Kinder sind oder werden genauso sein, wie erhofft. Zum Glück! Die meisten Adoptiveltern machen also gute Erfahrungen und diese Adoptivmutter bringt es stellvertretend für die vielen geglückten Adoptionen auf den Punkt:

> »Wir bekommen jeden Tag von unserem Kind so viel zurück, dass man es nicht in Worte fassen kann. Ich möchte alle Menschen ermutigen, eine Adoption zu erwägen. Man schafft das und wächst daran. Ich kann nur sagen, wir sind glücklich und nicht jeden Tag verzweifelt oder fragen uns, wie wir den nächsten Tag überstehen sollen. Es ist mit Abstand das Beste, was wir in unserem Leben bisher gewagt haben. Manchmal werde ich gefragt, ob wir unser Kind haben ›aussuchen‹ dürfen – was für eine Frage?! Natürlich nicht! Oder gibt es irgendwo leibliche Eltern, die ihr Kind aussuchen durften? Und genau das scheint mir das Wesentliche zu sein: Das Leben ist nicht planbar – weder für leibliche noch für Adoptiveltern.«

In diesem Sinne möchte der Fragebogen Ihnen eine Hilfe sein, um herauszufinden, ob eine Adoption für Sie eine gute Alternative ist. Wenn die Fragen an der einen oder anderen Stelle kritische Punkte ansprechen, dann einzig aus dem Grunde, damit Sie sensibilisiert werden für mögliche emotionale Herausforderungen. Sie werden eine viel belastbarere Entscheidung treffen können, wenn Sie sich im Vorfeld eingehend mit ihren individuellen Bedenken und Bedürfnissen auseinandergesetzt haben und natürlich auch mit Ihren hilfreichen Stärken und Ressourcen. So ist es ratsam, dass Sie erst einmal jeder für sich allein die folgenden Fragen beantworten und Sie sich erst anschließend gemeinsam mit Ihrem Partner über das Ergebnis austauschen. Und vielleicht werden Sie feststellen: Das, was für den einen schwierig erscheint, ist für den anderen womöglich gar nicht problematisch. Und weil Sie nur gemeinsam ein Kind werden adoptieren können, wird das Adoptivkind von der Bandbreite Ihrer

Sichtweisen und Ihrer Strategien im Umgang mit Belastungen profitieren können.

> **Fragebogen**
>
> **(1) Schaffe ich es geduldig zu bleiben, und die Belange unseres Adoptivkindes an die erste Stelle meines Lebens zu stellen?**
> 1 Ich bin sehr ungeduldig   10 Ich bin die Geduld in Person
>
> - Was müsste geschehen, um einen Punkt auf der Skala weiter zu kommen – also geduldiger zu werden?
> - Woran würde mein Partner bemerken, dass ich einen Schritt weiter auf der Skala gekommen bin?
>
> 1 Das Leben soll so weitergehen wie bisher – nur mit Kind!   10 Ich werde beruflich zurückstecken – Was bedeutet das konkret?
>
> - Wie hoch schätze ich den Einsatz ein, den ich für unser Adoptivkind leisten werde?
> - Wie hoch schätze ich den Einsatz ein, den mein Partner leisten wird?
> - Welche Punktzahl wird mir mein Partner geben?
> - Vergleichen Sie Ihre jeweilige Punktzahl bei der Nachbesprechung mit Ihrem Partner und kommen Sie ins Gespräch über das Ergebnis.
>
> **(2) Werde ich damit leben können, dass unser Kind immer zwei Familien in sich trägt – seine leibliche und seine Adoptivfamilie?**
>
> - Bin ich bereit mit dem Kind über seine leiblichen Eltern zu sprechen und möglicherweise seine Wut und auch die dahinter liegende Trauer über diesen existenziellen Verlust gemeinsam zu tragen?
> - Wie offen werde ich mit der Adoption umgehen, wenn äußerlich nicht sichtbar ist, dass das Kind adoptiert ist und ich nicht die leibliche Mutter oder Vater bin? Wird es mir dann schwerfallen mit

meinem Kind über seine Biografie und die Adoption zu sprechen? Werde ich das Thema gegenüber Erziehern im Kindergarten oder gegenüber Lehrern in der Schule ansprechen? Und wenn ja, wie wird das sein? Und wenn nicht, warum werde ich es unterlassen?

- Wie wird es mir damit ergehen, wenn das Kind anders aussieht als ich und möglicherweise durch eine andere Hautfarbe eindeutig ersichtlich ist, dass mein Kind adoptiert ist?
- Wie wird es für mich sein, wenn durch mein Adoptivkind in der Öffentlichkeit Zeit meines Lebens deutlich wird, dass es auf natürlichem Weg bei uns nicht geklappt hat, ein Kind zu bekommen?
- Eine Familie mit einem Kind aus einem anderen Kulturkreis bzw. mit einer anderen Hautfarbe fällt in der Regel auf. Die Umgebung und auch wildfremde Leute werden immer mal wieder interessierte und auch sehr private Fragen stellen. Wie gut wird es mir gelingen, die Geschichte und Biografie des Kindes zu schützen und mich von zu großer Neugier abzugrenzen?
- Wie gehe ich damit um, wenn mein Kind seine Hautfarbe selbst ablehnt? Und wie damit, wenn es sehr wahrscheinlich mit Ausgrenzung und Rassismus konfrontiert wird?
- Was werden wir unternehmen, um das Kind für die Kultur seines Ursprungslandes zu sensibilisieren und eine positive Verbindung zu seinem Heimatland aufrechtzuerhalten?

(3) Werden wir es verkraften, wenn das Adoptivkind uns testet, mit kleinen und großen Trotzattacken, Traueranfällen und versuchten Kontaktabbrüchen?

- Wie habe ich bisher Krisen in meinem Leben gemeistert und wie ist es uns geglückt, gemeinsam als Paar schwierige Zeiten zu überstehen?
- Wer kann uns im Alltag entlasten und unterstützen?
- Bin ich bereit, auch professionelle Hilfe – Familienberatungsstellen, Ärzte und Psychologen – aufzusuchen oder andere erforderliche Angebote für mich und mein Kind in Anspruch zu nehmen?
- Wie gehe ich mit Stress um? Gibt es Freunde, Familienmitglieder und Freizeitaktivitäten, bei denen ich regelmäßig auftanken kann?

(4) Sind wir bereit, gemeinsam mit dem Kind zu wachsen und streckenweise über uns hinauszuwachsen?

- Wie kann uns die Erfahrung des bisher unerfüllten Kinderwunsches im Adoptionsverfahren behilflich sein? Was haben wir in dieser Phase unseres Lebens gelernt, das auch später im Zusammenleben mit dem Adoptivkind eine Qualität sein könnte?
- Was verbinde ich für Hoffnungen mit einem Kind? Was davon kann ich mir auch selbst geben?
- Was wird sich meines Erachtens durch ein Adoptivkind ändern – in den Bereichen Partnerschaft, Beruf und in den Beziehungen zu Familienangehörigen und Freunden?

(5) Es geschieht zwar viel seltener, als darüber in den Medien berichtet wird, und doch kann es vorkommen: Die Adoptivmutter wird völlig unerwartet schwanger – nach jahrelangem, unerfülltem Kinderwunsch erwarten die Adoptiveltern nun nach der Adoption ihres ersten Kindes ein leibliches Kind.

- Wie geht es mir bei dieser Vorstellung?
- Wie geht es unserem Adoptivkind?
- Wo sehe ich Herausforderungen?
- Wie wird das emotionale Verhältnis zu unserem Adoptivkind sein und welche Gefühle habe ich zu unserem leiblichen Kind?
- Gibt es Unterschiede in der Beziehung zu unserem Adoptivkind im Vergleich zu unserem leiblichen Kind und wenn ja, können wir damit gut leben und beiden gerecht werden?

(6) Ein Leben ohne Kind hat viele Vorteile. Welche fallen mir ein?

(7) Ich unternehme eine Zeitreise und blicke auf mein Leben zurück:

- Auf ein erfülltes Leben mit einem Adoptivkind
- Auf ein erfülltes Leben ohne ein Adoptivkind

> • Was hätte es für eine Bedeutung für mich, wenn sich mein Partner ein erfülltes Leben ohne Adoptivkind sehr gut vorstellen kann und dieses für ihn die stimmige Option ist?

Sie werden nach der Beantwortung der Fragen gemeinsam mit Ihrem Partner ins Gespräch kommen und wahrscheinlich in einigen Punkten auch unterschiedliche Sichtweisen und Einschätzungen entdecken. Gibt es teilweise aber auch große Meinungsverschiedenheiten, dann kann es sehr hilfreich sein, eine professionelle Kinderwunschberatung in Anspruch zu nehmen, um gemeinsam und in einem wertschätzenden Rahmen zu einer guten Lösung zu finden. Je sicherer Sie sich sein werden, dass eine Adoption für Sie beide der richtige Weg ist, desto tragfähiger wird ihre Entscheidung ausfallen, und dies ist die beste Voraussetzung für ein glückliches Familienleben mit Adoptivkind.

Wenn die Entscheidung für eine Adoption gefallen ist

> **Checkliste »Wie gehen wir konkret vor?«**
>
> - Entscheidung treffen, ob In- oder Auslandsadoption. Bei einer Auslandsadoption ist es hilfreich, sich bereits im Vorfeld für ein Land und eine entsprechende Adoptionsvermittlungsstelle zu entscheiden – die Jugendämter sprechen keinerlei Empfehlungen in dieser Frage aus. Eine respektvolle Beziehung zum Kulturkreis und Herkunftsland des Kindes wird später sehr hilfreich sein, um sich gemeinsam mit dem Kind seiner Biografie anzunähern.
> - Falls der Sozialbericht, auch Adoptionsvermittlungsbericht genannt, durch das Jugendamt erstellt werden soll: Kontaktanbahnung mit dem Jugendamt. Es ist aber auch möglich, den Sozialbericht über die Adoptionsvermittlungsstelle anfertigen zu lassen.
> - Vor einem umfassenden ersten Gespräch bieten die meisten Jugendämter eine Informationsveranstaltung zum Ablauf bei In- und Auslandsadoptionen an.

- Für die Erstellung des Sozialberichts:
  - Ausfüllen der Fragebögen
  - Verfassen der Lebensläufe
- Polizeiliches Führungszeugnis einholen.
- Ärztliche Untersuchungen absolvieren – einige Herkunftsländer fordern auch psychologische Gutachten von Adoptivbewerbern an.
- Mehrere Gespräche mit der Fachkraft im Jugendamt bzw. in der Vermittlungsstelle (Einzel- und Paargespräche, Hausbesuch). Die Themen:
  - die Auseinandersetzung mit der ungewollten Kinderlosigkeit
  - die eigene Biografie
  - die Partnerschaft
  - das Zusammenleben mit einem Adoptivkind
  - der Wert eines offenen Umgangs mit der Adoption und die Aufklärung des Kindes
  - interkulturelle Fragen
- Wenn der Sozialbericht verfasst worden ist, wird er bei einer Auslandsadoption mit allen Unterlagen übersetzt und beglaubigt in das betreffende Land verschickt. Dann beginnt die Wartezeit für den sogenannten »Kindervorschlag«, die momentan in der Regel zwei Jahre dauert – eher länger. Auch bei einer Inlandsadoption heißt es nun Abwarten, leider ist der Ausgang aufgrund der Vielzahl der Bewerber ungewiss.

Literaturempfehlungen und Webseiten

Bossemeyer, C. (2021). *Praxisbuch Kommunikation für Adoptiv- und Pflegeeltern: Das Innere Team: Hilfen im Umgang mit traumatisierten Kindern*. Göttingen: Vandenhoeck & Ruprecht.

Lattschar, B. & Wiemann, I. (2018). *Mädchen und Jungen entdecken ihre Geschichte: Grundlagen und Praxis der Biografiearbeit*. Weinheim. Beltz Juventa.

Lattschar, B. & Wiemann, I. (2019). *Schwierige Lebensthemen für Kinder in leicht verständliche Worte fassen: Schreibwerkstatt Biografiearbeit*. Weinheim: Beltz-Juventa.

Omer, H. & Streit, P. (2016). *Neue Autorität: Das Geheimnis starker Eltern*. Göttingen: Vandenhoeck & Ruprecht.

Rech-Simon, C. & Simon, F. B. (2010). *Survival-Tipps für Adoptiveltern*. Heidelberg: Carl-Auer-Verlag.

Wiemann, I. (2012). *Adoptiv- und Pflegekindern ein Zuhause geben. Informationen und Hilfen für Familien.* Bonn: Balance Buch+Medien Verlag.
Broschüre über Adoption: www.bmfsfj.de/bmfsfj/themen/familie/schwangerschaft-und-kinderwunsch/adoption/publikationen-zum-thema-adoption/ein-kind-adoptieren-177918

Familienbildung mit Samenspende

Eine Familie ist eine Familie ist eine Familie – oder doch nicht? Wenn Paare zum ersten Mal mit der Möglichkeit einer Samenspende konfrontiert werden, ist dieser Schritt für die meisten kaum vorstellbar. »*Wie geht es uns, wenn wir wissen, dass das Kind von einem anderen Mann abstammt?*«, »*Das muss für ein Kind doch sehr verwirrend sein – und für uns ebenfalls*« und »*Andere würden mit dem Finger auf uns zeigen und später vielleicht sogar das Kind hänseln*« – das sind übliche erste Reaktionen, wenn ein Arzt darüber aufklärt, dass weitere Behandlung wenig bis kaum erfolgversprechend sind, oder wenn die Unfruchtbarkeit bei dem Mann so gravierend ist, dass keine Behandlungen mit seinem Samen durchgeführt werden können und dann die Möglichkeit der Samenspende in Betracht kommt. Dennoch gibt es mittlerweile in Deutschland und in vielen anderen Ländern zahlreiche Familien nach Samenspende. Sie haben sich mit den spezifischen Fragestellungen, die mit dieser Familienbildung einhergehen, auseinandergesetzt und einen Weg gefunden, mit Zuversicht und innerer Überzeugung damit umzugehen. Dieser Abschnitt soll Ihnen die Themenstellungen näherbringen, die entstehen, wenn Sie mit der Möglichkeit einer Samenspende konfrontiert werden. Es soll Ihnen Mut machen, sich damit auseinanderzusetzen und zu entscheiden, ob dieser Weg für Sie der richtige ist. Dieses Kapitel ist vor allem für heterosexuelle Paare geschrieben; auf die Situation alleinstehender Frauen wird ebenfalls eingegangen. Lesbische Frauen finden in Kapitel 8 Anregungen für ihre Situation.

Abschied vom Wunsch nach einem Kind, das von beiden Elternteilen biologisch abstammt

In den meisten Fällen ist männliche Unfruchtbarkeit der Grund für eine Samenspende. Viele Paare haben Behandlungen mit IVF und/oder ICSI erfolglos abgeschlossen, bei anderen wurde eine komplette Sterilität des Mannes festgestellt, so dass keine Behandlung möglich war. In einigen Fällen kann auch eine genetische Erkrankung des Mannes, die nicht auf das Kind übertragen werden soll, Grund für eine Samenspende sein. In all diesen Fällen stehen Sie als Paar der Tatsache gegenüber, dass Ihr eigentlicher Wunsch, nämlich ein Kind, das von Ihnen beiden biologisch abstammt, nicht in Erfüllung gehen wird. Nehmen Sie sich genügend Zeit und Raum, um diesen Wunsch gemeinsam zu betrauern und hinter sich lassen zu können. Folgendes kann Ihnen dabei eine Hilfe sein:

- Sprechen Sie gemeinsam über Ihre Gefühle der Traurigkeit und Trauer.
- Tauschen Sie sich über die Zeit der Diagnostik und/oder Behandlung aus: Wie ging es Ihnen emotional? Womit haben Sie am meisten gehadert? Wie hat sich Ihre Beziehung verändert? Was haben Sie aneinander wertgeschätzt? Was hat Sie näher zusammengebracht?
- Teilen Sie einander mit, welche Gefühle Sie empfinden, mit welchen Themen Sie sich auseinandersetzen, welche Phantasien Sie haben und an welcher Stelle des inneren Trauerprozesses Sie sind. Wenn Sie unterschiedliche Geschwindigkeiten haben, hilft der Austausch und die Offenheit, sodass Sie sich nicht emotional zu weit voneinander entfernen.
- Überlegen Sie ein kleines Ritual, welches symbolisiert, dass Sie Ihre gewünschte Familienzusammensetzung (mit einem Kind, das von Ihnen beiden biologisch abstammt) hinter sich lassen und offen für eine andere Form von Familie werden. Vielen Paaren hilft es, alle Unterlagen, Medikamente etc. von der medizinischen Behandlung in eine schöne Kiste zu packen und gemeinsam zu überlegen, wo diese

> Kiste einen guten Platz hat. Zu Beginn des Trauerprozesses steht diese Kiste vielleicht im Wohnzimmer, dann kann sie in den Flur wandern und irgendwann wandert sie in einen Abstellraum oder in den Keller. Dieses »Wandern« symbolisiert Ihre innere Ablösung von Ihrem bisherigen Kinderwunsch und Ihre Öffnung für etwas Neues (▶ Kap. 13).

Auf zu etwas Neuem – und Ungewohntem: eine Spendersamenbehandlung

Wenn Sie das erste Mal von der Möglichkeit einer Samenspende hören, werden Ihnen viele unterschiedliche und mit großer Wahrscheinlichkeit auch belastende oder sogar negative Gedanken durch den Kopf gehen. Diese Gedanken betreffen üblicherweise die Frage, welche Folgen es hat, eine andersartige Familie zu sein, die Bedeutung des Spenders für Sie beide als zukünftige Eltern und für das Kind, die Frage, wie stabil die Bindung eines Kindes, das biologisch nur von einem Elternteil abstammt, zu beiden Elternteilen sein kann, die möglichen Reaktionen von Freunden und Verwandten, wenn sie von Ihrer Absicht berichten, wer denn in Deutschland Samen spendet, wie sich die Kinder entwickeln und letztendlich ob und wann man Kinder aufklären sollte und wie diese mit ihrer Zeugungsart umgehen.

Anders sein

Wenn Sie sich auf eine Samenspende einlassen, werden Sie eine Familie mit einem Unterschied zur »Normalfamilie«. Sie werden nicht dem üblichen Bild einer Familie entsprechen, Sie werden »anders« sein. Aber »anders« zu sein ist zunächst einmal genau das: Man ist nicht besser, man ist nicht schlechter, aber man unterscheidet sich von den anderen. Folgende Überlegungen können Ihnen helfen, sich der Andersartigkeit zu nähern und darüber miteinander ins Gespräch zu kommen:

- Kennen Sie andere Familien, die nicht der gesellschaftlichen Norm entsprechen? Wie erleben Sie das Familienleben in diesen Familien? Was empfinden Sie als positiv, was als negativ?
- Haben andere untypische Familienzusammenstellungen Ihre Haltung geprägt? Kennen Sie Adoptivfamilien oder Patchworkfamilien, deren Zusammenleben Sie schätzen – oder auch nicht? Wie hat das Ihre Einstellung zur Samenspende geprägt?
- Wie gehen Sie als Person mit Andersartigkeit um? Gab es in Ihrem Leben Phasen, in denen Sie oder Ihr Lebensweg sich deutlich von dem Ihrer Freunde oder Geschwister unterschieden? Wie sind Sie damit umgegangen? Was hat dies für Ihren Selbstwert bedeutet?

Zur Bedeutung des Spenders

Viele Männer empfinden bei dem Gedanken an den Samenspender zunächst Konkurrenzgefühle: »*Er hat, was mir fehlt: befruchtungsfähigen Samen. Er kann, was ich nicht kann: ein Kind zeugen.*« Emotional ist es eher schwierig, sich auf eine Samenspende einzulassen, wenn man sich selbst in der Position des Unterlegenen fühlt. Es gilt daher, auch in dieser Hinsicht seinen Selbstwert zu stärken. Die folgenden Gedankengänge können Sie dabei unterstützen:

- Männer spenden Samen, um zu spenden – nicht um ein Kind zu zeugen. Sie haben daher (zumindest zum Zeitpunkt ihrer Spende) kein Interesse, Vater zu werden. Ihren eigenen Kinderwunsch setzen sie in ihrer eigenen Beziehung um.
- Wenn Sie (als der männliche Partner) den Spender vor allem als Konkurrenten empfinden, nutzt es möglicherweise zu wissen, wie manche junge Erwachsene über ihren Spender denken: Sie empfinden Dankbarkeit, dass es Männer gibt, die Samen spenden – und sie sind ihren Eltern dankbar, dass sie diesen Weg gegangen sind. Vielleicht hilft Ihnen dieses Wissen, Ihre Haltung dem Spender gegenüber zu verändern und ihn neutraler zu bewerten.
- Die Zeugung eines Kindes kann der körperliche Akt des Geschlechtsverkehrs sein, der dazu führt, dass der Samen die Eizelle befruchtet und

ein Kind entsteht. Die Zeugung kann jedoch auch die bewusste Entscheidung für eine medizinische Behandlung sein, die dazu führt, dass Samen eine Eizelle befruchtet. Ohne Ihre gemeinsame und bewusste Entscheidung, eine Samenspende anzunehmen und damit die Eizellen der Partnerin zu befruchten, würde das Kind, das vielleicht daraus resultiert, nicht entstehen.

- Manchen Männern hilft es, die eigentliche Insemination, also das Einführen des Samens in die Scheide oder die Gebärmutter der Partnerin, selbst durchzuführen. Wenn Ihnen dies wichtig ist, sprechen Sie es beim Arzt an.
- Besprechen Sie gemeinsam, wie viel Information Sie über den Spender erlangen möchten. Zunächst ist der Spender Ihnen gegenüber anonym und Sie sind es ihm gegenüber auch. Einige Samenbanken zeigen Wunscheltern jedoch anonyme Profile, die den Spender, seine Schulbildung und Hobbys beschreiben. Überlegen Sie, ob diese Information Ihnen hilft, ein bisschen von dem Kontrollverlust, den man aufgrund des Kinderwunsches und der medizinischen Behandlung empfindet, wiedergutzumachen und etwas Einfluss zu nehmen.
- Auf der Homepage des Arbeitskreises für donogene Insemination e. V. finden Sie Richtlinien für die Behandlung mit Spendersamen, auch Richtlinien für die medizinische Untersuchung von Spendern. Dort können Sie sich informieren, nach welchen medizinischen Kriterien die Spender untersucht werden. Sollte bei der Wunschmutter eine genetische Erkrankung vorliegen, kann es sinnvoll sein, dies mit der Samenbank zu besprechen und gegebenenfalls eine genetische Untersuchung des in Frage kommenden Spenders durchzuführen.

Blut macht Abstammung, Liebe macht Familie – zur Bindung zwischen Kindern und Eltern

Viele Paare stehen der Samenspende kritisch gegenüber, weil sie davon ausgehen, dass die fehlende biologische oder genetische Verbindung zwischen Vater und Kind zu einer instabileren Bindung zwischen beiden führen könnte. Auch wird befürchtet, dass sich aufgeklärte Kinder intuitiv zum Spender hingezogen fühlen. Die Erfahrung in der Beratung bei

Gametenspende und die wissenschaftliche Forschung zeigen jedoch auf, dass die Bindung zwischen Kindern nach Samen- und Eizellspende zu ihrem sozialen Elternteil unauffällig ist: Sie ist so stabil wie zu dem biologischen Elternteil. Blut ist zwar dicker als Wasser, aber ohne Liebe keine Familie!

Unabhängig von einer biologischen Verwandtschaft binden sich Kinder an Personen, die mit ihnen in Beziehung stehen, indem sie mit ihnen eine enge emotionale Beziehung eingehen. Das Bindungsverhalten ändert sich im Verlauf des Lebens: Bei älteren Kindern und Erwachsenen ist eine enge Bindung nicht mehr so offensichtlich, aber sie haben die Bindungserfahrung verinnerlicht und sind dadurch in ihrer Persönlichkeitsentwicklung stabilisiert worden.

- Bindung entsteht auch, wenn zwei (oder mehr) Personen ein emotionales Band zueinander aufnehmen. Sie gelingt, wenn sich alle darauf einlassen. Bindung ist daher kein einseitiges Phänomen, sondern immer ein Zusammenspiel zwischen Menschen. Gut zu wissen: Es genügt eine Hauptbindungsperson für das Kind. Dass eine Bindung auch ohne biologische Verwandtschaft erfolgreich sein kann, verdeutlicht auch Ihre eigene Beziehung als Paar!
- In allen Familien gibt es sogenannte »normale Entwicklungskrisen«, eine typische ist die Pubertät (nach der frühen Trotzphase) und die davon eingeleitete Ablösung des Kindes von den Eltern. Viele Kinder fordern ihre Eltern in dieser Phase heraus und es ist wichtig, dass die Eltern mit dieser Herausforderung souverän umgehen (was man nicht

immer schafft …). Natürlich kann auch die Zeugung per Samenspende in dieser Phase akut werden und auch bei diesem Thema ist eine unaufgeregte Reaktion der Eltern wichtig. Pubertäre Auseinandersetzungen und andere Krisen sind kein Zeichen von misslungener Bindung. Vielmehr zeigen sie auf, dass auch Familien nach Samenspende die üblichen Krisen durchleben.
- Wie viel aufgeklärte Kinder über den Spender erfahren und ob sie ihn persönlich kennenlernen möchten, hängt nicht von einer stabilen oder misslungenen Bindung zu den Eltern ab, sondern von der Persönlichkeit und dem Charakter des Kindes.

Reaktionen des Umfelds

Fast alle Paare befürchten, dass Freunde und Verwandte zunächst skeptisch bis negativ auf die Samenspende reagieren. Zwar war die Samenspende in Deutschland (wie in allen Ländern) viele Jahre lang sozial geächtet, dies hat sich jedoch in den letzten 10 bis 15 Jahren deutlich verändert. Durch die vielen Medienbeiträge über Unfruchtbarkeit und ihre Behandlungsmöglichkeiten ist auch die Samenspende stärker in den Fokus der Öffentlichkeit geraten. Auch haben viele Paare mittlerweile den Mut, offen damit umzugehen, und haben damit auch einen Beitrag zur gesellschaftlichen Veränderung geleistet. Daher erstaunt es nicht, dass Paare, die den Mut hatten, mit Nahestehenden zu sprechen, von keinen negativen Reaktionen berichten. Sie sollten dennoch das Folgende berücksichtigen:

- Legen Sie gemeinsam als Paar vorher fest, mit wem Sie über die Samenspende sprechen möchten. Damit vermeiden Sie, dass Sie Ihre Partnerin/Ihren Partner unwissentlich bloßstellen.
- Bedenken Sie, dass die meisten Menschen wenig Detailwissen über Themen wie »Reproduktionsmedizin« und Ähnliches haben. Sie sind die Experten und Sie haben sich bereits eine Weile damit auseinandergesetzt. Sie haben daher mehr Wissen und sind in Ihrem inneren Prozess ein ganzes Stück weiter. Gestehen Sie Ihren Gesprächspartnern zu, dass diese etwas reserviert reagieren und vor allem viele

Fragen haben – sicherlich hatten Sie zu Beginn ähnliche Reaktionen und ähnliche Fragen.
- Signalisieren Sie Offenheit: Wenn Ihre Gesprächspartner weitere Fragen haben, können diese gerne auf Sie zukommen. Damit bestätigen Sie, dass die Samenspende kein Tabuthema ist.

Aufklärung der Kinder

Viele Paare stehen der Aufklärung der Kinder eigentlich positiv gegenüber – aber sie haben Angst davor, was sie auslösen könnte, und wissen nicht, wie sie mit ihren Kindern über die Spendersamenzeugung sprechen können. Grundsätzlich sollten Sie sich beide einig sein über die Aufklärung. Für Ängste und Befürchtungen, die Sie nicht miteinander ausräumen können, kann eine psychosoziale Beratung oder der Austausch mit Eltern nach Samenspende sinnvoll sein. Die folgenden Grundsätze können bei der Aufklärung unterstützen:

- Entwicklungspsychologisch sinnvoll ist die Aufklärung im Kindergartenalter. Sie vermeiden von Anbeginn ein Familiengeheimnis und Ihr Kind wächst mit einer schlüssigen und widerspruchsfreien Geschichte über seine Familie auf – es wird also keinen Bruch in seiner Identitätsentwicklung erleben.
- Hilfreich ist es, wenn das Kind signalisiert, dass es sich für das Thema interessiert, z. B. indem es fragt, woher die Babys kommen. Dies passiert üblicherweise im Kindergartenalter, denn es sieht immer wieder schwangere Mütter.
- Sie können dann mit einfachen Worten die übliche Zeugung erklären und erläutern, dass Ihr Samen leider keine Babys machen konnte, Sie daher zum Arzt gegangen sind, dieser einen anderen Mann gebeten hat, Ihnen Samen zu schenken, und er diesen Samen in Mamas Bauch getan an. Daraus ist Ihr Kind entstanden. In diesem Alter reicht eine solche einfache Geschichte.
- Manche Kinder interessieren sich für diese Geschichte, andere nicht. Alle Kinder haben ihr eigenes Tempo, und wenn Ihr Kind kein Interesse an

seiner Zeugungsart zeigt, können Sie das Thema zu einem späteren Zeitpunkt nochmals ansprechen.
- Sie sind in vieler Hinsicht ein Vorbild für Ihr Kind, auch wenn es um das Thema Samenspende geht. Wichtig ist daher, dass Sie als Eltern ab und zu – immer dann, wenn Sie daran erinnert werden – in Ihrer Familie über die Samenspende sprechen. Ihr Kind erfährt so, dass dies ein normales Thema ist, und bekommt die Worte und Beschreibungen mit, die Sie verwenden. Dies wird ihm helfen, später selbst souverän darüber zu sprechen.

Alleinstehende Frauen und Samenspende

Für manche alleinstehenden Frauen ist die Samenspende eine Möglichkeit, ein Kind ohne aktuellen Partner zu bekommen. Viele würden ihren Kinderwunsch lieber in einer Beziehung umsetzen, doch sie haben ein Alter erreicht, in dem es zunehmend schwierig wird, schwanger zu werden. Andere möchten nicht zu spät damit anfangen, weil die Chancen auf ein Kind mit steigendem Alter sinken. Sie entscheiden sich daher nach einem Prozess der Entkopplung des Kinderwunsches von der Suche nach einem Partner für eine Samenspende, häufig in der Hoffnung, dass sie auch mit Kind noch eine Partnerschaft eingehen werden. Wenn Sie in dieser Situation sind, wird Ihnen die Entscheidung für eine Samenspende besonders schwerfallen, denn Sie werden voraussichtlich alleine für ein Kind verantwortlich sein. Sie sollten das Folgende bedenken:

- Wenn Sie eine Samenspende ohne Partner durchführen, hat Ihr Kind nur einen juristischen Elternteil. Der Samenspender ist aufgrund der Bestimmungen im Samenspenderregistergesetzt von juristischen Verpflichtungen freigestellt.
- Es ist hilfreich, ein ausreichend großes finanzielles Polster haben. Sie müssen nicht nur für die Behandlung alleine aufkommen, sondern Sie sollten auch nach der Geburt ausreichend Mittel haben, so dass Sie Entlastungsmöglichkeiten wahrnehmen können.
- Sie benötigen ein stabiles soziales Netz, das Sie nicht nur bei Krankheit, sondern auch dann auffängt, wenn Sie z. B. nach der Geburt oder in einer belastenden Phase des Kindes überanstrengt sind.

- Auch wenn es in Deutschland immer mehr sogenannte »Solomütter« nach Samenspende (und Embryonenspende) gibt, ist es noch ungewohnt, dass eine alleinstehende Frau ihren Kinderwunsch mit diesen Möglichkeiten erfüllt. Sie brauchen daher Selbstbewusstsein, um dies nicht nur vor Ihrem sozialen Umfeld, sondern später auch vor Ihrem Kind vertreten zu können (▶ elektronisches Zusatzmaterial).
- Vielen hilft eine Vernetzung mit anderen Solomüttern.

Grundsätzlich kann eine psychosoziale Kinderwunschberatung eine große Entlastung bedeuten, denn man erhält Hilfestellungen für den Umgang mit schwierigen Themen. Im Gegensatz zu den üblichen reproduktionsmedizinischen Behandlungen, deren emotionale Belastung vor allem während der Behandlung entsteht, zeigen sich die Fragestellungen einer Samenspende auch nach Eintritt der Schwangerschaft bzw. nach Geburt des Kindes. Damit Sie vorbereitet werden und gegebenenfalls Strategien für den Umgang damit überdenken können, ist in unseren Augen eine psychosoziale Kinderwunschberatung unbedingt empfehlenswert. Denn Sie sollen Ihre Familienbildung mit möglichst viel Zuversicht antreten.

Literaturempfehlungen und Webseiten

Morrissette, M. (2005). *Choosing single motherhood. The thinking woman's guide*. Be-Mondo Publishing.
Steiner, A. (2005). *Mutter, Spender, Kind*. Berlin: Ch. Links Verlag.
Thorn, P. (2006). *Die Geschichte unserer Familie. Ein Buch für Familien, die sich mit Hilfe der Spendersamenbehandlung gebildet haben*. Mörfelden: FamART.
Thorn, P. (2008). *Familiengründung mit Spendersamen – ein Ratgeber zu psychosozialen und rechtlichen Fragen*. Stuttgart: Kohlhammer.
Thorn, P. (2010). *Männliche Unfruchtbarkeit. Erfahrungen, Lebensgestaltung, Beratung*. Stuttgart: Kohlhammer.
Thorn, P. & Wischmann, T. (2021). BKiD-Leitlinie für die psychosoziale Beratung bei Gametenspende. *J Reproduktionsmed Endokrinol, 118*(4), 154–160.
Zimmermann, J. & Wallraff, D. (2016). *Eine Familie mit Samenspende gründen. Praktische Informationen für alle, die über eine Samenspende nachdenken*. Mörfelden: FamART.
www.spendersamenkinder.de (Familien nach Samenspende)
www.di-familie.de (Familien nach Samenspende)
www.spenderkinder.de (Erwachsene nach Samenspende)

www.famart.de (Aufklärungsbücher und kostenfreie Infobriefe für die Familienbildung mit Hilfe Dritter)
www.sfmk.info (für alleinstehende Frauen mit Kinderwunsch)
www.donorsiblingregistry.com (Amerikanischer Zusammenschluss von Familien, Kindern und Spendern)
www.famart.de (Bücher zum Thema)
http://booksfordonoroffspring.blogspot.de (Bücher zum Thema)

Das Pflegekind – Eine Alternative für die Familienbildung?

Wenn sich der Wunsch nach einem leiblichen Kind nicht erfüllt und dieser Verlust angemessen betrauert worden ist, kann ein Pflegekind eine gute Alternative der Familienbildung sein. Für manche Paare wandelt sich im Laufe der Zeit der starke Wunsch nach einem »eigenen Kind«: Die Fürsorge um ein Kind, das stabile und verlässliche Bezugspersonen benötigt, steht nun im Mittelpunkt (sehr gut nachvollziehbar geschildert in Millay Hyatts Buch »Ungestillte Sehnsucht«). Dies ist ein schöner Gedanke. Pflegeeltern zu sein ist mit viel Freude verbunden, es ist jedoch eine herausfordernde und verantwortungsvolle Aufgabe. Ein Pflegekind ist kein Adoptivkind: Es bleibt auch bei einem langfristig angelegten Pflegeverhältnis, der sogenannten »unbefristeten Vollzeitpflege«, rechtlich gesehen das Kind seiner leiblichen Eltern. Ein Pflegekind fühlt sich also zwei Familien verbunden und potentielle Pflegeeltern sind aufgefordert, die Beziehung zu den leiblichen Eltern aufrechtzuerhalten und aktiv mitzugestalten. Das Kind bleibt auf diese Weise mit seiner realistischen und auch schmerzhaften Familiengeschichte in Kontakt. In Fällen, in denen die leiblichen Eltern die elterliche Sorge auch zukünftig nicht mehr ausüben können, wird sie an einen Vormund übertragen. Doch auch bei dieser rechtlichen Ausgangslage ist es erwünscht, dass die leiblichen Eltern das Kind regelmäßig besuchen können. Eine Pflegefamilie ist also eine ganz besondere Familienform und Pflegeeltern müssen sich ähnlich wie Adoptiveltern innerlich gut auf diese Tatsache vorbereiten. Die leiblichen Eltern werden immer einen Platz in der Biografie und der Lebenswelt des Kindes einnehmen und diese Würdigung der besonderen Familiengeschichte ist und bleibt zentral für die Entwicklung des Kindes. Dies ist gegenüber der Umwelt auch an dem Nachnamen des Pflegekindes ersichtlich, denn es behält seinen ursprünglichen Familiennamen.

> **Checkliste – Vergleich Pflegekind/Adoptivkind**
>
> - Das Verfahren zur Aufnahme eines Pflegekindes dauert sehr viel kürzer als eine Adoption und im Durchschnitt nicht länger als ein Jahr. Ein Pflegeverhältnis für ein Kind einzugehen, ist somit einfacher als eine Adoption.
> - Die Jugendämter bieten für interessierte Bewerber »Vorbereitungsseminare« an, in denen man für sich individuell klären kann, ob dieser Weg der Familienbildung für einen selbst vorstellbar ist. In diesen Kursen wird ein realistischer Eindruck vermittelt, welche Anforderungen an Pflegeeltern gestellt werden und welche Aufgaben zu erfüllen sind.
> - Auch Alleinerziehenden, unverheirateten und gleichgeschlechtlichen Paare stehen beide Wege offen: Sie können als Single oder gemeinsam ein Kind adoptieren oder ein Pflegekind aufnehmen. Die leiblichen Eltern haben ein Mitspracherecht und sprechen sich in vielen Fällen für eine »klassische Familienkonstellation« aus. Fakt ist aber auch: Pflegeeltern werden gesucht, sodass die Erfolgsaussichten generell vielversprechender sind.
> - Pflegekinder bleiben entweder auf Dauer, d. h. bis zum 18. Lebensjahr, oder aber zeitlich befristet in der Pflegefamilie. Welche Form der Pflegschaft eingegangen werden soll und in welcher Altersphase sich das Pflegekind befinden sollte, kann im Vorfeld verbindlich angegeben und festgelegt werden. Bei einer der wenigen Stichtagserhebungen kamen 2007 knapp die Hälfte der Pflegekinder (46 %) in der frühen Kindheit zwischen null und drei Jahren in die jetzige Pflegefamilie. Bei 25 % erfolgte die Aufnahme im Kindergartenalter zwischen drei und sechs Jahren und bei 20 % in der mittleren Kindheit zwischen sechs und zwölf Jahren. Die große Mehrzahl der Pflegekinder vollzieht also die zentralen emotionalen Entwicklungsschritte der

Sozialisation innerhalb der Pflegefamilie (vgl. Kindler, Scheuerer-Englisch, Gabler, Kökeritz).
- Pflegeeltern erhalten vom Jugendamt eine Pauschale für den Lebensunterhalt des Kindes und zudem das sogenannte »Erziehungsgeld« für ihre pädagogische Leistung. Lebt das Kind dauerhaft in der Pflegefamilie, wird an die Pflegeeltern auch das Kindergeld ausgezahlt.
- Bei Aufnahme eines Pflegekindes kann es erforderlich sein, dass die Hauptbezugsperson des Kindes nicht mehr berufstätig ist, um ganz für das Kind da zu sein. Pauschal lässt sich dies aber nicht sagen und wird je nach den Bedürfnissen und der Geschichte des Kindes abgewogen werden.
- Ist ein Pflegeverhältnis nicht auf Dauer angelegt, kann es auch vorkommen, dass ein Pflegekind gegen den Wunsch der Pflegeeltern wieder zu seinen leiblichen Eltern zurückkehren muss. Richter entscheiden aber im Sinne des Kindeswohls, d. h. bei einer langen Pflegedauer kann die Entscheidung auch für den Verbleib des Kindes in der Pflegefamilie ausfallen. Es ist jedoch ratsam, sich im Vorfeld eingehend mit diesem Punkt auseinanderzusetzen, um für sich zu klären, welche Bedeutung es hätte, wenn das Pflegekind wieder zu seinen leiblichen Eltern ziehen würde.
- Die Einbeziehung der leiblichen Eltern in die Erlebniswelt des Kindes ist fester Bestandteil der Hilfeplanung, die vom Jugendamt beaufsichtigt wird. Pflegeeltern haben Anspruch auf Beratung und Begleitung durch die entsprechenden Fachkräfte.

Die vier Dimensionen der Elternschaft

Um einschätzen zu können, welche Rolle Pflege- und welche Adoptiveltern einnehmen, werden die sogenannten »vier Dimensionen« der Elternschaft unterschieden:

1. Leibliche Elternschaft, die nie mehr aufhebbar ist.
2. Seelisch-soziale Elternschaft, die nach Jahren der Bindung ebenfalls nicht mehr auflösbar ist.

3. Rechtliche Elternschaft.
4. Zahlende Elternschaft.

Adoptiveltern sind seelisch-soziale, rechtliche und zahlende Eltern. Die nachgehende Beratung und Begleitung von Adoptivfamilien durch das Jugendamt wird durch das neue Adoptionshilfegesetz von 2021 garantiert. Pflegeeltern haben ausschließlich die Verantwortung für die seelisch-soziale Entwicklung des Kindes, und dies ist zweifelsohne die zentrale Aufgabe der Elternschaft. Bei einem Pflegeverhältnis liegen die Rechte bei den leiblichen Eltern oder auch bei einem Vormund. Auch den Bereich der zahlenden Elternschaft übernimmt bei einem Pflegekind das Jugendamt, es kann aber auch sein, dass die leiblichen Eltern finanziell für das Kind aufkommen. In vielen Fällen haben die leiblichen Eltern mit ihrem Kind zusammengelebt, bevor es in eine Pflegefamilie gekommen ist. So haben die leiblichen Eltern zwar ihre tägliche Verantwortung für das Kind an die Pflegefamilie abgegeben, doch Teile der Elternschaft haben sie weiter inne: und zwar die leibliche Elternschaft, Teile der seelisch-sozialen Elternschaft durch die sogenannte »Besuchselternschaft«, häufig die rechtliche und manchmal auch die zahlende Elternschaft. Diese Einteilung macht deutlich, dass die Verantwortung für den täglichen Lebensalltag des Kindes nun bei den Pflegeeltern liegt.

Goldene Regel für Pflegeeltern

Liebe allein reicht nicht. Gefordert ist ein umfassender Blick auf das Kind und eine professionelle und wohlwollende Haltung gegenüber den Herkunftseltern.

Pflegefamilie sein, bedeutet eine »Hilfe zur Erziehung« im Auftrag des Jugendamtes zu leisten. Heutzutage wird die Pflegefamilie als »Ergänzungsfamilie« definiert, d. h. im familiensystemischen Verständnis bleibt die Herkunftsfamilie in der Lebenswelt der Kinder eingebunden. Die Pflegefamilie ermöglicht also einen beschützten fürsorglichen Familienalltag, damit das dringende Bedürfnis nach emotionaler Sicherheit und stabiler Bindung des Kindes erfüllt werden kann. Nur bei der »unbefristeten Vollzeitpflege« wird das Kind zukünftig nicht mehr in seine

»Herkunftsfamilie« zurückkehren können, da dort eine unzureichende oder gefährdende Lebenssituation das gedeihliche Aufwachsen des Kindes verhindert. Es ist möglich, sich im Vorfeld ausschließlich für diese langfristig angelegte Form der Pflegschaft zu bewerben und dadurch voraussichtlich ein Leben lang die seelisch-soziale Elternschaft für das Kind zu übernehmen.

Die Herkunftsfamilie des Kindes

Es ist eine Herausforderung für viele Pflegefamilien, einen wertschätzenden Umgang mit den leiblichen Eltern des Kindes zu pflegen. Wut, Ärger, Verzweiflung und Trauer können auftreten, schließlich sind es die leiblichen Eltern, die dafür verantwortlich sind, dass das Kind keinen optimalen Start ins Leben erhalten hat und das dadurch in vielen Fällen heutzutage immer noch stark belastet sein kann. Bei mindestens einem Drittel aller Pflegekinder sind Suchtprobleme der Eltern ein wesentlicher Grund für die Fremdunterbringung. Nicht selten ist davon auszugehen, dass bereits pränatale Belastungen durch Drogen eine Rolle spielen, mit gravierenden Spätfolgen für das Kind wie Einschlafproblemen, Konzentrationsstörungen, manchmal auch einer verminderten Intelligenz oder Lernbehinderung. Experten gehen davon aus, dass die Hälfte aller Pflegekinder traumatische Vorerfahrungen mitbringen, die sich bis in die Gegenwart auswirken. Eine häufige Reaktion von Kindern auf solche Erlebnisse ist die fehlende Selbstkontrolle, die sich beispielsweise in vermehrten Wutanfällen zeigen kann. Auch mit einer erhöhten Schreckhaftigkeit und Wachsamkeit des Kindes ist zu rechnen, das Kind versucht Sicherheit zurückzugewinnen, indem es nun verstärkt Kontrolle ausübt und die Regie übernehmen möchte. Bekannte und gravierende Folgen traumatischer Erfahrungen wie sie sexueller Missbrauch oder Gewalt darstellen, können bei dem Kind zu einem gestörten Selbstbild und fehlender Selbstliebe führen. Es ist verständlich, dass Pflegeeltern angesichts solcher Auswirkungen widersprüchliche Gefühle gegenüber den leiblichen Eltern hegen, und doch ist die Empathie für die leiblichen Eltern des Kindes für ein gelungenes Pflegeverhältnis unbedingt notwendig. Viele der leiblichen Eltern haben selbst in ihrer eigenen Kindheit wenig Liebe, Fürsorge und Unterstützung erfahren und so ist das Risiko der Weitergabe dieser schlechten Erfahrungen in der Regel erhöht. Grundsätzlich ist davon auszugehen, dass leibliche Eltern eher nur in Ausnahmefällen einer Fremdplatzierung ihres Kindes zustimmen – selbst wenn sie formal ihr Einverständnis für diesen einschneidenden Schritt gegeben haben. Die Inpflegenahme eines Kindes ist für die leiblichen Eltern »die bitterste Erfahrung der Exklusion«, durch die sie aus der Normalität der Gesellschaft herausgerissen werden – und dies nun für alle sichtbar (vgl. Helming, Wiemann & Ris, 2010). Zu erkennen, dass es ihren Kindern mit ihnen als Eltern nicht gut gegangen ist, ist oft mit viel Schmerz verbunden. Selbst wenn Alkohol, Drogen oder Gewalt der Grund sind, klammern sich viele Eltern an die Illusion, dass sie immer noch in der Lage gewesen seien, für die Kinder zu sorgen.

Pflegeeltern müssen also sehr verschiedene Aufträge erfüllen: Sie übernehmen nicht nur die Verantwortung für das Wohlergehen des Kindes, sondern auch für den wertschätzenden Umgang mit den leiblichen Eltern. Dabei sind sie insbesondere gefordert, wenn es um die Beziehungsgestaltung zwischen dem Kind und seinen leiblichen Eltern geht. Ein Pflegekind ist also im Gegensatz zu einem leiblichen Kind oder einem Adoptivkind nicht ausschließlich in der Pflegefamilie beheimatet. Diese Realität gilt es von den Bewerbern um ein Pflegekind im Vorfeld mit Herz und Verstand anzuerkennen, so dass die Betreuung eines Pflegekindes eine beglückende Erfahrung wird.

Literaturempfehlungen und Webseiten

Brisch, K. H. (2015). *Bindungsstörungen: Von der Bindungstheorie zur Therapie.* Stuttgart: Klett-Cotta.
Easwaran, K. (2020). *Das Geheimnis ausgeglichener Mütter. Starke Mütter – Starke Familien – Starke Gesellschaft.* München: Kösel.
Helming, E., Wiemann, I. & Ris, E. (2010). Die Arbeit mit der Herkunftsfamilie. In H. Kindler u. a. (Hrsg.), *Handbuch Pflegekinderhilfe.* München: Deutsches Jugendinstitut e.V.
Homeier, S. & Wiemann, I. (2016). *Herzwurzeln. Ein Kinderfachbuch für Pflege- und Adoptivkinder.* Frankfurt am Main: Mabuse-Verlag.
Kindler, H., Scheurer-Englisch, H. Gabler, S. & Köckeritz, C. (2010). Pflegekinder: Situation, Bindungen, Bedürfnisse und Entwicklungsverläufe. In H. Kindler u. a. (Hrsg.), *Handbuch Pflegekinderhilfe.* München: Deutsches Jugendinstitut e.V.

Omer, H. & von Schlippe, A. (2012). *Autorität ohne Gewalt. Coaching für Eltern von Kindern mit Verhaltensproblemen – »Elterliche Präsenz« als systemisches Konzept.* Göttingen: Vandenhoeck & Ruprecht.

Bundesverband der Pflege- und Adoptivfamilien e. V.: www.pfad-bv.de
www.stiftung-pflegekind.de

Gastbeitrag: Wenn man die Kinder vor lauter Wunsch nicht sieht

Millay Hyatt

Er ist unfassbar klein – ich muss jedes Mal darüber staunen, wie klein Neugeborene sind – und so zerbrechlich wie ein Wachtelei. Ich lege meine Hand sachte auf seinen Bauch und spüre sein Atmen. Ich könnte mich sofort in ihn verlieben. Meine Freunde haben ihn vor ein paar Tagen adoptiert.

In den elf Jahren seit dem Erwachen meines Kinderwunsches mit 30 Jahren hat sich diese Szene zahllose Male wiederholt – meistens mit leiblichen Kindern, aber immer wieder auch mit Adoptiv- oder Pflegekindern. Immer waren es die anderen, die sich verlieben durften, war ich es, die ein Geschenk mitbrachte, tapfer lächelnd beglückwünschte und dann wieder mit leeren Armen nachhause ging. Die Geschichte meines Kinderwunsches ist, bisher, die einer kolossalen Pechsträhne gewesen. Zuerst hatte mein Mann Pech: Er wünschte sich schon immer Kinder, verliebte sich aber in eine Frau, die partout keine wollte. Wir waren schon zehn Jahre zusammen, als sich das änderte. Die Zeit schien aber noch nicht reif für eine Familiengründung, und wir entschieden uns, noch drei Jahre zu warten. Zwei Jahre später, ich war 32, kam uns dann meine Diagnose der verfrühten Wechseljahre zuvor. Ein Jahr lang versuchte ich meinen Zyklus mit alternativen Methoden wieder in Gang zu bringen und trauerte mit einer Vehemenz, die alle, die mich kannten, mich selbst nicht ausgenommen, verblüffte. Und dann ging es mit der Pechsträhne erst richtig los: Als wir uns beim Jugendamt meldeten, um uns für eine Adoption zu bewerben, wurden wir weggeschickt, weil mein Mann nun schon 40 war (seitdem hat sich diese starre Regelung etwas gelockert, allerdings zu spät für uns). Wir vertieften uns also in das Thema Auslandsadoption und setzten sechs Jahre lang alles in Bewegung, um ein Kind aus einem anderen Land zu uns zu holen. Wir gaben unsägliche Mengen Geld aus. Wir verbrachten unzählige

Stunden vor dem Rechner bei der Recherche, beim Anträge-Ausfüllen, Biografien schreiben. Behördengänge, Seminare, schlaflose Nächte: Trotz des mit Herzblut und Hoffnung eingesetzten Engagements sind wir immer noch kinderlos. Das Verfahren für ein amerikanisches Kind scheiterte an einer Gesetzesnovelle, die es praktisch unmöglich macht, ein Kind aus den USA nach Deutschland zu vermitteln (wären wir ein paar Wochen früher dran gewesen, hätte uns das Gesetz nicht betroffen); wir warteten schon länger als die von der Vermittlungsstelle als maximal angegebene Wartezeit, als in Mali geputscht wurde und Adoptionen aus diesem Land gestoppt wurden – um nur die größten Katastrophen zu erwähnen. Wir haben uns dann als Pflegeeltern beworben und warten jetzt mit der inneren Skepsis gebrannter Kinder auf den Anruf, der der Geschichte ein glückliches Ende oder, besser, einen glücklichen Neuanfang bescheren soll.

Nur solche Menschen, deren Kinderwunsch ohne nennenswerte Hindernisse in Erfüllung gegangen ist oder die sich (noch) keine Kinder wünschen, fragen bei einer solchen Geschichte, warum wir nicht längst das Handtuch geschmissen haben. Der durch seine Allgegenwärtigkeit abgelutscht wirkende Begriff »Kinderwunsch« verbirgt einen Drang, ein Begehren, einen Hunger sondergleichen. Vielleicht sogar etwas wie einen Urtrieb. Das Wertvollste, was ich aber in den letzten neun Jahren seit meiner Diagnose gelernt habe, ist: Ich muss nicht von ihm getrieben werden. Auch wenn ich es über längere Strecken war, nicht nur vom Wunsch an sich, sondern von der Eigendynamik der Erfüllungsversuche (»Wenn wir jetzt aufgeben, war alles umsonst«; »Wir haben schon so viel dafür getan, wir müssen weitermachen«), habe ich als erwachsener Mensch die Möglichkeit, zu reflektieren. Somit kann ich den Wunsch lebendig halten, nicht versteifen lassen, ihn transformieren. Ich habe gelernt, zu differenzieren zwischen dem Wunsch, schwanger zu werden und mich mit meinem Mann fortzupflanzen, und dem Wunsch, mit einem Kind zusammen zu leben und es zu umsorgen. Das, was nicht erfüllbar ist, zu betrauern – heftigst! –, aber dann loszulassen und sich für das, was vielleicht doch möglich ist, zu öffnen.

Je mehr ich diese Wandlung des Wunsches über die verschiedenen Etappen der letzten Jahre zugelassen habe, desto freier wurde ich und desto klarer wurde es mir, um was es bei dem Ganzen eigentlich geht: um einen Menschen. Und darum, diesem Menschen Tag und Nacht und jahrelang das zu geben, was er braucht, um sich zu der Person zu entfalten, der er ist. Es ist ein Bewusstsein entstanden, das mich daran erinnert, dass diese erstaunlichen Wesen, die meine Freundinnen und Verwandten ihre Kinder nennen dürfen, Menschen sind, die nichts mit mir und meiner Pechsträhne zu tun haben. Wenn ich sie auf quälende Erinnerungen an meinen unerfüllten Wunsch reduziere, tue ich ihnen Unrecht und nehme mir selbst die Möglichkeit, in eine Beziehung mit ihnen zu treten, anstatt nur mit mir selbst und meinem Unglück. Die Möglichkeit, Kindern etwas zu geben und etwas von ihnen zu bekommen, zusammen zu lachen und aufgekratzte Knie zu verarzten und vorzulesen: Diese Möglichkeit hat jeder. Meine Nichten und die Kinder meiner Freunde sind kein Ersatz für ein eigenes (Pflege-)Kind, aber sie sind eine Quelle der Freude und erlauben mir in kleineren Häppchen zu leben, was ich mir so lange wünsche. Wenn ich mich dafür öffne und meinen Wunsch geschmeidig und beweglich halte, wird mir klar, dass er in Teilen schon längst in Erfüllung gegangen ist.

Nachtrag: Seit dem Sommer 2015 – also nicht lange, nachdem ich die Zeilen oben verfasst habe - sind mein Mann und ich Pflegeeltern eines damals 14-Monate alten Jungen geworden. Somit ist der Kinderwunsch, wie er sich über die Jahre in mir weiterentwickelt hat, ohne Abstriche in Erfüllung gegangen. Der »glückliche Neuanfang«, von dem ich damals träumte, ist mittlerweile zum Alltag mit Kind geworden. Meine Dankbarkeit dafür ist maßlos.

Gastbeitrag: Das Schweigen der Männer

Felix Wegener

Man kann uns Männern vieles vorwerfen, aber eines sicherlich nicht, nämlich geschwätzig zu sein. Das gilt nur ausnahmsweise, wenn es um seriöse Fußball- oder Autodiskussionen geht oder um neue technische Errungenschaften. Hier können wir zu Höchstform auflaufen, überbieten uns mit genausten Diagnosen, Preisen, Statistiken und Einschätzungen. Redefluss ist bei diesen Themen eine Untertreibung, es sind Wortströme, die unseren Mund schwallartig verlassen. Schweigen wir bei solch einer Unterhaltung, dann nur, um den eigenen Worten mehr Nachdruck zu verleihen oder des anderen Rederecht nicht vollständig zu ignorieren. »Wenn du mit mir über unser ›Problem‹ genauso viel sprechen würdest wie mit deinen Kumpels über Fußball, wärest du eine große Hilfe für mich.« Das hat Sonja, meine jetzige Frau und damalige Freundin, wahrscheinlich häufiger gedacht. Gesagt hat sie es so nicht. Aber als große Hilfe war ich eine Fehlbesetzung. Wenn sich auch auf dem Gebiet des unerfüllten Kinderwunsches bei Ärzten, im Freundes- und Bekanntenkreis oder im Internet Diagnosen, Preise, Statistiken und Einschätzungen häuften, damit wollte ich mich nicht befassen.

Im Fußball ist es Mode geworden, von einem Matchplan zu sprechen, wenn ein Spiel ansteht und der Trainer eine Idee zu haben glaubt, wie sein Team die gegnerische Mannschaft in Grund und Boden »rocken« kann. Die Laufwege stehen fest, die Standards, das Pressing. Alles folgt einem 90-Minuten-Plan plus Nachspielzeit. Ein solcher Matchplan existierte nicht für mein Leben. Es war allenfalls ein Plänchen. Die Konturen fehlten, genauso wie die Karrierestufen, vielleicht ein Haus, aber nicht zwingend, der Urlaub am Meer oder in den Bergen, Fernreisen? Keine Ahnung. Das Einzige, was in meiner Lebensskizze immer einen sicheren Platz einnahm, war, eine Familie zu haben. Vater, Mutter, Kind(er). Das war irgendwie selbstverständlich, nicht zu hinterfragen, weil biologisch und damit natürlich in uns angelegt. Der Trauschein vor Gott oder dem Staat spielte keine Rolle, aber Vater, Mutter, Kind – das war gesetzt. Und wie so was funktionierte, wie man(n) so ein Kind macht, wusste ich. Klar.

Und dann, dann fand ich mich mit Mitte Dreißig vor der Tür einer Urologen-Praxis wieder, in der meine Spermien auf ihre Fähigkeiten überprüft werden sollten, weil Sonja verflixt und zugenäht einfach nicht schwanger werden wollte. An ihr läge es nicht, sagte ihre Frauenärztin. »An wem denn dann?«, fragte ich sie und als sie nicht antwortete, auch mich. Ich hoffte, dass mich mein Einmal-und-nie-wieder-Urologe mit den gönnerhaften Worten wegschicken würde: »Mein Bester, mit DIESEN Werten sind Sie hier aber am falschen Platz. Bei der Qualität wäre eine Samenbank der wahrlich bessere Ort.« Den Besuch in der Praxis hätte ich unter Episoden abgespeichert und in launiger Runde davon erzählt. Aber die Hoffnung, dass es ein einmaliges Erlebnis werden könnte, zerbröselte zwischen meinen Fingern wie ein Stück trockener Kuchen. Meine Jungs, wie ich meine Spermien nannte, spielten gegen mich. Es waren zu wenige, die wenigen von miserabler Qualität und bewegen wollten sie sich schon mal gleich gar nicht. 0:3 – Heimniederlage. Fast nicht wettzumachen.

So gerieten wir in die Mühlen der Reproduktionsmedizin, willentlich, weil wir keine andere Möglichkeit sahen. Ich war mittendrin, aber irgendwie auch nur dabei. Meine Aufgabe bestand erst einmal darin, meine Jungs in unterschiedlichen Abständen der Praxis zur Verfügung zu stellen, damit sie dort selektiert, gepäppelt, aufgehübscht und fein gemacht für den großen Moment, ihren eigentlichen Zweck erfüllen konnten. Der zeitliche Aufwand für mich entsprach ungefähr dem, der notwendig ist, auf natürlichem Wege ein Kind zu zeugen. Er war überschaubar. Als Männer müssen wir zu einer Schwangerschaft zwar Wesentliches beisteuern, aber es bleibt bei einem Akt. In der Natur ist kein Prozess vorgesehen. Aber, und jetzt komme ich zu Aufgabe zwei, dieser eine Akt reicht nicht mehr aus. Ich wurde zum Prozessbegleiter, und die Dauer dieses Prozesses war nicht absehbar, und vorbereitet war ich auf diese Herausforderung schon gleich gar nicht. Freunde von uns hatten Jahre gebraucht, bis es mit der Schwangerschaft endlich geklappt hatte. Jahre! Und eine Schwangerschaft von neun Monaten konnte ja schon anstrengend sein. Meine Freundin, die trotz allem sogar meine Frau werden wollte, erwartete seelische Unterstützung, die totale Gesprächsbereitschaft, um ihre Ängste, ihren Frust und auch die Schmerzen loszuwerden, wenn das schon mit den zugenommenen Kilos nicht klappte, die ihr die Behandlung eingebracht hatten. Ich sah es als meine verdammte Pflicht an, genau dafür zur Verfügung zu stehen. Schließlich waren es meine Jungs, die fahnenflüchtig geworden waren und Sonja die Suppe überhaupt erst eingebrockt hatten. Geklappt hat es allerdings nur äußerst selten. Die Witzchen über unsere Lage und meinen »Spermmüll« waren auserzählt, jetzt ging es ans Eingemachte, und es gab keinen Ausgang, den ich hätte beeinflussen können. Vielleicht war das das größte Problem. Reden allein, um des Redens willen? Sonja hätte es gereicht. Mir nicht. Und so wurde ich immer sprachloser und Sonja immer trauriger. Nach einem dieser wenigen lichten Momente, in denen selbst ich in der Lage gewesen war, einige zusammenhängende Sätze zu unserem Kinderwunsch und zum Leben überhaupt aneinanderzureihen und als passabler Zuhörer durchzugehen, fühlte ich mich befreit, entkrampft und locker. Fast euphorisch. Beim nächsten Mal hockte ich ihr dennoch wieder stumm wie ein Europäer bei einem chinesischen Geburtstagsfest gegenüber und brachte keine anständige Silbe heraus. Wissen Sie, wie das ist? Es ist wie beim Joggen: Jeder fühlt sich danach besser. Und – geht jeder regelmäßig joggen?

Mir schwant, dass es etwas mit meinem Geschlecht zu tun haben könnte. Also, nicht nur mit mir als Person. Das hat mich etwas beruhigt, auch wenn es nicht zur Prahlerei taugt. In Internetforen sind nur betroffene Frauen unterwegs, keine Männer. Wir verlassen in den meisten Fällen nur unter Androhung von Gewalt unseren Standby-Modus für Gesprächsbereitschaft. Und die eigenen Väter sind immer die allerletzten, die eingeweiht werden.

Ich kann nur hoffen, dass die Frauen unser Schweigen nicht persönlich nehmen. Das wäre fatal. Denn es steckt kein böser Wille dahinter, es ist einfach eine Art kommunikative Mangelerscheinung, eine virile Deformation. Ich sage mal so: Erwartet eine Frau von ihrem Mann, dass er jedes Mal auf Anhieb die Butterdose im Kühlschrank findet oder das Lieblingshemd, das vor seiner Nase im Schrank hängt? Eben.

Glück und Zufriedenheit in der Kinderwunschzeit IV – Wie erkennen wir das Glück?

Doris Wallraff

»*Viele Menschen versäumen das kleine Glück,
während sie auf das Große vergebens warten*«
Pearl S. Buck

Die Wahrscheinlichkeit, sich glücklich zu fühlen, steigt, wenn man bereit ist, die eigenen Lebensumstände zu akzeptieren – »Es ist, wie es ist«. Es ist notwendig anzuerkennen, dass es Umstände geben wird, die wir nicht kontrollieren können. Das ist bitter, ist doch das Gefühl von Kontrolle so ein angenehmes und beruhigendes Gefühl. Für manche Paare ist der unerfüllte Kinderwunsch die erste echte Grenze, an die sie stoßen. Anhaltende Erfolge haben den Eindruck erweckt, alles sei kontrollierbar oder mit genügend Willensstärke erreichbar. Unser Glück hängt jedoch davon ab, nicht nur unser Potential, sondern auch unsere Grenzen in der Gestaltbarkeit unseres Lebens zu begreifen. Wenn das, was wir haben, nicht mit dem übereinstimmt, was wir wollen, gibt es immer zwei Wege der Veränderung: Wir können das, was wir haben, dem annähern, was wir wollen. Oder wir können das, was wir wollen, dem annähern, was wir haben. Der Dichter Novalis bringt es auf die einfache Formel: »Glück ist Talent für das Schicksal«.

Glückliche Menschen streben nach realistischen Zielen und ergreifen pragmatisch die Chancen, die ihnen das Leben bietet, statt von Idealen zu träumen oder in einer Anspruchshaltung an das Schicksal oder eine höhere Macht zu verharren. Eine solche Lebenseinstellung erleichtert auch die Kinderwunschzeit maßgeblich. Gemeint ist nicht, die Kinderlosigkeit als gegeben hinzunehmen und jeden Versuch, etwas daran zu ändern, aufzugeben. Es gilt lediglich, für das eigene Leben Verantwortung zu übernehmen und schwierige Situationen als Herausforderungen aktiv anzugehen. Ein erster Schritt kann sein, sich damit abzufinden, dass es schwierig ist, ein

Baby zu bekommen. Sehr häufig müssen Kinderwunschpaare von der Vorstellung der Zeugung ihres Kindes in einer romantischen Liebesnacht immer weiter abrücken. Eine besonders wichtige Fähigkeit ist deshalb gerade in der Kinderwunschzeit, Ziele flexibel zu verändern und ein scheinbares Scheitern als Chance zu begreifen, aus der man lernen und an der man wachsen kann. Robert Biwas-Diener, ein renommierter Glücksforscher betont: »Flexibel über Fehlschläge nachzudenken hilft einem, aus ihnen zu lernen, an ihnen zu wachsen und sie sogar in Erfolge zu verwandeln.« In »Glück. The World Book of Happiness« (L. Bormans [Hrsg.], 2011, Köln: Dumont) erzählt er über einen eigenen vermeintlichen Misserfolg beim Volk der Inuit in Nordgrönland:

> »Grönland ist ein dramatischer, einsamer Landstrich und ich wollte etwas Abenteuerliches außerhalb meiner Wissenschaftlerpflichten erleben, also beschloss ich, von einem Fischerlager bis zur nächsten Siedlung zu wandern – ungefähr vierzig Kilometer. Unter der Mitternachtssonne brach ich auf und ging die Küste entlang, begleitet von einer Seehundfamilie. (...) Ich stellte mir vor, der triumphale Held zu sein, der nach einer langen Wanderung durch die eisbärenverseuchte Wildnis in die Stadt schlendert. Sogar den Soundtrack dazu hatte ich im Kopf! Nach etwa acht Stunden war mein Weg jedoch durch die Stirnseite eines massiven Gletschers blockiert. Ich hatte die Wahl: Entweder könnte ich versuchen, den Gletscher zu ersteigen und zu überqueren – ein sehr gefährliches Unterfangen –, oder ich könnte umkehren, die acht Stunden zum Lager als Gescheiterter zurückgehen und hoffen, dass meine Gefährten es noch nicht verlassen hätten (...). Mein Ziel war es, die Stadt zu erreichen, und ich wollte dies unbedingt schaffen. Trotzdem entschied ich mich schließlich für den vorsichtigeren Weg und ging zurück in Richtung des Lagers. Beim Gehen, mit schmerzenden Füßen und fallender Körpertemperatur, passierte etwas: Ich begriff, dass ich nur ein Ziel durch ein anderes ersetzt hatte. Mein neues Ziel war es, sicher zurückzukommen, vorsichtig zu sein, um zu überleben und meine Frau (...) wiederzusehen – ein Ziel, das nicht weniger wertvoll war als mein ursprüngliches. Indem ich flexibel dachte, gelang es mir, einen wahrgenommenen Misserfolg begrifflich umzudeuten und meine Wanderung neu zu betrachten: als Erfolg.« (S. 23–25)

Er bemerkt, die harte Wahrheit ist:

> »Manchmal stehen den wertvollsten Zielen ernstzunehmende Hindernisse im Weg. Manchmal sind diese Hindernisse äußere Umstände, und manchmal hängen sie damit zusammen, wie man das Ziel anfangs definierte. Wenn das passiert, neigen wir dazu, frustriert oder enttäuscht zu reagieren. Aber indem wir lernen, flexibel über unsere Ziele nachzudenken und sie angesichts eines Fehlschlags, anzupassen, können wir uns sogar glücklicher fühlen. Wenn Sie sich Ihr Leben als Erzählung vorstellen, als Geschichte, die sich wie in einem Buch entfaltet, können Sie sich selbst als Verfasser dieser Geschichte

sehen. Es ist möglich, die Geschichte umzuschreiben, während sie passiert; kleine Änderungen, die die Geschichte Ihres Lebens verbessern und Ihr Glück steigern. Ich bin nicht an der Wanderung zu einer abgelegenen Siedlung in Grönland gescheitert, sondern ich habe es geschafft, unbeschadet eine unwirtliche Landschaft zu durchqueren und eine schwere, aber kluge Entscheidung zu treffen, die mir wahrscheinlich das Leben gerettet hat. (. . .) Scheuen Sie sich nicht, innezuhalten und Ihr Ziel neu zu bewerten.« (S. 23–25)

Gute Aussichten

Ist es das Geheimnis von Hans im Glück, dass es ihm gelingt, ganz im Jetzt und Hier zu leben, ohne sich um seine Zukunft zu sorgen? Glückliche Menschen leben im Heute. Sie versuchen, den Genuss dessen, was sie heute haben, zu erhöhen, statt an der Vergangenheit zu kleben oder von einer idealisierten Zukunft zu träumen. Schon im 15. Jahrhundert forderte Lorenzo I. de' Medici dazu auf, das Glücklichsein nicht auf später zu verschieben: »Wer will, soll glücklich sein, denn morgen ist uns nichts gewiss«. Daniel Gilbert hat inzwischen wissenschaftlich nachgewiesen, dass es gar nicht möglich ist, eine glückliche Zukunft zu planen, weil sie grundsätzlich anders verläuft als vorher angenommen. Wir legen dennoch, so Gilbert, viel Wert auf die Illusion, unsere Zukunft maßgeblich selbst zu beeinflussen, denn »Unser Bedürfnis nach Kontrolle ist so stark und das Gefühl, Kontrolle auszuüben, so angenehm, dass wir uns oft in einer Weise verhalten, als könnten wir das Unkontrollierbare kontrollieren.«

Viele Paare mit unerfülltem Kinderwunsch sagen, dass sie momentan eigentlich recht glücklich mit ihrem Leben seien, nur die Zukunftsperspektive mache ihnen Angst. Jetzt keine Kinder zu haben, sei gar nicht so schlimm, wohl aber, nie welche zu bekommen. Aus der Glücksforschung weiß man, dass selbst unter guten gegenwärtigen Bedingungen allein negative Zukunftsaussichten unglücklich machen können. Da negative Zukunftsaussichten ein solcher Glücksdämpfer sind, ist es sehr wichtig, positive Perspektiven für die Zukunft zu entwickeln. Optimisten wie Stefan im Fallbeispiel zu Beginn glauben daran, dass ihre Wünsche in Erfüllung gehen. Das hilft ihnen, geduldig zu bleiben, Rückschläge zu verkraften und die Hoffnung aufrechtzuhalten. Sie kalkulieren aber auch ein, dass nicht alles machbar ist und wappnen sich innerlich für diesen Fall. Manchmal ist es hilfreich, sich seinen größten Befürchtungen zu stellen. Wenn man erkennt, dass man auch im ungünstigsten Fall weiterleben wird und jeden Tag von Neuem die Möglichkeit hat, das Beste aus seinem Leben zu machen, nimmt man seinen Ängsten die Wirkungskraft. Dann kann man sich zumindest sagen: »Egal wie es ausgeht, wir kommen damit zurecht« und selbst wenn man kein konkretes Bild dafür hat, entwickelt sich eine Haltung, die heißt: »Es gibt eine gute Zukunft, auch wenn ich sie mir jetzt noch nicht vorstellen kann.« Das hilft auch in der Kinderwunschzeit, gelassen zu bleiben.

Die Kraft des Humors

Wenn wir glücklich sind, neigen wir dazu, mehr zu lachen und alles weniger ernst zu nehmen. Lachen ist jedoch nicht nur Folge des Glücklichseins, sondern erzeugt es auch. Wenn wir lachen – oder lächeln – werden in unserem Gehirn Stresshormone gesenkt und Glücksgefühle ausgelöst. Wir fühlen uns nicht nur wohler, sondern können auch Probleme besser lösen. »Ja man kann sagen, fast überall, wo es Glück gibt, gibt es Freude am Unsinn« (Nietzsche).

Natürlich kann man nicht über jede Situation lachen, aber über die meisten. Wie wir etwas bewerten, hängt von unseren Gedanken ab. Wir können entscheiden, auf was wir uns konzentrieren. Statt uns zu fragen: »Was ist an dieser Situation schrecklich?« sollten wir öfter überlegen: »Was ist an dieser Situation komisch?« Und wenn wir nichts Komisches daran finden, sollten wir uns fragen: »Was könnte daran komisch sein?« und so lange danach suchen, bis wir etwas finden. Wenn ein Arzt uns beispielsweise aufgrund seiner stereotypen, immer gleichen Aussagen auf die Nerven geht, können wir vorher Wetten abschließen, ob er den Satz wieder sagen wird. Derselbe Satz wird eine andere Wirkung haben. Wer Ausschau hält, findet leicht etwas, das lustig ist. Statt angstvoll im Wartezimmer zu verharren, kann man auch dort witzige Filmchen im Internet ansehen.

Selbst in der Kinderwunschzeit ist es möglich, Situationen gelegentlich mit Humor zu begegnen. Humor erlaubt es, peinliche oder schmerzhafte Situationen auch einmal aus einem heiteren Blickwinkel zu betrachten. Wenn es jemandem gelingt, über sein eigenes Problem einen Witz zu machen, verändert sich das Empfinden. Es ist zum Beispiel sinnvoll, wenn man vor etwas Angst hat, sich so lange auszumalen, was alles Schlimmes passieren könnte, bis es irgendwann absurd und lustig wird. Durch Übertreibung, Verzerrung und Provokation können sich neue Möglichkeiten eröffnen. Manchmal ist es sogar möglich, über sich selbst zu lachen, man gewinnt etwas Abstand und lacht – statt zu weinen.

Der US-amerikanische Psychologe Paul McGhee hat ein Training entwickelt, das dabei helfen soll, Heiterkeit zur Gewohnheit werden zu lassen. Sein Ziel ist, »in einem Moment, in dem lauter negative Dinge passieren, positive Gefühle aus dem Boden zu stampfen.« Dafür empfiehlt er Folgendes:

- Umgeben Sie sich mit Humor.
- Kultivieren Sie eine spielerische Haltung.
- Lachen Sie öfter und herzhafter.
- Finden Sie Ihren eigenen Sprachwitz.
- Suchen Sie den Humor im Alltag.
- Finden Sie den Humor auch in stressigen Situationen.
- Nehmen Sie sich nicht so ernst, lachen Sie über sich selbst.

Die Macht der positiven Gefühle

Barbara Fredrickson, eine der einflussreichsten Wissenschaftlerinnen im Bereich der Positiven Psychologie, beschreibt in ihrem Buch »Die Macht der guten Gefühle«, wie eine positive Haltung das Leben dauerhaft verändern kann. Dies lässt sich erlernen. Gemeint ist nicht, auf Teufel komm raus stets zu lächeln. Entscheidend ist, dass die positiven Gefühle tief empfunden und echt sind. Ziel ist es nicht, unangenehme Emotionen zu negieren. Negative Gefühle wie Angst, Zweifel und Trauer gehören ebenso zum Leben wie Niederlagen, Misserfolge und Verluste. Es geht also nicht darum, schmerzhafte Gefühle auszublenden, zu verdrängen oder die Zähne zusammenzubeißen. Gerade in der Kinderwunschzeit sind negative Gefühle häufig sehr angemessen und durchaus nützlich. Wer sich allein von Hoffnung leiten lässt, übersieht Alarmsignale, auf die man reagieren muss.

Es hilft jedoch niemandem, sich von negativen Emotionen dominieren zu lassen. Im Vorwort des Buches von Barbara Fredrickson heißt es: »Eigentlich verfügen wir Menschen über ein ›katastrophisches Gehirn‹ (. . .), das mehr das Negative registriert als das Positive. Unsere Vorfahren mussten Feinde aller Art rechtzeitig entdecken und Gefahren antizipieren können. Der Mensch hat als Art nur überlebt, weil er sich auf das konzentrierte, was schieflaufen konnte, nicht auf das, was problemlos war. Dieses auf Gefahren und Probleme orientierte Gehirn besitzen wir auch heute noch. Es ist dafür verantwortlich, dass wir häufig zum Katastrophisieren neigen und uns zu viele Sorgen machen. Das, was gut geht, das Schöne und das Positive, wird oft gar nicht bewusst registriert. Im Leben der meisten Menschen haben negative Gedanken und Gefühle eine Vormachtstellung« (2009, S. 10). Deshalb ist es notwendig, die Vormachtstellung des Negativen ganz bewusst zu durchbrechen und an einer positiven Grundhaltung zu arbeiten. Es hilft, gezielt positive Gefühle auszubauen und negative zu reduzieren. Gary T. Reker empfiehlt schlicht: »Hören Sie auf, sich Sorgen zu machen. Glückliche Menschen machen sich keine Sorgen, weil Sorgen eine Form des unerfreulichen Denkens sind. Sie erkennen, dass 90 Prozent aller Sorgen niemals wahr werden«. (in Bormans, 2011, S. 138)

Glücksmomente

Auf der Suche nach dem großen Glück und dauerhafter Zufriedenheit übersehen wir oft, dass wir täglich Momente des Glücks erleben. Häufig sind das Augenblicke, die uns überraschend widerfahren, manche kann man auch gezielt herbeiführen.

Oft wissen wir diese Momente gar nicht zu schätzen, statt dankbar dafür zu sein, dass wir sie erleben dürfen.

> **Der Graf und die Bohnen**
>
> *In Kalabrien in Süditalien lebte einst ein Graf, ein richtiger Lebensgenießer, der schon sehr alt war. Den Leuten in seiner Umgebung fiel auf, dass er niemals morgens sein Haus verließ, ohne sich zuvor eine Handvoll Bohnen in die rechte Jackentasche zu stecken.*
>
> *Eines Tages fragten sie den Grafen, wie er es denn geschafft habe, so alt zu werden und dabei so glücklich und zufrieden zu sein, und ob das etwas mit seiner Angewohnheit zu tun habe, sich morgens immer ein paar Bohnen einzustecken. Der Graf antwortete auf diese Frage »Ja, es stimmt, ich nehme mir immer eine Handvoll Bohnen mit. Ich nehme sie mit, um so die schönsten Momente des Tages bewusster wahrzunehmen und um mehr davon zu haben. Für jede positive Kleinigkeit, die ich tagsüber erlebe – zum Beispiel einen fröhlichen Plausch auf der Straße, das Lachen meiner Frau, ein köstliches Essen, eine feine Zigarre, einen schattigen Platz in der Mittagshitze, ein Glas*

> *guten Wein – für alles, was die Sinne erfreut oder die Gedanken anregt, lasse ich eine Bohne von der rechten in die linke Jackentasche wandern. Oft sind es gleich zwei oder sogar drei.*
>
> *Das Wichtigste ist: Abends, wenn der Tag zu Ende geht, sitze ich dann zu Hause und zähle die Bohnen aus der linken Tasche. Ich genieße diese Minuten. Denn da führe ich mir immer noch einmal vor Augen, wie viel Schönes mir an diesem Tage geschenkt wurde. Und immer wieder staune ich darüber, werde dankbar und freue mich. Und ich finde, selbst an einem Abend, an dem ich nur eine Bohne zähle, ist der Tag gelungen, hat es sich zu leben gelohnt.«*

Der Graf schärft also nicht nur seine Aufmerksamkeit für die beglückenden Momente des Alltags, er genießt sie mehrfach und ist aufrichtig dankbar. Dankbarkeit macht dauerhaft glücklich. Diesen Trick kann jeder anwenden. Es müssen keine Bohnen sein. Eine schöne Möglichkeit ist ein Dankbarkeitstagebuch:

> Legen Sie ein kleines Büchlein an und nehmen Sie sich am Abend, wenn Sie daran denken, ein paar Minuten Zeit, den Tag Revue passieren zu lassen und zu überlegen: Welche kleinen Glücksmomente habe ich heute erlebt? Wofür bin ich dankbar? Was hat mich berührt, erheitert oder inspiriert? Was ist Unvorhergesehenes geschehen? Das können sehr unterschiedliche Augenblicke sein: der Kaffee am Morgen, am warmen Ofen sitzen, ein altes Lied im Radio hören, den Zug gerade noch erwischen, Schneekristalle am Fenster, der erste Spargel des Jahres, ein singender Vogel, den verloren geglaubten Geldbeutel wiederfinden, eine freundliche E-Mail, der Geruch von frisch gebackenen Brötchen, eine Arbeit rechtzeitig abgeben, Sonne im Gesicht spüren, nach dem Sport nach Hause kommen... Notieren Sie sich drei dieser Momente. Im Laufe der Wochen werden Sie auf diese Weise eine ganze Sammlung von Glücksmomenten anlegen, an deren Erinnerung Sie sich noch einmal erfreuen können. Wenn Sie dann später mal nicht wissen, wie Sie sich wieder aufheitern können, blättern Sie in Ihrem Dankbarkeitstagebuch, und lesen Sie einfach nach, wie Sie gezielt solche Momente herbeiführen können.

Glück ist nicht machbar

Wenn wir eine Vorstellung davon haben, was uns persönlich glücklich macht, können wir unsere Gefühle beeinflussen. Wir können unsere Haltung verändern, offen und neugierig sein und konsequent nach Positivem Ausschau halten. Je mehr Leidenschaften man hat, desto mehr Möglichkeiten eröffnen sich einem, glücklich zu sein. Es kann auch passieren, dass wir, wie Daniel Gilbert es nennt, einfach »ins Glück stolpern«. Das heißt jedoch nicht, dass Glück immer verfügbar wäre. Glück ist nicht machbar. Glück muss sich ergeben. Häufig folgt es, wenn man das Glück nicht um seiner selbst willen erstrebt, sondern nach Sinn stiftenden, lebensbejahenden Tätigkeiten Ausschau hält, nach produktiven Beschäftigungen, guten Taten für andere, Liebe zu seinen Mitmenschen oder der Herstellung kreativer Erzeugnisse (Gary T. Reker). Wenn es nicht gelingt, glücklich zu sein, kann es zunächst helfen, nicht zu erwarten, dass man es sein muss. Wir haben kein Recht auf Glück. Die Vorstellung, immer das Optimum erzielen zu können, ist unrealistisch und zeugt von Größenwahn. Auch Unglück gehört zum Leben. Es kann sein, dass man eine Lebensphase weniger glücklich verbringt.

Zunächst kann es reichen, damit aufzuhören, Dinge zu tun, die unglücklich machen. Wem es gar nicht gelingen mag, ein glückliches Leben zu führen, der sollte versuchen, ein gutes Leben zu führen, und jemand anderen darin unterstützen, glücklich zu werden. Kein anderer Mensch kann uns glücklich machen, wohl aber, für andere Menschen da zu sein – ganz gleich, für wen.

Literatur

Ärztliches Zentrum für Qualität in der Medizin (ÄZQ) (Hrsg.). (2008). *Checkliste für Patientinnen und Patienten*. Berlin: ÄZQ.
Andersen et al. (2010). Acupuncture on the day of embryo transfer. *Reproductive Biomedicine online, 21 (3)*, 366–372.
Armanini et al. (2004). Licorice reduces serum testosterone in healthy women. *Steroids, 69 (11–12)*, 763.
AWMF-Leitlinie (2020): »*Psychosomatisch orientierte Diagnostik und Therapie bei Fertilitätsstörungen (016-003)*« unter www.leitlinien.net
Beutel, M. E. (2002). *Der frühe Verlust eines Kindes. Bewältigung und Hilfe bei Fehl-, Totgeburt und Plötzlichem Kindstod*. Göttingen: Hogrefe.
BKiD (2020). *Unerfüllter Kinderwunsch – Ein Ratgeber für Männer*. www.informationsportal-kinderwunsch.de (**BMFSFJ**).
BKiD-Checkliste (http://www.bkid.de/uploads/media/bkid_checkliste.pdf).
Bohne, M. (2011). *Bitte klopfen! Anleitung zur emotionalen Selbsthilfe*. Heidelberg: Carl-Auer-Verlag.
Boivin, J. & Schmidt, L. (2009). Use of complementary and alternative medicines associated with a 30 % lower ongoing pregnancy/life birth rate during 12 months of fertility treatment. *Hum Reprod, 24(7)*, 1626–1631.
Boivin, J., Griffiths, E. & Venetis, C. A. (2011). Emotional distress in infertile women and failure of assisted reproductive technologies: meta-analysis of prospective psychosocial studies. *BMJ, 342*, d223, doi: 10.1136/bmj.d223
Bormans, L. (Hrsg.) (2011). *Glück. The World Book of Happiness*. Köln: Dumont.
Bossemeyer, C. (2021). *Praxisbuch Kommunikation für Adoptiv- und Pflegeeltern: Das Innere Team: Hilfen im Umgang mit traumatisierten Kindern*. Göttingen: Vandenhoeck & Ruprecht.
Brisch, K. H. (2015). *Bindungsstörungen: Von der Bindungstheorie zur Therapie*. Stuttgart: Klett-Cotta.
Bucher, A. (2009). *Psychologie des Glücks*. Weinheim: Beltz.
Buck, G. M. et al. (1997). Life style factors and female infertility. *Epidemiology, 8 (4)*, 435–441.

Bundesarbeitsgemeinschaft der freien Wohlfahrtspflege e. V. (2011). *Pränataldiagnostik – Informationen über Beratung und Hilfen bei Fragen zu vorgeburtlichen Untersuchungen.* Kostenfrei unter www.bzga.de

Bundesverband der Pflege- und Adoptivfamilien e. V.: www.pfad-bv.de

Cahill, D. J., Fox, R., Wardle, P. G., Harlow, C. R. (1994). Multiple follicular development associated with herbal medicine. *Hum Reprod, 9(8),* 1469–1470.

Clement, U. (2006). *Guter Sex trotz Liebe: Wege aus der verkehrsberuhigten Zone.* Berlin: Ullstein.

Cooper, S. & Glazer, E. (1998). *Choosing assisted reproduction.* Indianapolis: Perspectives Press.

Croos-Müller, C. (2011). *Nur Mut! Das kleine Überlebensbuch: Soforthilfe bei Herzklopfen, Angst, Panik und Co.* München: Kösel.

Csikszentmihalyi, M. (2004). *Flow. Das Geheimnis des Glücks.* Sonderausgabe. Stuttgart: Klett-Cotta.

Cormann, W. (2006). *Psychotherapie der Selbstorganisation. Systemischintegrative Therapiekonzepte der Persönlichkeitsentwicklung.* Lindau: Cormanninst., Verlag für Systemische Praxis.

Diedrich, K., Ludwig, M., Griesinger, G. (2013). *Reproduktionsmedizin.* Berlin: Springer.

Diegelmann, C. & Isermann, M. (2011). *Kraft in der Krise: Ressourcen gegen die Angst.* Stuttgart: Klett-Cotta.

DIR Jahrbuch 2020. *J Reproduktionsmed Endokrin 2021.*

Domar, A. D. et al. (2009). The impact of acupuncture on in vitro fertilization outcome. *Fertility Sterility, Vol 91 (3),* 723–726.

Domar, A. D., Conboy, L., Denardo-Roney, J. & Rooney, K. L. (2012). Lifestyle behaviors in women undergoing in vitro fertilization: a prospective study. *Fertil Steril, 97(3),* 697–701.

Donath, O. (2016). *#regretting motherhood. Wenn Mütter bereuen.* München: Knaus.

Dorst, B. (2007). *Therapeutisches Arbeiten mit Symbolen.* Stuttgart: Kohlhammer.

Dorst, B. (2010). *Lebenskrisen: Die Seele stärken durch Bilder, Geschichten und Symbole.* Mannheim: Walter.

Easwaran, K. (2020). *Das Geheimnis ausgeglichener Mütter. Starke Mütter – Starke Familien – Starke Gesellschaft.* München: Kösel.

Ecker, D. (2005). *Sexualität und Partnerschaft im Lebenszyklus.* München: Kösel.

Enchelmaier, I. (2004). *Abschied vom Kinderwunsch.* Stuttgart: Kreuz.

Esinler, I., Bozdag, G. & Yarali, H. (2008). Impact of isolated obesity on ICSI outcome. *Reprod Biomed Online, 17(4),* 583–587.

Fach, U. (2012). Interview mit Felicitas Heyne in: *Emotion Coach,* 2, S. 82.

Falkenstein, C. (2017). *Nein danke, keine Kinderbilder.* Amazon BoD.

Falkenberg, I., McGhee, P., Wild, B. (2012). *Humorfähigkeit trainieren – Manual für die psychiatrisch- psychotherapeutische Praxis.* Stuttgart: Schattauer.

Literatur

Familien- und Sozialverein des Lesben- und Schwulenverbandes in Deutschland (LSVD) e. V. (Hrsg.). (2013). *Regenbogenfamilien – alltäglich und doch anders*. Beratungsführer für lesbische Mütter, schwule Väter und familienbezogenes Fachpersonal. Köln.

Feige, A., Rempen, A., Würfel, W., Jawny, J. & Rohde, A. (2006). *Frauenheilkunde*. 3. Auflage. München: Urban & Fischer.

Fengler, J. (2013). *Das kleine Buch gegen Burn-out*. Ostfildern: Patmos.

Fredrickson, B. (2009). *Die Macht der guten Gefühle*. Frankfurt a. M.: Campus.

Funcke, D. & Thorn, P. (2010). *Die gleichgeschlechtliche Familie mit Kindern*. Bielefeld: Transcript.

Gerlach, S. (2010). *Regenbogenfamilien: Ein Handbuch*. Berlin: Querverlag

Gilbert, D. (2008). *Ins Glück stolpern*. München: Goldmann.

Golombok, S. (2013). *Eshre. Focus on Reproduction*, Jan. 2013.

Golombok S., Brewaeys, A., Giavazzi MT. et al. (2002). The European study of assisted reproduction families: The transition to adolescence. *Hum Reprod, 17*, 830–840.

Green, L. K. (2006). *Unconventional Conceptions: Family Planning in Lesbian-Headed Families Created by Donor Insemination*. Dresden: TUDPress.

Hauch, M. et al. (2005). *Paartherapie bei sexuellen Störungen. Das Hamburger Modell: Konzept und Technik*. Stuttgart: Thieme.

Helming, E., Wiemann, I. & Ris, E. (2010). Die Arbeit mit der Herkunftsfamilie. In: Heinz Kindler u. a. (Hrsg.), *Handbuch Pflegekinderhilfe*. München: Deutsches Jugendinstitut e. V.

Hibbeler, B. (2011). Zwischen Samaritertum und Ökonomie: Was ist ein »guter Arzt«? *Dtsch Ärztebl, 108(51–52)*, A-2758/B-2302/C-2270.

Hirschhausen, E. von (2011). *Glück kommt selten allein*. Hamburg: rororo.

Hohensee, T. (2007). *Gelassenheit beginnt im Kopf: So entwickeln Sie einen entspannten Lebensstil*. München: Knaur.

Holzberg, O. (2008). *Wer die Liebe sucht. . . Orientierungshilfe für Paare*. Hamburg: Ellert und Richter Verlag.

Homeier, S. & Wiemann, I. (2016). *Herzwurzeln. Ein Kinderfachbuch für Pflege- und Adoptivkinder*. Frankfurt am Main: Mabuse-Verlag.

Hyatt, M. (2012). *Ungestillte Sehnsucht. Wenn der Kinderwunsch uns umtreibt*. Berlin: Christoph Links Verlag.

Jelluscheck, H. (2007). *10 Liebesregeln für das Glück*. Stuttgart: Kreuz.

Johnson, J. R. et al. (2009). Effect of maternal raspberry leaf consumption in rats on pregnancy outcome and the fertility of the female offspring. *Reprod Sci, 16 (6)*, 605–609.

Jung, C. G. (2012). *Der Mensch und seine Symbole*. Ostfildern: Patmos.

Kahaly, G. (2008, 28. Mai). Selen lindert Entzündung bei Hashimoto-Thyreoiditis. *Ärztezeitung*.

Kast, V. (1999). *Trauern*. Stuttgart: Kreuz.

Kast, V. (2011). *Lebenskrisen werden Lebenschancen: Wendepunkte des Lebens aktiv gestalten*. Freiburg: Herder.

Kasten, H. (2007). *Einzelkinder und ihre Familien*. Göttingen: Hogrefe-Verlag.

Kindler, H., Scheurer-Englisch, H. Gabler, S. & Köckeritz, C. (2010). Pflegekinder: Situation, Bindungen, Bedürfnisse und Entwicklungsverläufe. In H. Kindler u. a. (Hrsg.), *Handbuch Pflegekinderhilfe*. München: Deutsches Jugendinstitut e.V.
Kleinschmidt D., Thorn P. & Wischmann T. (Hrsg.). (2008). *Kinderwunsch und professionelle Beratung*. Stuttgart: Kohlhammer.
Klemenz, B. (2009). *Ressourcenorientierte Psychologie*. Band 1. Tübingen: DGVT.
Kling, C., Schmutzler, A., Wilke, G., Hedderich, J. & Kabelitz, D. (2008). Two-year outcome after recurrent implantation failure: prognostic factors and additional interventions. *Arch Gynecol Obstet, 278(2),* 135–142.
Knuf, A. (2010). *Ruhe da oben! Der Weg zu einem gelassenen Geist*. Freiburg: Arbor.
Kuehn, J. (2019). *(Un-)Erfüllter Kinderwunsch*. Berlin: Springer.
Kügler, H. (2009). *Scheitern – Psychologisch-spirituelle Bewältigungsversuche – Ignatianische Impulse*. Würzburg: Echter Verlag.
Künzer-Riebel, B. & Lutz, G. (2011). *Nur ein Hauch von Leben. Eltern berichten vom Tod ihres Babys und von der Zeit der Trauer*. Lahr: Kaufmann.
Lattschar, B. & Wiemann, I. (2018). *Mädchen und Jungen entdecken ihre Geschichte: Grundlagen und Praxis der Biografiearbeit*. Weinheim. Beltz Juventa.
Liel, M. (2017). *Nicht ohne meine Wärmflasche. Leben mit Endometriose*. Grünwald: Komplettmedia.
Linssen, M. (2018): *Verborgenes Verlangen. Coaching-Buch für Paare*. Utrecht: Eigenverlag.
Lloyd, K. B. & Hornsby, L. B. (2009). Complementary and alternative medications for women's health issues. *Nutrition in Clinical Practice, 24(5),* 589–608.
Lothrop, H. (2005). *Gute Hoffnung – jähes Ende. Fehlgeburt, Totgeburt und Verluste in der frühen Lebenszeit. Begleitung und neue Hoffnung für Eltern*. München: Kösel.
Mannschatz, M. (2010). *Buddhas Anleitung zum Glücklichsein*. München: dtv.
Milewicz, A. et al. (1993). Vitex agnus castus extract in the treatment of luteal phase defects due to latent hyperprolactinemia. Results of a randomized placebo-controlled double-blind study. *Arzneimforsch 43(7),* 752–756.
Moeller, M. L. (2010). *Die Wahrheit beginnt zu zweit: Das Paar im Gespräch*. Reinbek bei Hamburg: rororo.
Morgenstern, A. (2005). *Gestorben ohne gelebt zu haben. Trauer zwischen Schuld und Scham*. Stuttgart: Kohlhammer.
Morrissette, M. (2005). *Choosing single motherhood. The thinking woman's guide*. Be-Mondo Publishing.
Nijs, M. (2003). *Trauern hat seine Zeit*. Göttingen: Hogrefe
Norman, C. (1998). Obesity and reproductive disorders: a review. *Reprod fertile Dev*, 10(1), 55–63.
Noyon, A. & Heidenreich, T. (2009). *Schwierige Situationen in Therapie und Beratung*. Weinheim: Beltz.
Omer, H. & Streit, P. (2016). *Neue Autorität: Das Geheimnis starker Eltern*. Göttingen: Vandenhoeck & Ruprecht.

Literatur

Omer, H. & von Schlippe, A. (2012). *Autorität ohne Gewalt. Coaching für Eltern von Kindern mit Verhaltensproblemen – »Elterliche Präsenz« als systemisches Konzept.* Göttingen: Vandenhoeck & Ruprecht.

Ondrizek, R. R., Chan, P., J., Patton, W. C. & King, A. (1999). An alternative medicine study of herbal effects on the penetration of zona-free hamster oocytes and the integrity of sperm deoxyribonucleic acid. *Fertil Steril, 71(3),* 517–522.

Patel, A. V. et al. (2004). Therapeutic Constituents and Actions of Rubus species. *Curr Med Chem, 11 (11),* 1501–1512.

Peseschkian, N. (2008). *Das Geheimnis des Samenkorns – Positive Stressbewältigung.* Frankfurt a. M.: Fischer.

Peseschkian, N. (2009). *Das Leben ist ein Paradies, zum dem wir den Schlüssel finden können.* Freiburg: Herder.

Pies, C. (1988). *Considering Parenthood.* Minneapolis: Spinsters Ink.

Potreck-Rose, F. & Jacob, G. (2003). *Selbstzuwendung, Selbstakzeptanz, Selbstvertrauen.* Stuttgart: Klett-Cotta.

Pro Familia (2010). *Körperzeichen weisen den Weg.* 12. Auflage. Frankfurt a. M.

Rech-Simon, C. & Simon, F. B. (2010). *Survival-Tipps für Adoptiveltern.* Heidelberg: Carl-Auer-Verlag.

Reddemann, L. (2005). *Imagination als heilsame Kraft.* 11. Auflage. Stuttgart: Klett-Cotta.

Reddemann, L. (2011). *Überlebenskunst.* Stuttgart: Klett-Cotta.

Reddemann, L. & Wentzel, G. (2012). *Der Weg entsteht unter meinen Füßen.* Stuttgart: Kreuz.

Reiss, S. (2012). *Wer bin ich und was will ich wirklich?* München: Redline.

Remen, R. N. (1997). *Dem Leben trauen: Geschichten, die gut tun.* München: Goldmann.

Remen, R. N. (2012). *Aus Liebe zum Leben: Geschichten, die der Seele gut tun.* Freiburg: Arbor.

Revenstorf, D. (2008) *Die geheimen Mechanismen der Liebe.* Stuttgart: Klett-Cotta.

Ried, K. & Stuart, K. (2011). Efficacy of traditional Chinese herbal medicine in the management of female infertility. *Complementary therapies in medicine, 19(6),* 319–331.

Schaffer, U. (2007). *Du – Zusprüche.* Lahr: Kaufmann.

Schmid, W. (2007). *Glück – Alles, was Sie darüber wissen müssen, und warum es nicht das Wichtigste im Leben ist.* Frankfurt a. M.: Insel-Verlag.

Schmidt, R. F. & Thews, G. (Hrsg.). (1995). *Physiologie des Menschen.* 26. Auflage. Berlin: Springer.

Schnarch, D. (2011). *Intimität und Verlangen.* Stuttgart: Klett-Cotta.

Schoenaker, A. & Schoenaker, T. (1974). *Der Mensch: ein Entscheidungen treffendes Wesen.* Sinntal-Züntersbach: Rudolf Dreikurs Institut.

Schoenaker, T. (2002). *Worauf wartest Du? – Selbstbewusst in der Partnerschaft.* Bocholt: RDI-Verlag.

Schoenaker, T. (2011). *Mut tut gut – für eine bessere Lebensqualität.* Bocholt: RDI-Verlag.

Siegmund-Schultze, N. (2013). Bewegung wirkt wie ein Medikament. *Deutsches Ärzteblatt, Jg 110, Heft 7,* A271–71.

Smith JF, Eisenberg ML, Millstein SG, Nachtigall RD, Shindel AW, Wing H, Cedars M, Pasch L, Katz PP; Infertility Outcomes Program Project Group (2010). The use of complementary and alternative fertility treatment in couples seeking fertility care: data from a prospective cohort in the United States. *Fertil Steril, 1;93(7),* 2169–2174.

Spiewak, M. (2005). *Wie weit gehen wir für ein Kind?* Frankfurt a. M.: Eichborn.

Sterebogen, I. (2020). *Herzensmütter. Glücklich werden trotz unerfülltem Kinderwunsch.* München: Ariston.

Streib-Brzic, U. (2007). *Das lesbisch-schwule Babybuch.* Berlin: Querverlag.

Streib-Brzic, U. & Gerlach, S. (2005). *Und was sagen die Kinder dazu? Gespräche mit Töchtern und Söhnen lesbischer und schwuler Eltern.* Berlin: Querverlag.

Tempest, H. G. et al. (2008). Plants used in Chinese medicine for the treatment of male infertility possess antioxidant and anti-oestrogenic activity. *Systems biology in reproductive medicine, 54 (4–5),* 185–195.

Thich Nath Hanh (1992). *Ich pflanze ein Lächeln.* München: Arkana; Goldmann.

Thorn, P. (2006). *Die Geschichte unserer Familie. Ein Buch für Familien, die sich mit Hilfe der Spendersamenbehandlung gebildet haben.* Mörfelden: FamART.

Thorn, P. (2008). *Familiengründung mit Spendersamen – ein Ratgeber zu psychosozialen und rechtlichen Fragen.* Stuttgart: Kohlhammer.

Thorn, P. (2010). *Männliche Unfruchtbarkeit. Erfahrungen, Lebensgestaltung, Beratung.* Stuttgart: Kohlhammer.

Thorn, P. (2012). *Woher manche Babys kommen. Ein Erklärungs- und Aufklärungsbuch für Kinder, die mit medizinischer Unterstützung gezeugt wurden.* Mörfelden: FamART.

Thorn, P. & Herrmann-Green, L. (2009). *Die Geschichte unserer Familie.* Mörfelden: FamART.

Thorn, P. & Wischmann, T. (2021). BKiD-Leitlinie für die psychosoziale Beratung bei Gametenspende. *J Reproduktionsmed Endokrinol, 18(4),* 154–160.

Thorn, P., & Wischmann, T. (2010). Leitlinien »Psychosoziale Beratung für Frauen und Männer, die eine Kinderwunschbehandlung im Ausland beabsichtigen«. *J Reproduktionsmed Endokrinol, 7,* 394–402.

Uyterlinde, J. (2004). *Eisprung: Eine Geschichte über die Liebe und den Wunsch nach einem Kind.* München: Goldmann.

Vercollone, C. F., Moss, H. & Moss, R. (1997). *Helping the stork.* Foster City: Wiley.

Villwock, J. (2003). *Der Zusammenhang zwischen Medikamenteneinnahme und gesundheitsbezogener Lebensqualität bei chronisch entzündlichen Darmerkrankungen: die Qualität der Arzt-Patient-Beziehung als Moderatorvariable.* Universität Mainz: Dissertation.

Wallraff, D. (2021). *Fünfzig Frauen – kein Kind.* Gerbrunn: mrd.

Ware, B. (2013). *5 Dinge, die Sterbende am meisten bereuen. Einsichten, die Ihr Leben verändern werden*. München: Arkana.

Wassermann, K. & Rohde, A. (2009). *Pränataldiagnostik und psychosoziale Beratung*. Stuttgart: Schattauer.

Weiss, D. A., Harris, C. R. & Smith, J. F. (2011). The use of complementary and alternative fertility treatments. *Current opinion in obstetrics and gynecology, 23(3)*.

Weiss, H., Harrer, M. & Dietz, T. (2010). *Das Achtsamkeitsbuch*. Stuttgart: Klett-Cotta.

Wellensiek, S. K. (2011). *Handbuch Resilienz-Training*. Weinheim: Beltz.

Welter-Enderlin, R. & Hildenbrand, B. (Hrsg.). (2008). *Resilienz – Gedeihen trotz widriger Umstände*. Heidelberg: Carl-Auer-Verlag.

WHO (2010). *WHO laboratory manual for the examination and processing of human semen*. Fifth edition.

Wiemann, I. (2012). *Adoptiv- und Pflegekindern ein Zuhause geben. Informationen und Hilfen für Familien*. Bonn: Balance Buch+Medien Verlag.

Wilken, A. (2019). *In der Regel bin ich stark*. Hamburg: Eden Books.

Wilken, A. (2021). *Na, wann ist es denn soweit?* München: ZS Verlag.

Wischmann, T. (2012). *Einführung Reproduktionsmedizin*. München: Ernst-Reinhardt-Verlag.

Wischmann, T. & Stammer, H. (2016). *Der Traum vom eigenen Kind. Psychologische Hilfen bei unerfülltem Kinderwunsch*. 5. Auflage. Stuttgart: Kohlhammer.

Wlodarek, E. (2012). *Tango Vitale: Von Schicksalsschlägen und anderen glücklichen Umständen*. Frankfurt a. M.: Campus.

Wolter, H. (2010). *Meine Folgeschwangerschaft*. Salzburg: Edition Riedenburg.

Wolter, H. (2017): *Mein Sternenkind*. Salzburg: Edition Riedenburg

Wong, W. Y., Merkus, H. M., Thomas, C. M. & Menkveld, R. (2002). Effects of folic acid and zinc sulphate on male factor subfertility. *Fertil Steril, 77*, 491–498.

Wu, W. H., Liu, L. Y. et al. (2005). Estrogenic effect of Yam ingestion in healthy postmenopausal women. *J Am Coll, 24 (4)*, 235–243.

Wunschkind e. V. (www.wunschkind.de).

Yalom, I. D. (2010). *In die Sonne schauen: Wie man die Angst vor dem Tod überwindet*. München: Btb.

Zehetbauer, S. (2007). *Ich bin eine Frau ohne Kinder. Begleitung beim Abschied vom Kinderwunsch*. München: Kösel.

Zeller-Steinbrich, G. (2006). *Wenn Paare ohne Kinder bleiben*. Frankfurt a. M.: Brandes & Apsel.

Zheng, C. H., Huang, G. Y., Zhang, M. M. & Wang, W. (2012). Effects of acupuncture on pregnancy rates in women undergoing in vitro fertilization: a systematic review and metaanalysis. *Fertility and Sterility, 97 (3)*, 599–611.

Zilbergeld, B. (2002). *Die neue Sexualität der Männer*. Tübingen: DGVT.

Zimmermann, J. & Wallraff, D. (2017). *Eine Familie mit Samenspende gründen. Praktische Informationen für alle, die über eine Samenspende nachdenken*. Mörfelden: FamART.

Verzeichnis der Autorinnen und Autoren

Alle Autorinnen und Autoren dieses Buches sind zertifizierte Berater der Deutschen Gesellschaft für Kinderwunschberatung (BKiD). Genauere Informationen finden Sie unter www.bkid.de sowie auf den Homepages der einzelnen Autorinnen und Autoren.

Gertrud Bongers-Merker, Hebamme, systemische Familienberaterin, psychosoziale Beratung bei pränataler Diagnostik, bei Donum Vitae in Lübeck. www.luebeck.donumvitae.org

Dr. med. Roland Grau, Facharzt für Gynäkologie, Reproduktionsmedizin und Psychotherapie, tätig in eigener Praxis in Stuttgart. www.dr-roland-grau.de

Dr. Lisa Green, Dipl.-Psychologin, systemische Familientherapeutin, tätig in eigener Praxis für Einzel-, Paar- und Familientherapie in Konstanz. www.familientherapie-drgreen.de

Elvira Holl, Dipl.- Sozialpädagogin, Systemische Paar-, Familien- und Sexualtherapie, Hypnotherapie nach Milton Erickson, tätig an der Familien- und Schwangerenberatungsstelle Ismaning und im Kinderwunschzentrum München-Pasing. holl@familienberatung-ismaning.de

Katharina Horn, Klinische Sozialarbeiterin (M.A.), Kinderwunschberaterin mit Schwerpunkt Solomutterschaft und Solomütternetzwerkerin, www.kiwu-beratung.de

Karin Jörns, Paar- und Sexualtherapeutin (DGfS), Heilpraktikerin Psychotherapie (HPG), tätig in eigener Praxis in Deidesheim. www.karinjoerns.de

Dorothee Kleinschmidt, Ärztin, Familientherapeutin, Sexualberaterin, profamilia Bochum. www.profamilia.de/bochum

Bettina Klenke-Lüders, Dipl.-Politologin und Systemische Familienberaterin (Systemische Gesellschaft), tätig in eigener Praxis bei Bayreuth. www.kinderwunschberaterin.de

Beatrix Kozjak-Storjohann, B.Sc. Angewandte Pflegewissenschaft, Leitung Psychosozialer Dienst der Geburtshilfe am Perinatalzentrum der Frauenklinik am Universitätsklinikum Erlangen, Heilpraktikerin für Psychotherapie, beratende Seelsorgerin. www.praxis-psycho-gyn.de

Adelheid Kubitz-Eber, psychologische Psychotherapeutin in Münster.

Alexandra Mück, Dipl.-Sozialpädagogin und Individualpsychologische Beraterin, Aufbau und Leitung der 1. donum vitae Beratungsstelle in Hessen, Mitarbeiterin im Frauenbüro des Landkreis Gießen.

Silke Panzau, Dipl.-Pädagogin, systemische Therapeutin und Coach DGSF in Hamburg.

Andrea Patzer, Dipl.-Psychologin, psychologische Psychotherapeutin, Supervisorin, Coach, Praxis für Persönlichkeitsentwicklung in Hamburg. www.pfp-hamburg.de

Dr. med. Susanne Quitmann, Dipl.-Psychologin, ärztliche Psychotherapeutin, tätig in eigener Praxis in Hamburg.

Barbara Schmacke, Heilpraktikerin für Psychotherapie, tiefenpsychologische Körpertherapeutin, tätig in eigener Praxis in Unna.

Heike Schneidereit-Mauth, Pfarrerin, Gestalttherapeutin, Coach, Psychoonkologin, tätig in eigener Praxis in Mettmann. www.schneidereitmauth.de

Kathrin Steinke, Dipl.-Rehabilitationspädagogin, systemische Paar- und Familientherapeutin, Hypnotherapeutin, tätig in eigener Praxis in Berlin. www.kinderwunsch-in-berlin.de

Dr. Petra Thorn, Dipl.-Sozialarbeiterin, Dipl.-Sozialtherapeutin, Familientherapeutin DGSF, tätig in eigener Praxis in Mörfelden. www.pthorn.de

Doris Wallraff, Dipl.-Psychologin, Paar- und Familientherapeutin DGSF, tätig in eigener Praxis in Nürnberg. www.doriswallraff.de

Beatrix Weidinger-von der Recke, Dipl.-Psychologin, Psychologische Psychotherapeutin (tiefenpsychologisch fundiert), Kassenpraxis in München.

Lisa Wollenschlaeger, selbständige Hebamme in Trier.

Prof. Dr. sc. hum. Tewes Wischmann, Dipl.-Psychologe, Psychoanalytiker in Heidelberg. www.dr-wischmann.de

Dr. med. Judith K. Zimmermann, Fachärztin für Innere und Allgemeinmedizin, Systemische Therapeutin DGSF, tätig in eigener Praxis in Worms-Horchheim.

Gastautoren:
Dr. Millay Hyatt, Philosophin, freie Autorin und Übersetzerin in Berlin, veröffentlichte 2012 das Buch »Ungestillte Sehnsucht. Wenn der Kinderwunsch uns umtreibt« bei Ch. Links, 14,90 €, 224 Seiten, ISBN 978-3-86153-665-9. www.linksverlag.de

Felix Wegener, veröffentlichte 2011 den Roman »Nichtschwimmer« bei Ullstein TB, 8,99 €, 240 Seiten, ISBN 978-3-548-28365-4. www.ullsteinbuchverlage.de

Stichwortverzeichnis

A

Ablenkung 32, 106, 109
Abort 131
Abschied 134, 177, 179–182, 185–186, 191, 193–194
Achtsamkeitsübung 39
Adoption 201–202, 225
Adoptionsvermittlungsstelle 182
Akupunktur 70, 77, 83
Alkohol 73
Alleinerziehende 223, 225
Alternative zum leiblichen Kind 52, 54, 224
Amniozentese 171
Angst 144–148, 150
Annehmen 88, 95, 133, 162, 237
anonymer Spender 112
Arbeitgeber 108
Arbeitskreis für donogene Insemination 218
Arzt-Patient-Beziehung 65, 117
Atemmeditation 90, 148
Aufklärung der Kinder 174, 221
Auslandsadoption 203–205, 212

B

Bedürfnisse 25, 159, 198
Beruf 19, 96, 108, 199
Bewältigung fehlgeschlagener Behandlungen 94

Bewegung 21, 73, 80, 142, 149
Bindung 218

C

Chorionzottenbiopsie 171

D

Dankbarkeitstagebuch 244
Donogene Insemination (DI) 110, 218

E

Einzelberatung 122
Ende der Behandlung 51, 55, 179, 196
Ende der Behandlungen 67
Engagement 47, 198
Entspannung 80, 83, 148
Entwicklung der Kinder 174
Erfolgsstatistik 60
Ernährung 72

F

Fahrplan 57
Familie 47, 100–101, 105, 218
Familienfeiern 106
Fehlbildungen 170–171, 174
Fehlgeburt 126–129

Stichwortverzeichnis

Flow 19
Folsäure 72, 81
Freizeit 20
Freunde 43, 100–101, 105, 198, 220
Fruchtbarkeitsmassage 79

G

Geben 46
Geistheilen 81
Geld 18, 67
Gene 18
Glücksempfinden 18
Glücksmomente 243
Grübeln 89, 134
Gruppe 120, 122, 206

H

habitueller Abort 131
Homöopathie 78
Humor 240

I

identifizierbarer Spender 112
Imaginationen 149
Inlandsadoption 203–204, 213
innere Haltung 87, 157, 181
Intimsphäre 39, 64

K

Kinder 48, 53, 175
Kinderwunsch begrenzen 26
Kinderwunschzentrum 59–60, 68
Kollegen 97, 100, 108–109
Kraftquellen 28, 157–158

L

Lebendgeburtenrate 61

Lebenshaus 27
Lebenskrise 121, 179
Lebensziele 28, 146
Leistungssport 73
lesbische Paare 110, 214
Luna Yoga 79
Lust 41
Lustlosigkeit 36

M

Märchen 156
Massage 79, 83
Mönchspfeffer 75

N

Naturheilverfahren 71–72, 82–83
negative Gefühle 133
Neid 101, 165, 177, 187
Neuorientierung 194
Nikotin 72

P

Paarberatung 122
Partnerschaft 30, 38, 43, 88, 102, 122, 135, 182
pflanzliche Arzneimittel 74, 78
Pflegekind 224–225
Plan B 52, 57
Pränataldiagnostik 169
psychosoziale Beratung 62, 89, 120, 191, 221

R

Rituale 137, 185, 187, 192
Ruhepausen 73

S

Schichtarbeit 73
Schlaf 73
Schmetterlingsbriefe 141
Schwangerschaft 134, 143, 168
Selbstakzeptanz 162
Selbsthilfegruppen 44, 123
Sexualität 35, 37, 133
Solomutter 223
Sozialbericht 204
Spaß an Sexualität 38
Spender 111, 114, 216, 222
Spiritualität 134, 142, 153
Stärken 87, 158, 167
Sternenkinder 126, 140
Stillgeburt 130
Stress 73, 148, 150
Süßholz 76

T

Tanzen 21, 39, 149
Traditionelle Chinesische Medizin 77
Trauer 95, 105, 126–127, 131, 133, 143, 179, 184, 187
Trauerarbeit 131, 136
Trauerphasen 132
Trauerprozess 143
Trauerritual 95

Träume 27, 53, 181, 198, 239

U

Unterschiede Mann/Frau 31, 56, 88, 95, 101, 135, 184
Untersuchungsbefunde 65

V

Verlust 126, 128, 131, 134, 143, 147, 156, 189, 206
Vollzeitpflege 224

W

Warum? 134, 152
Wilder Yams 76
Wochenbett 172
Wohlbefinden 83
Wünsche 23, 25, 29, 53, 181
Wut 95, 101, 133, 145, 177, 187

Z

zweites Kind 176
Zwiegespräch 33–34
Zwillinge 174

Link zum elektronischen Zusatzmaterial

Das elektronische Zusatzmaterial[1] können Sie unter folgendem Link herunterladen:
https://dl.kohlhammer.de/978-3-17-39790-3

---

1 Wichtiger urheberrechtlicher Hinweis: Alle zusätzlichen Materialien, die im Download-Bereich zur Verfügung gestellt werden, sind urheberrechtlich geschützt. Ihre Verwendung ist nur zum persönlichen und nichtgewerblichen Gebrauch erlaubt. Jede Verwendung außerhalb der engen Grenzen des Urheberrechts ist ohne Zustimmung des Verlags unzulässig und strafbar. Das gilt insbesondere für Vervielfältigungen, Übersetzungen, Mikroverfilmungen und für die Einspeicherung und Verarbeitung in elektronischen Systemen.